POUR COMPRENDRE LE BOUDDHISME

La force du Bouddhisme
Dalaï Lama et
J. C. Carrière

Pour comprendre le
Bouddhisme
S. Bercholz . S Chödzin Kohn

POUR COMPRENDRE LE BOUDDHISME

UNE INITIATION A TRAVERS LES TEXTES ESSENTIELS

Rassemblés et commentés par
Samuel Bercholz et Sherab Chödzin Kohn

Avant-propos de Bernardo Bertolucci

ROBERT LAFFONT

Sommaire

Troisième partie

Les enseignements du Grand Véhicule

Quatrième partie

L'enseignement tantrique

Titre original : LITTLE BUDDHA

Textes traduits de l'anglais par
Michèle Garène, Basile Lagides, Bernard Seytre

Note au lecteur : les termes utilisés ont été orthographiés d'après le *Dictionnaire de la sagesse orientale* (collection « Bouquins », Robert Laffont).

ISBN-2-266-07633-7

Avant-propos

Je ne suis pas bouddhiste, mais mes liens avec le bouddhisme sont fort anciens. A l'âge de vingt et un ans, je lus la vie du yogi tibétain Milarepa écrite par Elsa Morante : je fus profondément touché par la poésie de cette histoire. Plus tard, pendant la préparation de mon film Le Dernier Empereur, *je visitai des monastères bouddhistes, notamment à Pékin. Je commençai alors à me documenter sur le bouddhisme et à rencontrer des lamas en Amérique, en Angleterre et au Népal.*

Lors d'un séjour à Hollywood en 1992, un ami m'invita à une cérémonie célébrée par des lamas et des moines tibétains. Je fus frappé par leur joie et leur calme. Je ne comprenais pas leur langue, mais pourtant il émanait de tout cela un incroyable sentiment de communion, une compréhension sensible malgré notre différence. Pour moi, cette cérémonie fut comme une initiation : j'avais le sentiment de me regarder dans un miroir qui m'aurait renvoyé une image où se confondaient l'élève et le maître.

Plus tard, pendant le tournage de Little Buddha, *j'éprouvai une véritable fascination pour le Sûtra du cœur qui dit : « La forme n'est que vide, le vide n'est que forme. » Comment l'interpréter ? Sans doute, au moment où j'en pénétrerai le sens, n'en aurai-je plus besoin. Seule compte l'émotion. Peu d'hommes sont capables de com-*

prendre par la raison, mais presque tous peuvent le faire à travers leurs émotions. Pendant le tournage de Little Buddha, *je sentis que j'avais changé, j'avais découvert l'état de sérénité.*

Mon rôle était de faire un film sur la vie de Bouddha, mais ce que je voulais vraiment, c'était créer une histoire qui relierait passé et présent, l'histoire d'un Tulku, d'une incarnation. Au début, le film était très didactique. Tel qu'il est devenu, il l'est moins, mais est plus ambitieux : au-delà des mots, j'ai tenté de transmettre un message.

Bien sûr, Little Buddha *est une histoire et non un manuel. Nombre de considérations philosophiques qui figuraient dans le scénario original ont été supprimées. Telle est la raison de ce livre. Le lecteur y trouvera les mots que je n'ai pas pu mettre dans mon film — des mots pour satisfaire à la fois le cœur et l'esprit. Puisse cet avant-propos exprimer mon profond respect pour l'enseignement et la tradition ancienne qui l'inspire.*

Bernardo Bertolucci
Londres, août 1993

Introduction

Le mot « Bouddhisme » est occidental et relativement récent. Le corpus de doctrine spirituelle et de discipline que désigne ce terme est généralement connu dans sa région d'origine, les pays d'Asie, comme le Dharma du Bouddha, expression dont la meilleure transcription est sans doute la « voie du Bouddha ». A la source de cet enseignement : un jeune homme qui s'est éveillé du théâtre de la vie il y a plus de vingt-cinq siècles et qui a reçu le nom de Bouddha « l'Éveillé ».

Cette illumination du Bouddha fut profonde et resplendissante, précise et puissante ; elle fut également chaleureuse et pleine de compassion. Ce fut comme le soleil apparaissant derrière les nuages. Tous ceux qui ont pris l'avion par un jour triste et sombre savent qu'au-delà de la couche de nuages le soleil luit toujours. Même la nuit le soleil brille, mais nous ne pouvons pas le voir, parce que la terre nous en sépare et probablement aussi notre oreiller. Le Bouddha a expliqué que, par-delà l'épaisseur de nuages que sont les pensées, par-delà celles particulièrement lourdes qui sont chargées d'émotion et que renforcent les habitudes mentales figées, luit constamment une intelligence chaleureuse, scintillante et aimante. Et même dans ce flot de pensées, d'émotions et d'habitudes, s'il advient que l'intelligence soit émoussée et confuse, c'est toujours elle qui rend pensées, émotions et habitudes si puissantes, si pleines de ressources, si variées et si inépuisables. Ce monde nuageux de pensées, d'émotions, renforcées par des habitudes, bref tout cela anime perpétuellement ce que j'ai nommé plus haut le « théâtre de la vie » et ce qui, pour le Bouddha, est le sommeil. Selon le *Dharma du Bouddha,* chacun peut s'éveiller de ce sommeil. Chacun est capable de devenir Bouddha.

Quand nous allons au cinéma, beaucoup d'entre nous n'aiment pas seulement les beaux films, agréables et plaisants. Tout autant, peut-être même encore plus, nous retirons du plaisir des films tristes, tragiques, douloureux ou violents, voire des films d'horreur. Le positif et le négatif nous tiennent également sous leur charme. De la même manière, comme l'a discerné le Bouddha, nous faisons en sorte que notre propre intrigue (tissée de pensées déjà évanouies) reste savoureuse et intéressante, en utilisant ces mêmes éléments parfois positifs, souvent négatifs, mais toujours très efficaces. Selon le Dharma du Bouddha, cette intrigue que nous poursuivons d'une façon ou d'une autre au long des années se nomme le Moi.

Fondamentalement, nous savons bien que même le Moi, même le sentiment d'être soi sont les produits de cette même intelligence constituante chaleureuse, que le Bouddha a totalement révélée, et ce pour la bonne et simple raison qu'il n'y a rien d'autre qu'elle qui possède une intelligence suffisante pour produire et faire durer ce Moi. Mais il s'est produit une confusion, comme une tempête soufflant dans un ciel nuageux. Elle est très persuasive et stupidement persistante. Elle contient toutes nos craintes et tous nos espoirs liés au processus de naissance, de croissance, d'adolescence, de vieillissement, de maladie et de mort, de plaisir et de douleur. Mais, puisque le Bouddha lui-même a pu se réveiller de toute cette espérance et de toute cette crainte, il savait que cela pouvait être accompli et il enseignait la technique de l'éveil. A certains, il se contentait de faire connaître directement son éveil profond et lumineux, et ceux-ci s'éveillaient dans l'instant, comme s'ils sortaient brusquement d'un rêve.

Voilà l'objet du Dharma du Bouddha : reconnaître notre condition psychique, et œuvrer tant et si bien que nous puissions émerger de son apparence chaotique. Les bouddhistes suivent la voie enseignée par le Bouddha afin de s'éveiller de la confusion du Moi. Il advient naturellement que l'un ou l'autre s'éveille avant d'avoir accompli toutes les étapes recommandées par le Bouddha. Il existe toujours de telles exceptions. Mais la plupart des bouddhistes continuent patiemment à suivre les traces du Bouddha.

La méthode principale qu'enseigne le Bouddha pour aider les hommes à sortir de la confusion est la méditation. Méditer à la manière bouddhiste n'est pas comme prier. Ce n'est pas tenter de croire ni prononcer en esprit des paroles relatives à nos croyances, à nos envies ou à nos intentions. Cela consiste plutôt à se relaxer et à laisser seulement les choses comme elles sont, sans rien provoquer. Nous passons une bonne part de notre vie à susciter quelque chose. Dans la méditation, les bouddhistes choisissent une autre approche : laisser aller, se déprendre de toute cette agitation et trouver le repos, en acceptant la façon d'être des choses, ce qu'elles sont de toute manière.

Le Bouddha a enseigné diverses techniques destinées à juguler l'attention. En effet celle-ci tend à être frénétique et à vouloir s'échapper lorsque l'on commence à méditer. Ces techniques aident à ramener un calme naturel dans le corps et dans l'esprit. Cela nous permet d'apaiser l'agitation permanente du Moi. Comme nous apprenons à relâcher cette tension, le monde turbulent et prenant du Moi, fait de pensées et d'émotions, devient progressivement transparent et notre intelligence fondamentale, profonde, brillante et aimante commence à percer.

Si nous abandonnions le monde du Moi, nous risquerions, semble-t-il, de devenir passifs et sans défense, pareils à une poupée de chiffons, et il se pourrait alors que les gens en tirent avantage. Ou que nous risquerions de nous retrouver errant sans but et sans programme. Comme l'a fait remarquer un maître bouddhiste contemporain, si tel était le cas, il faudrait créer dans les hôpitaux des « services d'illumination » pour soigner les bouddhas meurtris et socialement inadaptés. Mais il n'en va pas ainsi. Au lieu d'être des malades, ceux qui ont reçu l'illumination à quelque degré que ce soit sont plutôt des constructeurs d'hôpitaux destinés aux autres. Leur intelligence et leur compassion ne connaissent presque aucun frein et ils sont enclins à devenir des citoyens tout à fait actifs et efficaces.

Le Dharma du Bouddha est fondé sur l'expérience directe et encourage les pratiquants à se reposer sur cette expérience pure avec une attention pure. Pourtant, certains aspects de l'enseignement destinés à fournir une base aux efforts des pratiquants ressemblent à une pensée spéculative ; ils sont, au moins en partie, éloignés de l'expérience pure. Ainsi avons-nous la notion de Karma et de re-naissance. Elle semble ressortir à la catégorie générale des doctrines religieuses qui demandent une croyance ou une foi. Ces deux notions méritent un examen plus poussé.

Karma est le mot sanskrit qui signifie « action ». A propos du Karma, il est enseigné que les actions que nous entreprenons dans l'instant aurons des conséquences ultérieures. Pour l'essentiel, cela correspond à l'idée de cause à effet que nous tenons généralement pour acquise. Si vous donnez un coup de pied à une balle, elle bouge. Si vous perdez votre billet d'avion, vous êtes sans siège. C'est cela le Karma : l'action et son action, son effet.

Mais, pour le Bouddha, l'action de l'action se produit parfois à un niveau plus subtil. Parfois les conditions nécessaires pour que se produisent les effets de l'action ne sont pas réunies. Supposons que vous ayez tué quelqu'un dans les bois, sans témoin et sans laisser d'indice. Personne ne vous soupçonne. Pourtant, il y a eu, inoubliablement présent, ce moment horrible, celui de l'agression sauvage. Cela peut-il s'effacer ? Non. Il va de soi que nous en gardons le souvenir ; mais qu'est-ce que le souvenir ?

Selon le Bouddha, l'action de l'action ne tend pas à se dissiper. Lorsque les conditions favorables sont réunies, l'effet tend parfois à se produire. Ce moment de l'agression abominable pourrait bien produire un choc en retour. Ce choc vous atteindra-t-il ?

Cette question rattache l'idée de Karma à celle de renaissance ou de réincarnation. Dans l'Inde du Bouddha, au premier millénaire avant notre ère (et cela vaut dans une large mesure pour l'Inde contemporaine), chacun ou presque tenait la notion de renaissance comme acquise. Suivant l'idée populaire indienne de réincarnation, vous renaissez perpétuellement sous différentes formes. Parfois celle d'un humain, parfois celle d'un animal, parfois vous êtes un dieu, parfois vous vous retrouvez en enfer ou en une infinité de situations meilleures ou pires. On pensait alors que vos actions présentes affectent votre future renaissance. Si vous êtes avide et mauvais, vous risquez de renaître insecte, et le plus méprisable d'entre eux. Si vous avez été un être exceptionnel, vous pouvez vous réincarner en dieu, en roi ou en reine. Un meurtrier revivra dans une condition atroce parfois tout au long de la série de ses réincarnations. Il se peut que d'autres Karmas portent d'abord leurs fruits mais, tôt ou tard, le choc en retour de leur agression finira par atteindre le coupable avec une force et d'une manière proportionnelles à sa faute, car tout cela est l'action de son action antérieure. L'enseignement du Bouddha relatif au Karma et à la renaissance peut présenter des similitudes ; mais il diffère essentiellement de cette idée. En quoi ? Un des enseignements fondamentaux du Bouddha est l'absence de Moi, l'irréalité foncière du soi. Mais s'il n'y a pas de Moi qui renaisse que signifie la renaissance ? Peut-on simplement mourir et rester impuni de son crime ?

Selon un texte bouddhique le *Kâlachakra-Tantra* (le Tantra de la roue du temps), le Karma des êtres vivants est si puissant qu'il suscite des mondes pour atteindre son accomplissement. Dans l'intervalle qui sépare l'existence des mondes, juste au moment où les conditions nécessaires sont réunies, le Karma, l'action inaccomplie de l'action antérieure des êtres vivants, commence à mettre en branle les particules fondamentales de l'espace. Elles se meuvent, produisant un puissant vent karmique qui anime les autres éléments cosmiques, feu, eau et terre. Et il se forme un monde de mondes.

On peut aussi dire que les êtres sensibles individuels, au même titre que les mondes, entrent dans l'existence par la rencontre entre les forces du Karma et des conditions nécessaires. Les éléments karmiques unis par le principe de causalité tendent à se lier à travers l'histoire des transmigrations de l'être sensible. Ainsi la mémoire elle-même paraît être une expression de la continuité karmique. Le plus souvent, il ne subsiste aucune mémoire consciente des relations qui unissaient autrefois les éléments karmiques formant la trame de nos vies quotidiennes.

Selon le Bouddha, le Karma n'est pas omni-pénétrant ni omni-déterminant. Le souffle du Karma ne se manifeste que dans un climat nuageux de pensées liées aux passions, d'agression et d'ignorance obstinée. Lorsque règne l'infinie lumière d'un ciel sans nuage, il n'y rien, plus rien sur quoi souffler. Dans l'espace ouvert et sans obstacle de l'intelligence fondamentale des êtres sensibles, le Karma devient sans effet.

De telles conceptions, même si elles peuvent paraître abstraites, font partie du Dharma bouddhique, parce qu'elle firent partie de l'immensité de l'expérience directe et sans obstacle du Bouddha, et d'autres maîtres éclairés du Dharma bouddhique. Ces conceptions ont été transmises par une lignée ininterrompue de maîtres éclairés qui remonte au Bouddha lui-même. Ce sont des moyens offerts aux hommes pour parvenir à l'Éveil. Mais ce ne sont pas des articles de foi. Le Bouddha dissuadait ses disciples d'accepter aveuglément son enseignement. Il invitait tous ceux qui voulaient suivre ses traces à vérifier personnellement tous ses enseignements et à s'en tenir à un vigoureux scepticisme, et cela jusqu'à ce que la réalisation dissipe leur doute. Ainsi, tous les enseignements du Bouddha sont donnés pour que le pratiquant les examine et les éprouve concrètement. Il n'est pas mauvais de rappeler que le Bouddha lui-même n'était pas bouddhiste.

Les éditeurs de ce livre ont choisi des textes extraits des écrits séculaires du Dharma pour faciliter au lecteur l'accès aux messages fondamentaux du Bouddha. Cette anthologie s'ouvre sur une brève biographie du Bouddha et sur une courte histoire du bouddhisme ; puis viennent des textes relatifs à la doctrine et à la pratique des trois grandes divisions du Dharma bouddhique, l'Hînayâna, le Mahâyâna, et le Vajrayâna. Est aussi représentée l'œuvre des grands maîtres bouddhistes anciens et modernes. On trouvera également une introduction à la pratique de la méditation, comme des chapitres traitant des questions les plus fréquentes sur le Karma et la renaissance. Ainsi un lecteur intéressé pourra-t-il acquérir une idée du Dharma du Bouddha, son enseignement à la fois vaste et profond.

Tout n'est pas également facile à lire dans ce livre. Certains passages peuvent paraître ardus, tant ils vont à contre-courant de notre pensée habituelle. Parfois, le sens que l'on découvrira pourra sembler déconcertant parce que son objet est subtil et profond. Au cours des siècles s'est développé un vocabulaire bouddhique spécialisé aux traductions parfois différentes. Afin d'uniformiser l'usage des mots étrangers, et de diminuer les risques de confusion, nous avons transcrit la plupart des termes palis en sanskrit. Nous encourageons le lecteur à faire un large usage du glossaire à la fin du livre Pourtant, avec un peu de persévérance. On pourra acquérir des notions susceptibles d'ouvrir de nouvelles perspectives utiles à sa vie quotidienne. L'expérience de la méditation peut y contribuer. C'est la voie royale qui mène à la découverte des grandes vérités par expérience directe. La tradition dit que, si quelqu'un entrevoit la confusion de son Moi et éprouve simultanément le désir de l'Éveil, il commence à entrer dans le chemin du Dharma. Explorer des voies nouvelles et vierges, c'est déjà un peu cela. C'est ce que recherche un nombre croissant d'Occidentaux.

Première partie

La vie du Bouddha et la diffusion du bouddhisme

La vie du Bouddha

par Sherab Chödzin Kohn

L'Éveil du Bouddha Shâkyamuni et les quarante-cinq ans de prédication qui suivirent sont la source du Dharma bouddhique. Sa vie tout entière est objet d'inspiration pour les pratiquants. Un rôle déterminant revient au désir insatiable du Bouddha de rechercher la vérité, désir qui le conduisit à sa grande renonciation — lorsqu'il délaissa la vie de prince avec sa richesse, son pouvoir et ses plaisirs. Bien qu'il ne soit pas indispensable de délaisser ses biens en ce monde, la renonciation est une chose que chaque pratiquant doit imiter à un certain degré. Partant d'une quête similaire de la vérité, les pratiquants trouveront aussi un moyen pour se délivrer eux-mêmes, au moins partiellement, de l'attachement aux gains ou aux pertes, à la gloire ou à la disgrâce, aux éloges ou aux blâmes, au plaisir ou aux peines — pour que leur esprit puisse parvenir à percevoir la vérité.

Comme le Bouddha, les fidèles doivent mettre soigneusement en œuvre les pratiques menant à la réalisation personnelle de la vérité, la méditation. Les bouddhistes ont un avantage sur le Bouddha — les indications que le vieux voyageur lui-même a laissées à qui veut suivre ses pas. Puis, comme le Bouddha, ils peuvent devenir éveillés et enseigner aux autres. Le Bouddha a *fait connaître à des centaines de disciples cet état d'Éveil, en même temps qu'une méthode pour l'atteindre ; et depuis, à travers les siècles, un nombre incalculable de femmes et d'hommes ont eux aussi atteint l'Éveil et l'ont transmis aux autres renouvelé à chaque génération. Les pages qui suivent sont un abrégé d'un ouvrage plus important. Elles racontent l'essentiel de la vie du Bouddha.*

1.
L'INCARNATION DU BOUDDHA

Bouddha Shâkyamuni, l'Éveillé, a raconté sa propre histoire à son proche disciple Ananda.

A travers des vies innombrables il fut un Bodhisattva, un de ceux qui étaient sur le chemin de l'Éveil, qui travaillaient et se sacrifiaient au bonheur des autres. Dans les temps anciens du monde, incarné en un ascète qui vivait dans les bois, du nom de Sumedha, il se jeta aux pieds d'un Bouddha antérieur, Dîpamkara, et décida de devenir Bouddha lui-même. Dîpamkara regarda à ses pieds et vit le Bodhisattva couché dans la boue devant lui, lui offrant son corps comme une planche pour qu'il n'ait pas à souiller ses pieds. Dîpamkara s'interrompit et prédit à la foule qui l'accompagnait partout qu'après de nombreux éons ce jeune ascète deviendrait de fait un bouddha. Durant de nombreuses vies postérieures, le Bodhisattva pratiqua les dix vertus transcendantales qui préparent à la voie de la bodhéité, l'état de Bouddha, l'Éveil complet. Finalement, quand il approcha la perfection en compassion et en compréhension, il naquit dieu dans le quatrième paradis du royaume désiré, le *Tushita*, le Ciel des dieux satisfaits. Là, devenu le *Porteur de la bannière blanche, Shvetaketu*, il resplendit, professeur et roi de centaines de milliers de dieux à la longue vie. Cette vie dans le *Paradis des satisfaits* se poursuivait déjà depuis des milliers et des milliers d'années ; soudain le Bodhisattva entendit un tumulte résonnant à travers l'univers entier : le bruit de tous les dieux des trois mille systèmes du monde parlant et se disant les uns aux autres que le temps était venu pour le Bodhisattva d'atteindre la bodhéité. On n'entend un tel vacarme qu'en trois sortes d'occasions : quand un âge du monde parvient au temps de sa fin, quand un monarque universel est sur le point de naître, et quand un bouddha est sur le point de naître. Maintenant, tous les dieux sont réunis dans le Paradis des satisfaits et implorent le Porteur de la bannière blanche de ne pas laisser fuir le moment du passage, mais de naître sur la terre et devenir un bouddha pour l'amour de tous les êtres sensibles.

Lorsqu'il eut décidé que le temps de naître était venu, il s'en vint au bosquet de Nandana, dans la capitale du Paradis des satisfaits. Là, plein d'attention et de conscience, il mourut. Au même moment, plein d'attention et de conscience, il entra dans l'utérus de sa mère terrestre.

Au milieu du premier millénaire avant Jésus-Christ, le Bodhisattva naquit pour la dernière fois, à Jambudvipa, dans le continent du sud de ce système du monde, au pays des Shâkya, qui est situé au pied de l'Himalaya, aujourd'hui le sud du Népal. Son père, Suddhodana, était le roi des Shâkya. Comme il convenait à un roi, il était de la caste des kshatriyas, les guerriers, et son lignage, celui du clan des Gautama, était ancien et pur. La mère du Bodhisattva était Mahâmâyâ, la fille de Suprabuddha, un noble et puissant Shâkya. Puisque le Bodhisattva était rené prince des Shâkya, après son

Éveil, il fut connu comme le sage des Shâkya, Shâkyamuni. Comme le nom de son clan était Gautama, il fut aussi appelé plus tard le Bouddha Gautama.

Une nuit, pendant les fêtes d'été de Kapilavastu, la reine Mahâmâyâ rêva qu'elle s'élevait dans les airs et qu'un éléphant blanc, grand et beau avec six défenses pénétrait son sein par le côté droit. Alors une foule immense s'inclina devant elle. Lorsqu'elle se réveilla, elle éprouva un grand sentiment de bien-être et sut qu'elle serait mère.

Lorsqu'elle raconta cela au roi, il fit venir ses sages brahmines versées en astrologie et dans l'interprétation des rêves. Les brahmines informèrent le roi qu'un fils lui naîtrait et qu'il porterait les trente-deux marques majeures et les quatre-vingts marques mineures d'un grand homme. Si le futur prince restait dans son palais et menât une vie séculière, il deviendrait un Chakravartin, un monarque universel. Cependant, s'il renonçait au monde, aux richesses et à sa position royale, et s'il partait sur les chemins comme un saint homme, il pourrait devenir un bouddha qui atteindrait l'Éveil complet et rassasierait tous les êtres de l'élixir de vie éternelle. Le roi se réjouit de ces prédictions. Il offrit aux brahmines de riches cadeaux et distribua au peuple de la nourriture et des dons.

La grossesse de Mahâmâyâ dura dix mois. Au printemps, elle commença à ressentir que la naissance était imminente. Elle demanda à être amenée à Lumbini, un endroit agréable qui appartenait à sa famille et qu'elle avait beaucoup aimé pendant son enfance. Suddhodana donna des ordres et une grande suite de nobles, courtisans et serviteurs de la ville fut chargée d'accompagner la reine. On dressa des tentes colorées pour les loger confortablement. Tout était prêt pour la naissance.

Au milieu du mois, le jour de la pleine lune, la reine Mahâmâyâ se promenait dans le bosquet quand, soudain, elle tomba lourdement et se raccrocha de la main droite à une branche. Justement, comme elle s'agrippait à cette branche, naquit le Bodhisattva, en un instant et sans douleur. Une lumière illumina le monde et la terre trembla. Alors, le Bodhisattva, qui avait déjà l'aspect d'un jeune enfant, s'avança de sept pas avec assurance, regarda dans les quatre directions, et dit : « Je suis le conducteur du monde, le guide du monde. C'est ma naissance finale. » De chaque côté de sa tête, deux jets d'eau nés de l'air, l'un chaud et l'autre froid, répandirent leur eau pure et apaisante sur le Bodhisattva. Ainsi lavé, il fut posé sur une couche, couvert de brocarts de soie et protégé par un parasol blanc au-dessus de sa tête.

Le cinquième jour après la naissance du Bodhisattva, Suddhodana ordonna que se déroule la traditionnelle cérémonie des noms. Nobles, courtisans et brahmanes furent invités en grand nombre. Nourriture et boissons abondaient, chacun reçut des cadeaux généreux. L'enfant fut nommé Siddhârtha, ce qui signifie « l'accomplissement du but ».

Sept jours après la naissance du Bouddha, la reine Mahâmâyâ mourut. Sa sœur Mahâprajâpatî Gautami, qui était une autre des épouses du roi Suddhodana, fut choisie pour élever et éduquer l'enfant. Mahâprajâpatî était pleine de tendresse pour le fils de sa sœur et l'éleva comme le préféré entre ses propres enfants.

Pour le roi Suddhodana, tous les événements étonnants qui avaient entouré la naissance de son fils devinrent une source de joie. Mais ces choses lui parurent aussi surnaturelles et entourées d'un halo de crainte et d'incertitude. La mort de la reine Mahâmâyâ relevait de cette part obscure. Dans un moment d'abandon, l'esprit du roi finit par se reposer sur les prédictions équivoques des brahmanes. Son fils serait soit un souverain universel, soit un bouddha. En vérité, ces deux destins apporteraient grandeur et gloire, mais seule la première espérance convenait au cœur du roi. Que son fils lui succède et devienne un grand souverain, voilà qui remplirait tous ses vœux. Mais, s'il advenait que le prince abandonnât la fonction royale, alors Suddhodana se retrouverait sans héritier et sa maison serait vide. Voilà une menace qui devenait préoccupante. En conséquence de quoi, le roi prit toutes les dispositions possibles pour orienter les événements comme il le voulait. Il prit grand soin de mettre le prince à l'abri du monde et l'entoura de luxe et de plaisirs. Si le prince n'avait plus rien à désirer, il ne lui viendrait jamais la tentation d'abandonner le palais.

Comme Siddhârtha grandissait, le roi le fit entourer d'une foule de beautés parfaites qui excellaient dans l'art du chant, de la danse et de la musique. Partout, toujours, un défilé de femmes superbes l'accompagnait, cherchant de toutes les façons à le distraire, l'occuper et le combler. Le prince passait tout son temps dans des pièces magnifiques, superbement meublées, et en de luxuriants jardins suspendus aux fastueux sofas de soie. La plupart du temps, il ne descendait même pas aux étages inférieurs du palais.

Lorsqu'il atteignit l'âge de seize ans, on lui choisit une fiancée digne de lui : Yashodharâ, une jeune fille belle et digne, issue d'une noble lignée shâkya. Après les épousailles royales, la jeune femme vint partager la vie de Siddhârtha.

Les quatre découvertes

Puis, pendant les douze années qui suivirent, rien ou presque ne changea dans l'existence du prince.

Ce n'était pas seulement cette vie insouciante et heureuse qui le retenait, mais aussi de solides liens de famille et son devoir royal. Pourtant, au fil du temps, le charme du palais s'amenuisa. Lorsque, finalement, le prince rencontra les soucis et les obstacles de la vie courante, il se sentit presque frappé comme par une insulte ou irruption brutale. Et tout cela l'impressionna vivement.

La tradition rapporte les quatre rencontres qui finirent par fissurer la satisfaction qu'éprouvait le Bodhisattva livré à cette vie de plaisirs.

Lorsqu'il sortait du palais, le prince avait l'habitude de faire conduire son char par un cocher du nom de Chandaka. Ses promenades occasionnelles étaient soigneusement préparées par les serviteurs que Suddhodana avait affectés au service du prince. Ils prenaient toujours grand soin de nettoyer et de décorer son chemin et surtout d'écarter tout ce qui était laid ou déplaisant et qui aurait pu affecter l'humeur du prince.

Un jour qu'il approchait déjà la trentaine, Siddhârtha ordonna à Chandaka de le mener dans un jardin pour y passer l'après-midi. Sur le bas-coté de la route, ils croisèrent un jour un homme courbé par l'âge, un vieillard aux cheveux gris et rares, au visage parcheminé et aux yeux rouges. Ses mains tremblaient, son pas était hésitant et faible, et il s'appuyait sur un bâton. Le prince demanda au cocher :

« Qui est cet homme ? Sa chevelure ne ressemble pas à celle des autres, ses yeux aussi sont étranges, et il marche de façon singulière. »

Chandaka répondit :

« Seigneur, c'est un vieillard. Il est ainsi car tels sont les effets du temps sur tout être vivant. Il souffre des afflictions du grand âge dont nous pâtirons tous. Notre peau se dessèche et se ride, nos veines et nos artères se durcissent. Notre chevelure tombe, elle perd sa couleur, notre chair sa souplesse et sa fermeté. Nos yeux rétrécissent et rougissent. L'acuité de tous nos sens s'affaiblit. En fait, à mesure que le temps passe, notre corps finit par être sans forces et il nous en reste à peine juste pour nous déplacer comme ce vieil homme que vous voyez. »

Quand le prince entendit cette explication, il fut effrayé et troublé. Renonçant à aller au jardin comme il l'avait décidé, il ordonna à Chandaka de rebrousser chemin vers le palais.

A l'occasion d'une autre promenade en char, Siddhârtha vit un malade sur le bord de la route. Il était émacié et pâle. Certaines parties de son corps étaient gonflées, d'autres couvertes de plaies. Il s'appuyait péniblement sur un autre homme et poussait parfois des gémissements de douleur. Quand Chandaka lui eut expliqué ce qu'était la maladie, renonçant à sa promenade, le prince s'en revint au palais profondément troublé.

En une troisième circonstance, alors qu'il conduisait son char, le prince rencontra une procession funéraire, il vit le cadavre porté sur une litière et suivi par les parents en deuil qui pleuraient, déchiraient leurs vêtements et se couvraient de cendres. Il demanda à Chandaka la raison de cet horrible spectacle.

« Prince, vous ignorez donc ? Cet homme sur la litière est mort. Sa vie est achevée. Ses sens, ses sentiments et sa conscience sont évanouis. Il est devenu pareil à une souche ou à une botte de foin. Ses parents qui ont pris soin de lui et l'ont chéri tout au long de sa vie ne le reverront plus jamais. Sans exception, tout ce qui naît doit mourir. »

En proie à une profonde détresse, le prince ordonna à Chandaka de s'en retourner au palais.

En une quatrième occasion, alors que le Bodhisattva roulait sur la route avec Chandaka, il rencontra un mendiant au port droit et à l'allure rayonnante. Siddhârtha fut impressionné par cette vision, et demanda à son cocher qui était cet homme. Chandaka répondit :

« C'est un saint homme qui a renoncé au monde ; il mène une vie errante. Ces mendiants sans toit se consacrent à des recherches spirituelles comme la méditation et l'ascétisme. Ils ne possèdent rien mais errent de place en place, quêtant leur nourriture. »

Plongé dans de profondes pensées, le prince se fit ramener au palais.

Pour distraire son fils de ses préoccupations, le roi décida de l'envoyer visiter un village de fermiers non loin de là, dans l'espoir que Siddhârtha s'intéresserait à l'agriculture. Mais, lorsqu'il arriva, le jeune homme raffiné vit les travailleurs qui peinaient, sales et dépenaillés, ruisselant de sueur au plus fort du soleil. Les bœufs portaient des jougs lourds qui arrachaient le cuir de leurs épaules. Les charrues qu'ils tiraient déchiraient la terre et en traçant leurs sillons détruisaient vers et insectes. Pour forcer les animaux à travailler, les fermiers devaient les aiguillonner jusqu'à ce que leurs flancs déformés ruissellent de sang. De la bave et de la mousse coulaient de leurs naseaux tandis qu'ils étaient contraints de tirer sans fin les lourdes charrues sur de longues distances. D'épais nuages de moucherons et de mouches piquantes ne cessaient de les tourmenter.

Le prince fut submergé de dégoût. Quand il apprit que ces travailleurs étaient les esclaves de son père, il les libéra sur-le-champ et leur dit :

« A dater de ce jour, vous ne serez plus esclaves. Vous êtes libres d'aller où il vous plaît et de vivre dans le bonheur. »

Il détacha aussi les bœufs et leur dit :

« Allez ! Désormais soyez libres et mangez les herbes les plus douces, buvez l'eau la plus pure et soyez rafraîchis par de douces brises. »

Le départ

Le Bodhisattva avait vingt-neuf ans et sa femme attendait un enfant. Cependant, il pensait sérieusement à quitter son foyer. La vieillesse, la maladie, la mort et la souffrance omniprésentes limitaient la vie d'une manière qu'il ne pouvait accepter. D'une façon ou d'une autre, il devait triompher de ces obstacles au bonheur. Il ne pouvait pourtant espérer y parvenir en menant la même vie au palais. Sa rencontre avec le mendiant semblait lui indiquer la voie à suivre pour lutter contre ces graves tourments.

Une nuit qu'il était dans le quartier des femmes, après une soirée de plaisir, le prince s'éveilla et, à la lueur incertaine de la lampe, vit les beautés allongées autour de lui, endormies dans des poses abandonnées. Une jeune femme dormait en tenant toujours son luth, un filet de bave lui coulait de la bouche et elle ronflait bruyament, d'autres étaient effondrées contre les murs ou les meubles, certaines avaient leurs vêtements tachés de vin. D'autres étaient allongées dans des postures inconvenantes ; leurs riches costumes bâillaient et laissaient voir leurs corps. Le spectacle enchanteur de leur beauté qui avait si longtemps captivé le prince était maintenant évanoui.

La même nuit, Yashodharâ rêva que Siddhârtha la quittait. Elle se réveilla et lui raconta sa vision, puis elle lui dit :

« Seigneur, où que vous alliez, je vous prie de m'emmener avec vous. »

Et lui, sachant qu'il irait au-delà de la souffrance et de la mort, y consentit et lui dit :

« Là où je vais, tu peux aussi aller. »

C'était une nuit peu après la naissance de son fils Râhula que le Bodhisattva décida de quitter le palais pour toujours et de suivre la voie de l'errance. Avant son départ, il voulut regarder Râhula une dernière fois. L'enfant était endormi près de sa mère, dont la main était posée avec légèreté sur sa tête. Sachant que, s'il prenait le bébé dans ses bras, il réveillerait sa femme et qu'il lui serait difficile de partir, Siddhârtha s'en retourna et forma le vœu de revoir son fils après avoir atteint l'Éveil. Toutes les femmes du palais, tous les guerriers et leurs officiers, même ceux qui étaient de garde, semblaient plongés dans un sommeil profond car personne ne se leva pour empêcher ce départ. Le Bodhisattva fit lever le cocher Chandaka pour lui ordonner de seller son cheval préféré, Kanthaka, et de l'accompagner à pied.

Ce fut pendant une nuit de pleine lune que le Bodhisattva, montant Kanthaka et suivi de Chandaka, laissa Kapilavastu et s'engagea vers le sud, vers la forêt. Il avait vingt-neuf ans.

Au sommet d'une colline, aux environs de Kapilavastu, le Bodhisattva se retourna pour jeter un dernier regard à la ville où il avait vécu, dans la lumière de la lune. Il venait de résoudre de poursuivre sans se retourner lorsque Mâra, l'incarnation de l'aveuglement, apparut flottant dans l'air devant lui.

« Ne pars pas, cria Mâra, car dans sept jours apparaîtra la roue d'or de la souveraineté universelle, et tu domineras le monde entier avec ses quatre continents et ses îles innombrables.

— Mâra ! Je te connais, s'exclama le Bodhisattva, et je sais bien que tu dis vrai. Ce n'est pas la domination du monde que je recherche, mais je veux devenir un bouddha afin de guérir la souffrance universelle. »

Ainsi reconnu pour ce qu'il était, Mâra disparut, mais, à dater de là, il suivit le Bodhisattva comme son ombre, attendant sa moindre faiblesse.

Le Bodhisattva continua à chevaucher à travers la nuit

et s'éloigna loin de Kapilavastu. Au matin, il traversa une petite rivière et mit pied à terre sur la berge opposée.

« Chandaka, dit-il, afin de chercher la vérité pour le bien des hommes je vais mener une vie errante. Il est temps pour toi de prendre Kanthaka et de retourner vers Kapilavastu et vers mon père. »

Il retira son or et ses bijoux, et même le diadème royal qui ornait son front ; il les donna à Chandaka afin de les rapporter.

Ce dernier le supplia d'abandonner son projet et de revenir au palais, mais Siddhârtha fut inébranlable. Il prit l'épée de Chandaka et coupa sa longue chevelure nouée sur le sommet de sa tête comme il sied à un prince. Regardant sa robe de belle soie brodée, il pensa combien elle convenait mal à un mendiant errant. Il cherchait une solution lorsqu'un chasseur de daim surgit de la forêt, portant une simple robe safran très semblable à celle d'un vagabond. Le Bodhisattva salua le chasseur et lui proposa d'échanger leurs vêtements. L'homme fut enchanté et ne tarda pas à repartir, vêtu de la robe princière, tandis que le Bodhisattva, non moins satisfait, restait avec sa pauvre robe. Rien ne le distinguait d'un mendiant ordinaire, si ce n'est son allure noble, comme la beauté de son visage et de son front. Seuls un prophète ou un brahmane d'exception auraient pu reconnaître les trente-deux marques majeures et les quatre-vingts mineures qu'il portait sur son corps.

« Maintenant, retourne-t'en vers le roi et raconte-lui ce que tu as vu », dit le Bodhisattva à Chandaka, puis il disparut dans la forêt.

On raconte que le cheval Kanthaka ne put supporter d'être séparé du maître qu'il aimait et qu'il mourut pendant le retour, laissant à Chandaka cette seconde douleur à supporter.

La voie de l'errance

En un instant, de prince le Bodhisattva était devenu mendiant, il venait d'obtenir la vie qu'il désirait avec ardeur. Il était libre et s'était détaché de tous les liens de ce monde. Il résolut de ne plus revenir avant d'avoir accompli son œuvre et commença à marcher.

Jour après jour, il apprit à mendier sa pitance. Au début, habitué comme il l'était aux mets les plus subtils, il fut presque incapable de porter à sa bouche les restes de nourriture vulgaire qui emplissaient son bol. Puis, peu à peu, il s'habitua à ce régime ainsi qu'à dormir sur le sol sans autre abri que les arbres et les rochers.

Le vagabond descendit vers le sud par étapes, à travers le Gange jusqu'au pays de Magadha. Comme le Bodhisattva avançait, il réalisa qu'il lui faudrait finir par trouver un maître. Ainsi, au bout d'un certain temps, ayant entendu parler d'un maître réputé, il remonta au nord du Gange jusqu'à l'ermitage du sage Arada du clan de Kalama, non loin de la ville de Vaishâlî. Quand il y parvint, il découvrit qu'une vaste communauté de disciples vivait autour d'Arada dans la forêt. Sans hésiter, Gautama demanda à voir le maître. Un des disciples le conduisit en la présence de maître Arada.

« Seigneur, dit Gautama, je souhaite mener une vie pieuse sous votre direction. Je vous prie de me laisser rester là et de m'enseigner votre doctrine et votre pratique. »

Arada fut impressionné par le Bodhisattva et consentit à lui enseigner ses conceptions métaphysiques relatives à un principe éternel au-delà du monde des sens. Rapidement, Gautama appris en détail la doctrine d'Arada. Lorsqu'il fut capable de la réciter d'un seul souffle et de répondre convenablement aux questions à son sujet, Arada lui donna l'enseignement qu'il souhaitait et qui lui permit de franchir brillamment les degrés successifs de l'absorption dans la méditation. Gautama faisait de tels progrès qu'Arada lui dit :

« Je suis très heureux d'avoir rencontrer un disciple aussi doué que toi. En un temps très bref, tu as appris et accompli tout ce que je sais moi-même, si bien que je n'ai plus rien à t'enseigner. Pourquoi ne resterais-tu pas parmi nous pour diriger cette communauté avec moi ? »

Mais Gautama se sentait toujours loin de la libération totale. L'accomplissement de l'Éveil était encore à venir. Il remercia donc Arada Kalama pour tout ce qu'il lui avait enseigné et prit courtoisement congé.

Puis Gautama suivit l'enseignement d'un autre maître réputé de la forêt, Rudraka Râmaputra, dont la communauté n'était pas très éloignée. La doctrine de Rudraka était plus subtile que celle d'Arada mais similaire. Les pratiques de méditation étaient comparables bien que Rudraka maîtrisât la méditation à un degré supérieur.

En peu de temps, Gautama atteignit le dernier degré, mais il reconnaissait que la libération totale lui échappait encore.

Bien que Rudraka, en hommage au degré de réalisation atteint par Gautama, lui eût demandé de rester près de lui et de prendre la direction de la communauté, Gautama déclina cet honneur et reprit son errance. Désormais, il savait qu'il ne pouvait plus rien apprendre des maîtres et était décidé à n'épargner aucun effort pour parvenir à son but final : l'Éveil.

Gautama se mit en route vers le sud-est et retraversa le Gange. Il progressait par brèves étapes à travers le pays de Magadha ; finalement, il parvint dans la région d'Uruvilva, sur la rivière Nairanjana, non loin de la petite ville de Gaya, endroit où il décida de s'établir et de travailler assidûment pour atteindre son but.

Depuis qu'il était entré en errance, il avait vu tout autour de lui de saints hommes qui accomplissaient des pratiques telles que retenir son souffle, jeûner ou méditer sous le soleil de midi au milieu d'un cercle de feu. Ces pratiques entraînaient la soumission à des difficultés et des souffrances terribles. Elles paraissaient indiquer la voie pour vaincre les désirs et les liens qui tiennent chacun prisonnier de ce monde transitoire de la naissance, de la vieillesse, de la maladie ou de la mort. N'étant pas parvenu à son but par ses recherches antérieures, le Gautama résolut de se consacrer à l'ascétisme.

A cette époque, sa réputation se répandit dans tout le pays parmi les ascètes errants. Ils se racontaient comment l'ancien prince avait bien vite égalé Arada et Rudraka, puis comment il avait refusé la direction de leurs communautés. Ils se répétaient surtout combien il s'était maintenant consacré aux formes les plus extrêmes de l'ascétisme qui se puissent imaginer ; ils se disaient qu'il devait bientôt atteindre la libération ou mourir. Kaundinya, un jeune brahmane qui, au moment de la naissance de Gautama, avait prédit qu'il deviendrait un bouddha et qui, après cela, était lui-même entré en errance depuis longtemps, entendit ces choses ; il vint trouver Gautama en compagnie de quatre compagnons de quête. Leurs noms étaient Ashvajit, Vashpa, Mahanaman et Bhadrika. Ces cinq-là devinrent les suivants de Gautama, et le servirent. Ils lui apportaient de minuscules portions de nourriture. Quand il était trop faible pour boire, ils l'aidaient à le faire. Quand il était trop faible pour se laver seul, ils le secouraient aussi. Quand il était trop faible pour se tenir debout, ils lui fournissaient leur assistance. Et ils attendaient le jour où il atteindrait l'Éveil et serait alors capable de les conduire vers leur propre but.

Au-delà de l'ascétisme

Après avoir suivi cette voie pendant six ans, Gautama était presque mort. Malgré toute cette austérité, il n'était pas arrivé à s'extraire de la condition humaine ordinaire. La connaissance et la vision suprêmes restaient au-delà de sa compréhension. Pouvait-il y avoir un autre chemin pour atteindre l'Éveil ?

Pendant les jours suivants, Gautama se remit à prendre un maigre repas par jour. Ses disciples pensèrent qu'il avait abandonné le combat et qu'il avait pitié de soi ; ils le laissèrent. Comme il était trop faible pour aller chercher lui-même les aumônes, les jeunes filles du village, qui éprouvaient pour lui à la fois de la pitié et de l'attirance, lui apportèrent chaque jour un peu de nourriture. Sa force, son teint magnifique et radieux commencèrent à revenir.

Un matin de pleine lune du mois de printemps de Vaisheka, trente-cinq ans après le jour de sa naissance, le Bodhisattva suivait le chemin qui mène à la rivière Nairanjana pour se baigner. Après son bain, il se hissa sur la berge et s'assit sous un bouquet d'arbres. Il était encore un peu fatigué mais plein de confiance. Comme il était là, une belle jeune femme vêtue d'une robe bleu foncé s'approcha. C'était Sujata, la fille du chef des bouviers du village. Elle s'inclina devant lui et, timidement, lui demanda d'accepter un offrande particulière : du riz recuit dans de la crème et sucré au miel sauvage. Gautama sourit et mangea le riz délicieux, la meilleure nourriture qu'il ait prise depuis son départ du palais. Il s'en sentit revigoré. Puis il se reposa sous le bosquet jusqu'à ce que s'atténue la chaleur du jour.

Vers le soir, il se sentit habité d'une forte résolution. Il fut certain que, pour lui, le temps de l'accomplissement était venu. Il se leva et franchit la rivière. Sur l'autre rive, il rencontra un faucheur qui lui donna quelques touffes de *kusha,* l'herbe douce. Il avança jusqu'à ce qu'il trouve un endroit convenable. Il s'y fit un siège d'herbe kusha, à l'est d'un arbre *pippala*, un figuier. Alors Gautama fit le serment solennel de ne pas quitter ce siège avant d'atteindre l'Éveil, fût-ce au prix de sa vie. Alors qu'il s'installait résolument dans la position de méditation, les jambes croisées, Mâra aussi réalisa que le moment était venu ; il se mit à trembler. Il savait qu'une fois que le Bodhisattva aurait atteint l'Éveil, il échapperait pour toujours à son pouvoir. Mâra pensa d'abord intimider le Bodhisattva et s'écria :

« Lève-toi, Siddhârtha, prince guerrier qui as peur de la mort. Comment oses-tu t'asseoir à ma place ? Tu t'es aventuré là où tu n'as pas ta place ! Tu as outrepassé tes limites, petit homme. Suis ta propre voie et abandonne le chemin de la libération. Occupe-toi de la famille et du royaume que tu as abandonnés. »

Mais le Bodhisattva resta imperturbable et ne prêta aucune attention à Mâra.

Alors celui-ci s'approcha du Bodhisattva sous l'aspect du dieu de l'amour. Il leva son arc de fleurs bandé par une ligne d'abeilles bourdonnantes et il tira vers le Bodhisattva la flèche du désir. Mais le trait resta suspendu dans l'air et retomba inoffensif. Alors, Mâra monta son éléphant de guerre et rassembla son armée formée de toutes sortes de monstres et de lutins qui poussaient des cris aigus et rugissaient, menaçant le ciel de leur tapage. Mais le Bodhisattva resta immobile et imperturbable. En désespoir de cause, Mâra lui demanda de quel droit il occupait le siège qui lui revenait à lui, Mâra, en justice. Il lança un tourbillon sur Gautama sans même parvenir à déchirer le bord de sa robe. Mâra envoya un déluge furieux puis un mur de flammes aveuglant. Le Bodhisattva resta indemne, et profondément calme. Puis il répondit aux questions de

Mâra. Il déclara qu'il avait gagné le droit à ce siège sacré par le mérite d'innombrables vies antérieures au cours desquelles il avait pratiqué la générosité et les neuf autres vertus transcendantales. Il défia Mâra :

« Si tu as le moindre droit à ce siège, alors quel témoin de ta pratique des dix vertus peux-tu présenter ? »

Mâra éclata de rire et toutes ses créatures difformes proclamèrent bruyamment qu'elles en témoignaient. Alors, Mâra s'attaqua au Bodhisattva, pensant le tenir puisqu'il était totalement seul.

« Et toi, quel témoin as-tu ? » dit-il avec hargne.

Le Bodhisattva étendit le bras et toucha la terre de ses doigts :

« La terre est mon témoin », dit-il.

Alors, des profondeurs extrêmes, on sentit monter un grondement et un roulement immenses comme produits par le tremblement de l'essence même de la terre. La terre entière trembla et son tonnerre écrasa les gémissements terrifiés que poussaient les serviteurs de Mâra. En un instant, son armée s'enfuit et Mâra lui-même battit en retraite.

L'Éveil

Le ciel s'éclaircit et s'apaisa. La pleine lune se leva dans le ciel et brilla doucement. Le Bodhisattva immobile pénétra dans le premier degré de la méditation. La nuit était totalement silencieuse et même les insectes se taisaient. Et comme la lune continuait sa course ascendante, le calme du Bodhisattva s'affermit encore et, un par un, il maîtrisa les degrés de la méditation. Il atteignit le quatrième, sa concentration était lumineuse et pure, totale et harmonieuse. Par la fermeté de son assurance, il dépassa l'état de veille et son esprit parvint sans effort à une ouverture sans limites. Tout cela se fit sans que l'objet même de la méditation réussisse à le troubler, et sans qu'il se laisse arrêter à ce stade. Au contraire, avec la lucidité et la tendresse les plus extrêmes, il tourna son esprit vers un autre but : défaire le nœud de la naissance, de la vieillesse, de la maladie et de la mort.

Il comprit que la cause de la vieillesse, de la maladie et de la mort est la naissance ; après elle, tout le reste s'ensuit inévitablement. Il saisit que la cause de la naissance se trouve dans les processus de devenir, eux-mêmes déjà commencés ; que la cause de cela est l'ardeur et l'avidité ; que la cause de l'ardeur et de l'avidité est le désir ; que le désir est produit par les sensations de bonheur, de souffrance ou d'indifférence ; que la condition nécessaire de ces sensations est qu'il existe un contact des sens et du monde ; que la cause du contact des sens est qu'il y a un domaine des sens ; que la cause de cela est l'apparition du corps et de l'esprit. Il eut l'intuition que le corps-esprit et la conscience se conditionnent mutuellement de telle façon qu'ils produisent une grossière illusion du Moi. Il réalisa que la cause de la conscience est l'élan de la volonté et finalement que la cause de cet élan est l'ignorance.

Il conçut donc que le cycle entier qui s'achève par la vieillesse et la mort commence quand l'intelligence fondamentale s'assoupit dans l'ignorance de sa propre nature. Ainsi, cette intelligence omni-pénétrante se fourvoie et engendre l'illusion d'un Moi.

Après cela, la clarté et l'ouverture de l'esprit de Siddhârtha augmentèrent encore. Durant la première veille de la nuit, sa vision intérieure ne connut plus d'obstacle. C'est ce que l'on désigne comme « l'ouverture de l'œil divin ». Alors, il orienta son attention vers le passé ; il vit son passé et celui d'innombrables êtres formant une chaîne ininterrompue à travers les éons et les ères terrestres.

Durant la seconde veille, son œil de la sagesse s'ouvrit

encore davantage et il contempla le spectacle de l'univers entier comme dans un miroir sans tache. Il vit les étants naître et mourir, chacun selon son Karma, les lois de la cause et de l'effet. Voyant que la naissance et la mort se produisent suivant la chaîne de la causalité, il embrassa les cycles de tous les êtres. Il considéra les heureux et les malheureux, les glorieux et les humbles suivant chacun leur chemin. Il examina comment, ignorants et douloureux, tous étaient emportés par les vagues déchaînées de la naissance, de la vieillesse, de la maladie et de la mort.

Durant la troisième et dernière veille, il s'attacha à déraciner cette souffrance pour toujours. Il avait clairement compris les chaînons de l'interdépendance où chaque stade est produit par une cause précédente, la cause originelle étant l'ignorance. Et il saisit combien les étants étaient animés par le mouvement de la puissance du Karma. Et maintenant son œil divin cherchait les moyens de la libération. Il vit que, par la cessation de la naissance, ni la vieillesse ni la mort ne pourraient se produire ; par la cessation du devenir, il n'y aurait plus de naissance ; par la cessation de l'avidité, il n'y aurait plus de devenir, et ainsi de suite en remontant l'enchaînement des causes jusqu'à l'ignorance. Il eut donc l'intuition de la souffrance et de la cause de la souffrance, de la cessation de la souffrance et de la voie de la cessation de la souffrance.

A la fin de la troisième veille, aux premières lueurs de l'aube, le Bodhisattva vit à travers les ultimes traces de l'ignorance jusqu'en soi. Il avait atteint l'Éveil absolu et était devenu le Bouddha. Les premiers mots qu'il prononça furent ceux-ci :

« Cherchant en vain l'Architecte du Grand Tout,
j'ai erré à travers les cycles d'innombrables naissances.
Combien il est douloureux de naître sans cesse.

Architecte, je t'ai maintenant reconnu,
tu ne reconstruiras plus l'édifice,
tes chevrons sont brisés ;
la poutre maîtresse est rompue.
Mon esprit a atteint le nirvâna illimité par la forme
et obtenu la fin de toute sorte de désir. »

Puis il pensa : « J'ai atteint le non-né. Ma libération est irréversible. C'est ma dernière naissance. Il n'y aura désormais plus de renouvellement du devenir. »

Le temps de la prédication

Après le moment de l'Éveil, le Bouddha poursuivit sa méditation sous l'arbre Bodhi, puis en divers lieux du voisinage.

Il se demanda alors s'il devait enseigner le Dharma aux autres.

« Il est trop profond et trop ardu pour être enseigné, pensait-il, il contrarie trop l'illusion générale, obstinée et persuasive. Un monde si totalement englué dans l'attachement, si accoutumé à vivre dans l'avidité et la violence, et aux yeux si bandés, ne saura jamais atteindre à la vérité au-delà de l'illusion. »

Alors le Bienheureux conclut qu'il n'enseignerait point et qu'il se tairait.

Mais le dieu Sahampati apprit la décision du Bouddha et il apparut au Bienheureux les paumes des mains jointes et l'implorant au nom de tous les êtres de « faire tourner la roue du Dharma ». Il plaida qu'il y avait de nombreux quêteurs de vérité sincères, dont les yeux n'étaient obscurcis que par quelques grains de poussière et qui seraient capables de comprendre le Dharma subtil et profond.

« Si tu acceptes de leur enseigner, dit le dieu, tu

libéreras d'innombrables êtres du cycle de la souffrance. »

Ainsi supplié, le Bouddha fut touché par la compassion. Il consentit silencieusement à la requête du dieu et Sahampati, sachant qu'il avait été entendu, s'inclina et partit.

Après être resté aussi longtemps qu'il le désirait sous l'arbre Bodhi près de Gaya dans la région d'Uruvilva, le Bienheureux se dirigea au nord, vers Varanasi.

Quelques jours plus tard, il avait traversé le Gange, il parvenait au parc des Gazelles non loin de Varanasi. Ses cinq anciens disciples y étaient assis et le virent arriver.

Au début, comme ils pensaient qu'il s'était égaré loin de la vraie voie, ils ne lui montrèrent aucune déférence et, quand le Bouddha offrit de leur enseigner ce qu'il avait réalisé, ils refusèrent. Mais, finalement, devant son insistance inébranlable, ils cédèrent et acceptèrent au moins d'écouter son enseignement.

Dans les premiers discours sur le Dharma, le Bouddha enseigna non seulement le Noble Sentier Octuple mais aussi les Quatre Nobles Vérités. Il dit :

« Il y a la Noble Vérité de la souffrance : la naissance est douleur, la vieillesse est douleur, la maladie est douleur, la mort est douleur, le chagrin et les lamentations, l'affliction, la désolation et le désespoir sont douleurs. L'union avec ce qui n'est pas aimé est douleur, la séparation d'avec ce qui est aimé est douleur, ne pas obtenir ce que l'on désire est douleur...

« Voici la Noble Vérité de l'origine de la souffrance, c'est l'avidité qui perpétue le devenir, accompagnée de l'appétence et du désir. Si bien que l'on poursuit ceci et cela, c'est-à-dire le désir des plaisirs des sens, le désir de l'être, le désir du non-être.

« Voici la Noble Vérité de la cessation de la souffrance : c'est l'évanouissement et l'arrêt, le renoncement, l'abandon et le rejet de cette même avidité.

« Voici la Noble Vérité du chemin qui mène à la cessation de la souffrance. C'est le Noble Sentier Octuple, à savoir : l'opinion juste, la volonté juste, la parole juste, l'action juste, la vie juste, l'effort juste, l'attention juste et la concentration juste. »

Il expliqua que pour comprendre la souffrance il fallait pleinement en pénétrer la vérité. Quant à la Vérité de l'origine de la souffrance, il faut renoncer à cette origine. La Vérité de la cessation de la souffrance implique qu'il est réellement possible de parvenir à cette cessation et que, pour atteindre ce but, il faut suivre le Noble Sentier Octuple. Lui-même avait atteint l'Éveil en réalisant pleinement ses Quatre Nobles Vérités.

Comme le Bienheureux expliquait ces choses, les doutes de Kaundinya s'évanouirent et il éprouva une conscience parfaite reposant sur la connaissance directe. Il venait d'acquérir cette sorte de connaissance indépendante qui ne requiert plus la confirmation de quelqu'un d'autre ni d'autre preuve.

Alors Kaundinya demanda au Bouddha de l'accepter formellement comme disciple ; celui-ci l'ordonna *Bhikshu*, moine, dans l'ordre mendiant qu'il dirigeait lui-même. Il fit cela en disant simplement :

« Viens, Bhikshu. Le Dharma a été justement proclamé. Mène la vie sainte qui conduit à l'extinction totale de la souffrance. »

Alors le Bienheureux continua à instruire les quatre autres disciples qui, peu après, parvinrent eux aussi à la vision pure du Dharma. Ils demandèrent également à être acceptés dans l'ordre du Bouddha et celui-ci les ordonna comme il l'avait fait pour Kaundinya.

La communauté

Le lendemain qui suivit ce premier tour de la roue du Dharma, le Bouddha continua à enseigner dans le parc des Gazelles. En l'écoutant chaque jour, ses cinq disciples franchirent les quatre degrés de la réalisation et devinrent des *arhats*, des « destructeurs de l'ennemi », c'est-à-dire ceux qui ont vaincu en eux tous les obstacles à l'Éveil.

Dans le parc des Gazelles, il y avait beaucoup d'autres hommes qui cherchaient le secret d'une vie sainte et nombre d'entre eux commencèrent à écouter le Bouddha.

Pendant cette période, le Bienheureux donna son enseignement sur le non-soi ou non-moi. L'idée d'un Soi éternel, un Moi ou une âme, reliés à un principe divin éternel de l'univers et transmigrant de renaissance en renaissance, était un dogme fondamental de l'hindouisme. Le Bouddha enseigna qu'un tel Moi n'existe pas, mais qu'existe seulement l'illusion du Moi. Il expliquait que, si un vrai Moi existait, il ne pourrait être qu'une cause de souffrance et que, si le Moi était éternel, il ne pourrait que provoquer des souffrances sans fin et sans remède. Ce Moi éternel entrerait encore dans la trame de l'expérience et dans le cycle des renaissances. Alors, il n'y aurait pas la troisième Noble Vérité, la cessation de la souffrance, et, par conséquent, pas d'Éveil possible. Ainsi, enseignait-il, il n'y a qu'une illusion du Moi, mais cette illusion est suffisante pour constituer le principal obstacle à la libération et à la cessation de la souffrance.

Mais, enseignait le Tathâgata, le Parfait à la victoire récente, l'obstacle d'un Moi illusoire s'évanouit lorsqu'on le reconnaît pour ce qu'il est. Loin d'être une entité solide et éternelle, il s'agit d'un mélange temporaire de corporéité, perception, concept, connaissance et conscience. Tels sont les cinq *Skandha* ou agrégats. Plutôt qu'un Moi déterminé auquel se rattacher, un Moi qui lui-même se rattacherait à d'autres choses, il n'y a en réalité qu'une mosaïque changeante formée des cinq agrégats. Une fois que cela a été reconnu, celui qui sait perd toute passion à l'égard de ce Moi auquel il n'est rattaché que formellement. Le désir s'évanouit et le cœur se libère. Il ne reste plus rien qui puisse subir le cycle de la souffrance et de la renaissance.

Peu de temps après que le Bouddha eut commencé à faire tourner la roue du Dharma dans le parc aux Gazelles, le fils d'un riche marchand, un certain Yasha, qui, comme le Bouddha lui-même, s'était dépris d'une vie de luxe, s'enfuit de la maison paternelle. Marchant dans la nuit, Yasha rencontra le Bouddha qui déambulait. Il vit Yasha qui s'approchait et, quand il fut tout près, il entendit le jeune homme qui disait :

« C'est terrifiant, c'est horrible. »

Le Bouddha dit :

« Il n'y a rien de terrifiant ou d'horrible, Yasha, assieds-toi et je t'enseignerai le Dharma. »

A cet instant, Yasha ressentit un sentiment de bien-être et d'espoir, il enleva ses sandales d'or, se prosterna aux pieds du Tathâgata et s'assit pour recevoir son enseignement. C'est alors qu'il fut pénétré par une vision claire et parfaite du Dharma.

Non seulement Yasha mais aussi nombre de ses amis qui avaient entendu parler de l'enseignement du Bouddha et qui étaient venus le voir furent tous libérés des enchaînements et devinrent des arhats. Maintenant, ils étaient soixante et un en tout à avoir abandonné leur foyer pour suivre le Bouddha.

Celui-ci réunit tous les arhats et leur dit :

« Bhikshus, je suis libéré de toute attache humaine ou divine. Vous aussi êtes libérés de toute attache humaine ou divine. Allez maintenant et partez pour le bien de tous. Faites cela par compassion pour le monde, pour le bénéfice, l'intérêt et le bonheur des hommes et des dieux. Enseignez le Dharma qui est bon en son début, bon en son milieu, et bon en sa fin, enseignez les mots et le sens. Expliquez la vie sainte qui est totalement parfaite et pure. Il y a des êtres qui n'ont que quelques grains de poussière dans leurs yeux et qui seraient perdus s'ils n'entendaient le Dharma. Certains d'entre eux le comprendront. Quant à moi, j'irai au pays de Magadha pour enseigner le Dharma. »

Maintenant les Bhikshus que le Bienheureux avait envoyés en mission se répandaient dans toutes les directions et commençaient à rassembler des hommes qui voulaient quitter leur foyer et recevoir l'ordination complète, devenir moines, membres de la Samgha. Il était de plus en plus difficile de faire en sorte que tous rencontrent le Bouddha. Ce dernier convoqua donc une assemblée des Bhikshus et les autorisa tous à accorder l'ordination et le droit à la vie errante. Et il décrivit exactement comment cela se devait faire.

Premièrement, les cheveux et la barbe de l'impétrant doivent être rasés. Puis il doit être revêtu d'une robe safran dont un pan lui couvre l'épaule. L'impétrant doit se prosterner aux pieds du Bhikshu puis, agenouillé et les paumes jointes, il doit répéter trois fois : « Je prends refuge dans le Bouddha, je prends refuge dans le Dharma, je prends refuge dans la Samgha. »

Le Bouddha donna aussi des enseignements complémentaires à la Samgha réunie. Il précisa la doctrine et la méthode et instruisit les moines de la règle de vie propre à la Samgha. Durant cette période où le Bouddha établissait fermement les bases du Dharma et de la Samgha, Mâra lui apparaissait fréquemment et tentait, mais toujours en vain, d'ébranler sa confiance.

Les premiers saints

Le Bouddha passa la première saison des pluies qui suivit son Éveil dans le parc des Gazelles, près de Varanasi, puis, estimant ce séjour achevé, il se dirigea vers le sud et vers Uruvilva. Dans cette région vivaient à l'époque trois saints hommes de grande réputation. Ils portaient les cheveux longs et emmêlés, ils invoquaient certaines divinités en pratiquant des rites liés au feu. Ces trois hommes s'appelaient Kashyapa de Uruvilva, Kashyapa de la Rivière et Kashyapa de Gaya. Chacun d'eux était suivi de centaines d'ascètes aux cheveux emmêlés. A cette époque, les trois maîtres et leurs disciples exerçaient une influence spirituelle majeure dans tout le royaume de Magadha. Pourtant, la force des paroles professées par le Bouddha et les merveilles qu'il accomplissait firent tant que les trois maîtres et leurs élèves coupèrent leurs cheveux, renoncèrent aux instruments du rite du feu pour se joindre à la communauté des Bhikshus.

Après être demeuré autant qu'il désirait à Urulviva, le Tathâgata alla à Gayashirsha en compagnie des mille Bhikshus qui, il n'y avait pas si longtemps, étaient encore des ascètes aux cheveux noués. A Gayashirsha, il y a une colline couronnée d'un rocher qui a la forme d'une tête d'éléphant. Le Bienheureux et deux ou trois de ses disciples gravirent la colline. Il leur tint le discours suivant :

« O moines, tout brûle. Les yeux brûlent, le nez brûle, la langue brûle, le corps brûle, l'esprit brûle. La conscience de toutes ces choses brûle. Les formes visibles, les sons, les odeurs, les goûts, les choses tangibles et les objets mentaux brûlent. Le contact des sens et le contact de l'esprit brûlent, les sensations, plaisantes ou déplaisantes ou indifférentes qui naissent du contact des sens ou de la pensée, tout brûle. Tout brûle du feu de la passion, du feu de la violence et du feu de l'illusion. C'est la brûlure de la naissance, du vieillissement et de la mort ; c'est la brûlure du chagrin et du désespoir, de la souffrance et de la peine.

« Comprenant cela, ô moines, le noble disciple renonce à la passion envers tout ce qui consume, envers les sens et l'esprit, envers les objets qu'ils voient et le contact qui s'établit, envers les sentiments qui en naissent. Renonçant à la passion, le noble disciple perd la passion ; son cœur en est libéré et, avec cela, surgit la conscience de la libération. Ainsi la vie sainte a été accomplie : ce qui devait être fait a été fait et il n'y a plus rien qui puisse advenir. »

· Après que le Bienheureux eut prononcé ces paroles, les mille anciens ascètes aux cheveux noués furent parfaitement délivrés de leurs souillures en atteignant à l'absence d'attachements. Tous devinrent donc des arhats.

La Samgha

Après cela, le Bienheureux, accompagné de ses mille disciples arhats, continua en direction de Rajâgriha. Là, à l'invitation du roi Bimbisâra, qui était son protecteur fidèle, le Bouddha et les mille moines se rendirent au palais. Le roi en personne leur y servit un repas. Après que le Bienheureux eut mangé et reposé son bol, le roi annonça qu'il désirait lui offrir un terrain hors de la ville, en un lieu dit Venuvana ou bosquet de Bambous. Cela paraissait un endroit approprié à une retraite monastique : assez éloigné de la ville pour que les moines ne soient pas dérangés par le bruit et l'activité urbaine mais assez près pour qu'ils puissent venir quêter les aumônes. Ce don se fit de façon formelle, au cours d'une cérémonie où le roi récita une formule de donation tout en versant de l'eau d'une cruche d'or sur les mains du Bouddha.

Le Bouddha accepta. Il suscita l'enthousiasme et l'enchantement du roi par les paroles du Dharma, et, quand il fut prêt, se leva de son siège et partit.

A cette époque vivaient près de Rajâgriha deux jeunes brahmanes du nom de Shâriputra et Maudgalyayana entourés d'une communauté d'ascètes errants. Tous les deux avaient maîtrisé très tôt les textes brahmaniques et, ensemble, avaient quitté leur foyer en quête de l'impérissable. Un matin, Shâriputra observait un jeune moine du nom de Ashvajit qui mendiait à Rajâgriha. Ce dernier avait déjà atteint la maîtrise des sens et se mouvait avec grâce et dignité. Ses yeux étaient légèrement baissés, ses gestes exprimaient la précision et le calme et son attention était soutenue. Shâriputra fut si touché de ces preuves d'achèvement spirituel qu'il demanda au jeune bhikshu qui était son maître. Le moine lui parla du Bienheureux Shâkyamuni et lui décrivit l'essence de sa doctrine : « De toutes les choses produites par une cause, le Tathâgata a dit la cause et montré la fin. Tel est l'enseignement du grand maître. » Il suffit à Shâriputra d'entendre ces mots pour que surgît en lui une pure vision du Dharma. Il vit que tout ce qui grandit meurt. Jusqu'à cet instant, il était resté attaché à l'idée d'un Moi permanent non-causé, car tel était le dogme majeur de la doctrine brahmanique. Mais, lorsqu'il entendit les paroles d'Ashvajit, il réalisa soudain que le sens du Moi, lui aussi issu d'une cause, était également susceptible de disparaître. Ce qui impliquait qu'il n'y avait pas d'obstacle à la libération.

Ayant éprouvé cette vision claire et soudaine, Shâriputra alla en faire part à son ami. Dès que Maudgalyayana eut entendu ces paroles, il éprouva la même illumination. Peu de temps après, les deux amis abandonnèrent leurs maigres biens et se mirent en quête de Shâkyamuni.

Quand ce dernier vit de loin les deux hommes qui s'approchaient, il dit aux Bhikshus qui l'entouraient :

« Ces deux visiteurs d'heureux augure ont déjà rencontré la vérité et ils deviendront mes deux disciples majeurs. »

Les jeunes gens proclamèrent leur foi dans le Dharma et le Bienheureux leur permit d'entrer en errance et de rejoindre l'ordre. Durant les années qui suivirent, Shâriputra l'emporta en sagesse et en savoir sur tous les autres membres de la Samgha et Maudgalyayana dans la pratique des facultés supranormales. Alors que le Bouddha était près du pic du Vautour, un brahmane du clan de Kashyapa, un jeune homme de belle apparence et de noble maintien, du nom de Pippali, apparut parmi les nombreux auditeurs qui venaient tous les jours écouter le Bouddha ; se dressant dans la foule, il demanda au Bouddha de l'accepter comme disciple.

Le Bouddha vit que le jeune homme avait de grandes aptitudes pour la connaissance ultime, que son esprit était pur et qu'il s'était déjà considérablement exercé dans la quête de la vérité. Ainsi, il accepta Pippali en lui disant simplement « Bienvenue ». Pippali, maintenant soulagé du souci et de l'incertitude, resta debout, observant le Bienheureux avec une profonde attention. Le Bouddha commença à parler du Dharma, mais, au lieu de donner des instructions progressives comme d'habitude, il aborda l'essence de son enseignement en trois ou quatre phrases seulement. Alors, regardant Pippali dans les yeux, il saisit une fleur qui était près de lui, la tourna entre ses doigts et sourit. Avec ce geste, la connaissance ultime fut transmise du Bouddha en Pippali. En apparence, seul un léger sourire animant les lèvres du jeune homme indiqua qu'il avait compris. Après cela, parce qu'il avait été capable d'atteindre l'état d'arhat si brusquement et si totalement, il fut surnommé Mahâkâshyapa, le grand Kâshyapa. Des années plus tard, à la mort du Bouddha, il lui succéderait comme chef de la Samgha.

Retour chez les Shâkya

A Kapilavastu, le roi Suddhodana, le père de Gautama, s'efforçait de se tenir informé de la vie de son fils. Il avait entendu dire qu'il enseignait, qu'il était devenu un éveillé, un bouddha, et qu'il avait rassemblé des milliers de disciples dont beaucoup étaient devenus des arhats. Suddhodana vieillissait et désirait revoir son fils avant de mourir. Il envoya donc un de ses ministres, Kalodayin, qui avait été un des compagnons d'enfance de Siddhârtha, pour le prier de venir à Kapilavastu. Et c'est ainsi que le Bienheureux se mit en route vers la ville qu'il avait quittée nuitamment sept années auparavant. Quand les Shâkya apprirent son arrivée, le roi et les nobles de la ville sortirent à sa rencontre précédés d'un cortège d'enfants et de jeunes gens chargés de fleurs. Ils conduisirent le Bienheureux au parc où il s'assit sur un siège préparé à son intention. Bien que les jeunes gens se prosternassent devant le Bouddha, leurs aînés ne se sentaient pas obligés de lui rendre hommage car, à leurs yeux, le Bouddha était toujours un jeune frère.

Le Tathâgata savait que, si la puissante fierté des Shâkya lui était opposée, il ne lui serait pas facile d'enseigner. S'ils n'éprouvaient pas de vénération envers le maître, leurs cœurs se fermeraient au Dharma. Pour vaincre cet obstacle, le Bienheureux accomplit divers prodiges. En un double miracle, il fit jaillir simultanément de l'eau et du feu de son corps. Il fit aussi que la pluie tombe du ciel pourtant sans nuage, et qu'elle arrose certains des assistants seulement. Cette exhibition de choses merveilleuses atteignit son but : le roi et tous les nobles Shâkya se levèrent et se prosternèrent devant le Bienheureux. Après quoi, il régna sur l'assemblée une atmosphère de paix et de bien-être.

Le matin suivant, lorsque l'heure des aumônes fut venue, le Bienheureux entra à Kapilavastu. Personne n'était là pour prendre son bol ou l'inviter chez soi. Il songea aux bouddhas du passé, et se demanda si, lorsqu'ils entraient dans la ville de leur lignage, ils mendiaient de maison en maison, ou allaient directement chez leurs parents. Le Bienheureux conclut que ses prédécesseurs avaient procédé de la première manière et il les imita. Lorsque le roi apprit que son fils quêtait de porte en porte, il en éprouva de la honte et le retint. Le Bienheureux expliqua à son père ce qu'étaient les bouddhas et en quoi consistait la vie sainte. Il dit qu'il n'y avait guère de temps à perdre pour qui devait adopter cette vie, car ceux qui le faisaient étaient bénis dans cette existence et par-delà. Comme son père écoutait le Tathâgata, son esprit s'ouvrit ; il fut submergé par la révélation du Dharma. Il prit le bol du Bienheureux et les conduisit au palais, lui et sa suite. Là, il servit de ses propres mains une nourriture excellente à son fils. Lorsque le Bouddha eut achevé son repas et posé son bol, toutes les femmes du palais vinrent lui rendre hommage.

Mais, bien que la princesse Yashodharâ lui ait envoyé ses servantes pour lui rendre hommage, elle resta dans ses appartements, pensant par-devers elle : « Si le Bienheureux m'accorde quelque valeur, il viendra me rendre visite. » Après le repas, le Tathâgata donna son bol à porter à son père et se dirigea vers les appartements de Yashodharâ. Il entra et s'assit sur le siège qu'on lui avait préparé. Yashodharâ vint immédiatement le saluer ; saisissant sa cheville, elle plaça le pied du Bouddha sur sa tête. Alors le roi Suddhodana raconta à son fils combien son épouse lui avait été fidèle :

« Lorsqu'elle apprit que tu portais des robes safran, elle s'est habillée de même. Lorsqu'elle apprit que tu ne prenais qu'un repas par jour, elle fit de même. Lorsqu'elle apprit que tu ne dormais plus sur un lit mais par terre, elle a également dormi sur un tapis à même le sol. Lorsqu'elle apprit que tu avais cessé de porter des fleurs et de te parfumer, elle t'imita. Et, quand ses parents lui ont envoyé des messages lui demandant de retourner chez eux et lui promettant de prendre soin d'elle, elle les a ignorés. Voilà comment ma fille fut loyale et bonne. »

Râhula, le fils du Bouddha, avait maintenant sept ans ; un jour, peu après l'arrivée du Bouddha à Kapilavastu, l'enfant vint lui parler sur instruction de sa mère et lui demander son héritage. Le Bienheureux n'embrassa pas davantage son fils que ses autres parents. Pourtant Râhula lui dit :

« Se tenir dans ton ombre est déjà un bonheur. »

Et, lorsque le Bouddha quitta le palais pour s'en retourner au parc Nigrodha, le petit garçon le suivit tout en continuant à réclamer son héritage. Alors le Bouddha ordonna finalement à Shâriputra de laisser entrer Râhula en errance et d'en faire un novice.

Au moment où le Bouddha quitta le pays des Shâkya pour s'en retourner à Râjagriha, de nombreux jeunes gens du clan avaient rejoint l'ordre dont Mahânam, Aniruddha et Bhadrika. De plus, les cousins de Bouddha, Ananda et Devadatta, décidèrent d'entrer dans la Samgha et ils entraînèrent leurs amis Brighu and Kimbila. Ces jeunes nobles amenèrent leur barbier, Upali, qui pourrait leur couper les cheveux quand le temps serait venu.

Plus tard, Upali devint un des disciples majeurs de Bouddha, la principale autorité pour ce qui touchait à la règle de la Samgha.

Au cours de la saison des pluies qui suivit, à Venuvana près de Râjagriha, Bhadrika atteignit l'état d'Arhat,

Aniruddha le troisième degré de la réalisation et Ananda le premier. Devadatta, lui, acquit des pouvoirs supranormaux qui résultent d'une concentration très puissante, mais il ne réussit à aucun degré à approcher de la réalisation de la vérité.

Le temps des monastères

Le Bouddha passa deux saisons des pluies, la deuxième et la troisième après son Éveil, à Venuvana. Alors que la troisième saison des pluies était terminée et que le Bouddha n'avait pas commencé son errance annuelle, un riche marchand de Râjagriha rendit visite à la communauté. Il éprouvait un grand respect envers les moines. Voir vivre les saints hommes dans des conditions si austères mettait le marchand mal à l'aise, et, finalement, il alla voir un groupe de moines. Il leur demanda s'ils auraient la permission de vivre sous des abris, à supposer qu'on en construisît. Les moines en référèrent au Bouddha qui leur accorda l'autorisation de vivre sous un toit. Aussitôt, le marchand fit bâtir une multitude de cabanes et de refuges. Puis il invita aussi le Bouddha et sa communauté au repas du lendemain. A la fin de ce repas, il fit officiellement don des abris à la Samgha.

Son beau-frère, lui aussi riche marchand, s'appelait Sudatta, mais on le surnommait généralement Anâthapindika, celui qui donne aux malheureux, en raison de sa profonde charité. Avec la permission du Bouddha, il fit construire un monastère, un vihâra, pour la communauté, non loin de Shravasti.

Anâthapindika l'appela le Jetavana, le bosquet de Jeta. Des terrasses et des chemins furent tracés et nivelés, on construisit des cellules et des salles, on aménagea des magasins, des cuisines et des bains, on creusa des puits, on érigea des pavillons hors de l'enceinte. Il y avait de quoi satisfaire les besoins d'une vaste communauté monastique et le Jetavana devint la résidence préférée du Bouddha. Le roi Prasenajit, qui, de sa capitale de Shravasti, régnait sur les Koshalans, fit également construire un grand monastère pour la communauté du Bouddha. Au départ, le roi était sceptique et se demandait comment ce grand sage osait prendre le titre de bouddha, alors qu'aucun des grands maîtres spirituels du temps n'y avait songé. Mais la femme de Prasenajit, la reine Malika, une femme remarquable et intelligente, parlait souvent au roi en faveur du Bienheureux. Elle finit par convaincre son époux de le rencontrer. La première fois que Prasenajit entendit l'enseignement du Bouddha, il demanda à être accepté comme disciple. Plus le temps passait, plus la dévotion du roi pour le Tathâgata augmentait. Finalement, il fit bâtir, non loin de Shravasti, un grand vihâra connu comme le Rajakarama. Le Bouddha y prononça bon nombre de sermons célèbres en présence du roi.

A cette époque, la communauté comptait des milliers de bhikshus, si bien que le Bouddha entendait parfois des plaintes à propos des dommages que la présence d'une telle foule allant par la campagne causait à la faune et à la flore. Les bhikshus étaient déjà soumis à des règles de rigoureuse simplicité pour demander le moins possible au monde qui les entourait. Désormais, au moment de la saison des pluies, le Bienheureux obligea les bhikshus à résider dans le vihâra ou dans quelque autre lieu de retraite. Ainsi, une grande partie de l'année, les moines purent se concentrer sur leur discipline méditative et se tenir largement à l'écart de la population locale.

La saison des pluies que le Bouddha passa au Jetavana à l'invitation d'Anâthapindika était la quatrième après son éveil. Durant la cinquième, il vécut à Kutagara dans le Mahavana près de Vaishâlî. Peu de temps après, son père Suddhodana tomba gravement malade ; le Tathâgata s'en retourna dans sa ville natale. Lorsqu'il y arriva, son père reposait déjà sur son lit d'agonie. Durant ses derniers jours, il eut souvent le Bienheureux à son chevet pour adoucir sa peine : le Bouddha lui parlait longuement du Dharma. Leur entente était si tendre et si directe que le roi parvint à l'état d'arhat avant sa mort.

L'ordre des femmes

Entre-temps, la reine Mahâprajâpatî Gautami avait conçu le désir de se consacrer à la vie spirituelle. Son mari était mort et son fils Nanda était entré en errance et suivait le Bouddha, comme Râhula qu'elle considérait comme son propre petit-fils. Elle aussi conçut le désir de rejoindre la Samgha du Bienheureux. Mais il n'existait pas de bhikshunis, il n'y avait pas de nonnes au sein de cette communauté. Pendant que le Bouddha résidait toujours à Kapilavastu, elle lui rendit visite, accompagnée de cinq cents femmes, les anciennes épouses d'hommes qui étaient entrés dans la Samgha. Elle se prosterna, se rangea sur le côté et dit :

« Seigneur, il serait bon que les femmes puissent entrer en errance avec le Tathâgata et suivre la discipline prescrite pour la vie sainte.

— Il suffit, Gautami, dit le Bouddha, ne demande pas cela. »

La reine répéta sa requête une seconde et une troisième fois mais reçut la même réponse. Elle ne pouvait rien ajouter ; elle se prosterna et repartit déçue et malheureuse.

Après que le Bienheureux eut résidé à Kapilavastu le temps qu'il désirait, il se dirigea vers Vaishâlî. Il y parvint après quelques jours de route et s'installa à Kutagara.

Entre-temps, Mahâprajâpatî se dit que, si les femmes faisaient preuve de courage et de détermination, le Bouddha ne pourrait plus les repousser. Elle décida de les rassembler et de suivre le Bouddha à Vaishâlî. Les femmes se firent couper les cheveux, endossèrent des robes safran, prirent des bols d'aumône et se mirent en route. Nombre d'entre elles étaient de fragiles aristocrates aux mains et aux pieds délicats. Lorsqu'elles arrivèrent au Mahavana, Mahâprajâpatî alla à Kutagara pour attendre hors de l'enceinte dans l'espoir de voir le Bienheureux. Ses pieds étaient gonflés et douloureux ; elle était couverte de poussière et épuisée à en pleurer.

Ananda la vit et lui demanda comment il se faisait qu'elle soit là, dans un tel état. A sa vue, il se sentait rempli de pitié et de compassion. Il lui dit d'attendre et entra dans la maison où était le Bouddha pour lui parler. Il lui parla de Mahâprajâpatî qui attendait dehors et conclut :

« Il serait bon que les femmes puissent quitter leur foyer et entrer en errance au sein de l'ordre. »

Le Bouddha répondit :

« Il suffit, Ananda, ne demande pas à ce que les femmes soient autorisées à entrer dans l'ordre. »

Deux fois encore, Ananda supplia sans plus de succès, ce qui équivalait à un refus ; il aurait dû abandonner et se retirer. Au contraire, il songea à présenter sa demande au Bouddha d'une manière différente. Il demanda :

« Si des femmes renonçaient à leur foyer pour entrer en errance, pourraient-elles atteindre les quatre degrés de réalisation ?

— Certes, répondit le Bouddha.

— Cela étant, poursuivit Ananda, puisque Mahâprajâpatî t'a élevé et éduqué, Tathâgata, comme son propre fils lorsque tu perdis ta mère, puisqu'elle t'a fait du bien de tant de façons, puisqu'elle a marché jusqu'ici et qu'à présent elle attend dehors avec les pieds gonflés et douloureux, ne pourrais-tu envisager de permettre aux femmes d'entrer en errance comme membres de la Samgha ? »

Saisi d'une telle supplique, le Bouddha se laissa attendrir et dit qu'il accepterait Mahâprajâpatî dans la Samgha si elle se pliait à huit conditions relatives à la soumission des nonnes aux Bhikshus en diverses circonstances. Alors Ananda sortit et énuméra les huit conditions à Mahâprajâpatî, qui consentit avec joie. Elle devint ainsi la première Bhikshuni.

Mahâprajâpatî profita de toutes les circonstances pour recevoir l'instruction de Tathâgata. Elle pratiqua la méditation de manière intensive, retirée dans la solitude, et, après un temps relativement bref, elle put connaître l'état d'Arhat. Nombre des femmes ordonnées à ce moment-là commençaient déjà à atteindre les différents stades de la réalisation.

Par la suite, l'ancienne épouse du Tathâgata, Yashodharâ, entra à son tour dans l'ordre et fut également capable d'atteindre l'état d'Arhat. Elle était particulièrement douée en matière de pouvoirs supranormaux et compta parmi les premières des nonnes pour ces manifestations de l'Éveil spirituel.

Premières divisions

Invité par des marchands prospères, le Bouddha passa la neuvième saison des pluies près de Kaushambi sur la rivière Yamunâ au pays des Vatsans. Après cette retraite de la saison des pluies, une querelle insignifiante éclata entre deux moines d'un des vihâras proches de Kaushambi. Cette dispute prit de telles proportions qu'elle finit par menacer l'unité de la Samgha. Un des moines était spécialiste de la discipline monastique que l'on nomme *Vinaya*. Il mettait tout son soin à apprendre par cœur et à interpréter les règles établies par le Bouddha afin de guider la Samgha dans toutes les circonstances de la vie monastique et il enseignait ce savoir à ses propres étudiants. L'autre Bhikshu s'était spécialisé dans les discours doctrinaux du Bouddha que l'on nomme *Sûtras*. Sa tâche était de les apprendre par cœur et de produire un mode de connaissance logique de leur contenu. Lui aussi, il enseignait sa science à ses étudiants.

Un jour, le spécialiste du Vinaya accusa le docteur des Sûtras d'avoir légèrement enfreint la règle, ce que l'autre nia. Chacun réunit ses partisans en grand nombre ; la querelle se poursuivit, à tel point que cela entraîna tension et dissentiment.

Lorsque l'affaire fut portée devant lui, le Bouddha demanda aux deux parties de mettre fin à leur discorde. Il lui fut répondu que le Bienheureux devrait se tenir en dehors de cette affaire de façon à ne pas se trouver mêlé à tout ce que cela avait d'indigne. Deux fois, le Bouddha réitéra sa demande et deux fois il reçut la même réponse. Alors il se leva et partit.

Le matin suivant, le Bienheureux se rendit à Kaushambi pour les aumônes. A son retour, il mit en ordre le coin où il dormait, puis saisit son bol et son manteau. Se tenant debout, il monologua à propos de l'aveuglement ridicule des gens qui se laissent engluer dans des querelles et expliqua comment ils rejettent toujours la faute sur les autres. Même les voleurs et les assassins peuvent s'entendre entre eux, commenta-t-il, mais pas ces moines batailleurs. Ayant ainsi dit, il s'en alla. Quelques jours plus tard, il arriva à la forêt de Parileyyaka et pénétra dans la jungle profonde ; là, il s'installa quelque temps dans une retraite solitaire. Un jour, il pensa : « Il n'y a pas si longtemps, je vivais dans le malaise, tourmenté par les querelles incessantes de ces moines de Kaushambi qui divisaient la communauté.

Maintenant que je suis seul, loin d'eux, je me sens bien. »

Au même moment, il y avait un éléphant mâle qui était tourmenté par l'agitation de toutes les femelles et des éléphanteaux de la horde : ils souillaient sa nourriture et son eau ; pendant le bain, les femelles le bousculaient et l'arrosaient. Il pensait lui aussi : « Pourquoi ne pourrais-je vivre seul et m'éloigner de tous ces ennuis ? » Ainsi, il partit pour la forêt de Parileyyaka et vers le plus profond de la jungle où il rencontra le Bienheureux qui méditait au pied de l'arbre shala. L'éléphant prit soin du Bouddha : il lui apportait eau et nourriture et nettoyait le sous-bois touffu devant son lieu de méditation de telle façon qu'il puisse déambuler. L'éléphant pensait : « Autrefois j'étais tourmenté par la horde mais, maintenant que je suis seul, je suis heureux. »

Lisant dans l'esprit de l'éléphant, le Bienheureux prononça ces paroles :

« Ici l'éléphant fait amitié avec l'éléphant.
Celui qui a des défenses aussi longues qu'un brancard de
  char
Se réjouit d'être seul dans les bois.
Leurs deux cœurs sont donc en harmonie. »

A Kaushambi, il ne fallut pas longtemps pour que les moines s'aperçoivent que le Bienheureux avait mis ses affaires en ordre et disparu. Ils s'inquiétèrent et commencèrent à se dire quel terrible malheur c'était ; le Bouddha était parti seul et sans prévenir personne. Ils pensaient qu'il fallait envoyer des moines à sa recherche. Mais Ananda leur dit :

« Si le Bienheureux a mis ses affaires en ordre et disparu sans prévenir personne, cela veut dire qu'il désire vivre seul. Personne ne devrait le suivre. »

Quelque temps plus tard, un groupe de moines vint à

Ananda pour lui dire combien ils souhaiteraient entendre à nouveau un sermon sur le Dharma de la bouche même du Bienheureux. Ananda partit donc avec eux. Ils finirent par trouver le Bienheureux méditant sous l'arbre Shala. Ils se prosternèrent à ses pieds et s'assirent à ses côtés. Il les instruisit alors du Dharma.

Finalement, après beaucoup de bruit, le spécialiste des Sûtras qui avait été suspendu reconnut avoir enfreint la règle. Cela permit au parti du spécialiste du Vinaya de le réintégrer officiellement dans la communauté. Ainsi, la dispute fut résolue et la procédure pour régler de telles litiges fut notée à titre de jurisprudence.

Le Bouddha passa la treizième saison des pluies en un lieu nommé Chalika, et, l'année suivante, Râhula atteignit l'âge de vingt ans et put donc recevoir l'ordination plénière. A l'occasion de cette cérémonie, le Tathâgata donna à son fils un enseignement complet et détaillé sur l'impermanence, le non-moi et le renoncement aux attachements. Durant ce discours, l'esprit de Râhula se détacha et se libéra entièrement des enchaînements. Ainsi, il connut le même jour l'état monacal et l'état d'Arhat.

Convertis et disciples

La vingtième année, alors que le Bouddha avait cinquante-cinq ans, il décida qu'à l'avenir, pour toutes les retraites de la saison des pluies, il séjournerait à Shravasti. La plupart des retraites précédentes s'étaient déroulées à Jetavana, le monastère donné par Anâthapindika, mais il avait aussi vécu quelques saisons au Purvarama (le parc de l'Est) qui lui avait été offert, à lui et à la Samgha, par une femme du nom de Vishakha. Cette année-là, le Tathâgata prit la décision de faire d'Ananda son serviteur personnel et permanent. Celui-ci resta donc constamment au service de son seigneur pendant vingt-cinq ans, jusqu'à ce que le Tathâgata meure ou, plutôt, atteigne le *Parinirvâna*, l'extinction totale.

Cette année-là aussi, le Bienheureux convertit Angulimala, un brigand et un assassin qui vivait près de Shravasti. Lorsqu'il tuait quelqu'un, il coupait le doigt de sa victime pour se l'attacher autour du cou. D'où son surnom qui signifie « collier de doigts ».

Un jour le Bouddha prit sa robe et son manteau pour aller mendier à Shravasti. Lorsqu'il fut rentré et se fut restauré, il mit sa couche en ordre et se dirigea vers le territoire d'Angulimala. Comme il marchait seul le long de la route, le brigand qui faisait le guet depuis une colline boisée vit le Bouddha et songea : « Voilà qui est vraiment étonnant. Des hommes armés sont venus ici en force et je leur ai fait leur affaire. Et ce moine qui avance tout seul ! Pourquoi ne le tuerais-je pas lui aussi ? »

Angulimala se mit à la poursuite du Bouddha, mais, à sa stupéfaction, si vite qu'il courût, il ne put rejoindre le Bienheureux, bien que ce dernier avançât d'un pas normal. En désespoir de cause, Angulimala s'arrêta et cria au Tathâgata :

« Arrête-toi, moine ! Arrête-toi !

— Je me suis déjà arrêté, dit le Bienheureux, c'est toi qui devrais faire halte !

— Comment peux-tu dire que tu t'es arrêté alors que tu avances toujours ? Et comment peux-tu me dire de m'arrêter alors que c'est ce que je viens de faire ? hurla le brigand.

— J'ai cessé pour toujours de faire violence aux êtres, dit le Bouddha, tandis que, toi, tu fais violence à chaque créature que tu rencontres. Pourquoi ne t'arrêtes-tu pas également ? »

Lorsque Angulimala entendit ces mots et qu'il vit le Tathâgata qui le regardait avec sérénité et restait toujours juste au-delà de sa portée, le bandit féroce vit brusquement la situation exactement comme le Bouddha la voyait. A cet instant précis, il fit vœu en son cœur de renoncer au mal, tomba aux pieds du Bienheureux et lui demanda de l'admettre parmi les errants. Et, à ce moment, le Bienheureux lui dit :

« Viens, moine ! Le Dharma a été justement proclamé. Mène la sainte vie qui conduit à l'extinction de la souffrance. »

Le temps était finalement venu pour le Bienheureux d'établir un code de conduite formel de la Samgha. Ainsi, dit-il, le mauvais serait entravé, le bon aidé, dans cette vie les errements seraient empêchés et ils seraient prévenus dans les vies à venir. De la sorte, l'établissement du Dharma en ce monde recevrait un grand renfort.

Après avoir ainsi proclamé le *Prâtimoksha*, le Bouddha perfectionna les règles de vie de sa communauté en instituant la récitation régulière de ce code moral devant l'assemblée plénière des moines et des nonnes. Durant cette récitation, il y avait des pauses pour permettre la proclamation publique de ses fautes. A ce propos, le Bienheureux remarqua : « La pluie pourrit ce qui est caché mais non ce qui est à l'air. »

Vie ordinaire du Bienheureux

Le Tathâgata avait longtemps suivi une routine quotidienne qui, sans être immuable, était relativement constante. Il dormait sur le côté droit avec la main droite sous la tête, et un pied recouvrant partiellement l'autre. Cette position de sommeil fut dénommée la « position du lion ». On dit qu'après s'être éveillé du sommeil, avant l'aube, le Bouddha examinait de son œil divin la totalité du monde et prenait connaissance de la condition de tous les êtres. Alors, il méditait, s'asseyant les jambes croisées, ou déambulait devant sa couche. Si ce jour-là il n'était pas invité dans une maison en particulier, il prenait son bol et son manteau dès le lever du jour et allait vers les habitations les plus proches pour collecter les aumônes. Généralement, il était suivi d'une foule de moines, peut-être des centaines. Lorsqu'il collectait les aumônes, il n'allait pas vers une maison en particulier où il savait qu'il y aurait de la bonne nourriture, mais commençait par le bout d'une rue et avançait maison par maison. Ainsi, le mérite de faire l'aumône n'était pas réservé aux seuls gens riches, et chacun avait une chance d'y prendre part. Devant une porte, le Bouddha ne prononçait aucune demande, mais faisait connaître sa présence d'une manière discrète, puis se tenait silencieusement, son bol en évidence. Si, après avoir attendu, il ne recevait pas d'aumône, il progressait en silence. Quand son bol était plein, il retournait au lieu de son repos, se lavait les pieds et mangeait son unique repas de la journée, le terminant toujours avant midi.

Après cela, il s'asseyait dehors, non loin de sa couche, et donnait une brève prédication sur le Dharma à toute personne présente. Puis il accomplissait des tâches diverses telles que recevoir des impétrants ou donner la pleine ordination, puis il se retirait en un lieu fermé au public et exposait le Dharma à la seule communauté.

Les jours où il était invité pour le repas, il n'y avait pas de quête. Le Bouddha et sa suite arrivaient à la maison de leur hôte de façon à avoir achevé le repas avant midi. Après cela, le Bienheureux donnait son enseignement à son hôte, à sa famille et à ses amis. Dans ce cas, il ne prêchait pas lorsqu'il retournait au vihâra ou au camp des moines.

Au plus chaud du jour, il se retirait en privé, dans une simple maison s'il était dans un monastère, et il se reposait. S'il le souhaitait, il s'étendait sur le côté droit et entrait en une sorte de demi-sommeil où le fil de l'attention ne se rompait point. Au crépuscule, une foule de laïcs s'assemblaient pour entendre sa parole. A ceux-là, il faisait un sermon sur le Dharma pendant une heure ou plus, puis répondait à leurs questions.

Après cela, il arrivait que le Tathâgata prenne un bain et se repose un peu. Puis venaient les moments d'entretien avec les moines et les nonnes, individuellement ou en groupe, et cela durait parfois tard dans la nuit.

On raconte que le Tathâgata dormait très peu, peut-être une heure seulement, et sans perdre pour autant sa pleine conscience. Dans tous les cas, entre le moment où il se retirait le soir et celui où il se levait à l'aube, voire avant, le temps était partagé entre le sommeil sur le côté droit, la méditation en position assise et la déambulation en pleine conscience à quelques pas de sa couche.

Bien entendu, quand le Bienheureux voyageait, après la collecte des aumônes, une grande partie de la journée était consacrée à marcher, sauf un temps de repos au plus chaud de la journée.

La Samgha suivait l'exemple de son maître, imitant sa routine quotidienne aussi fidèlement que possible. Ceux qui n'enseignaient pas soit écoutaient sa prédication, soit méditaient quand le Tathâgata ne prêchait pas. Quant à ceux qui enseignaient au public et à leurs propres étudiants, ils le faisaient aux heures où le Bouddha faisait de même pour le public ou pour ses propres moines et nonnes. Enfin, comme le Tathâgata lui-même, chaque membre de la Samgha pouvait à certains moments se retirer dans la solitude pour pratiquer une méditation intense.

Année après année, le Bouddha passait la saison des pluies à Shravasti, puis errait dans la vallée centrale du Gange. La plupart du temps, il enseignait quotidiennement, convertissait des laïcs, leur offrait le triple refuge, et recevait certains d'entre eux dans la Samgha. Année après année, il perfectionnait la formulation de divers points de sa doctrine. Cas par cas, lorsque se présentaient des situations spécifiques, il ajoutait des règles au Prâtimoksha, jusqu'à ce qu'il en compte deux cent vingt-sept pour les bhikshus et trois cent trente-huit pour les bhikshunis. La Samgha bénéficiait de la faveur de grands monarques comme le roi Bimbisâra de Magadha et le roi Prasenajit, sans compter d'innombrables riches propriétaires. Si bien que, petit à petit, la communauté finit par posséder des vihâras richement dotés à travers tout le pays et plus particulièrement dans le voisinage de Vaishâlî, Shravasti et Râjagriha, villes que le Bienheureux fréquentait assidûment.

La rébellion de Devadatta

Dans la trente-septième année qui suivit l'Éveil du Bouddha, alors que le grand sage des Shâkya avait atteint soixante-douze ans, une pesante menace mit soudain en péril la survie et l'unité de la Samgha : à l'origine de cette affaire, Devadatta, le cousin du Bienheureux qui était aussi son beau-frère. Il était entré en errance en même temps que les autres princes Shâkya, ceux qui étaient venus rejoindre le Bouddha accompagnés de leur barbier Upali. A la différence des autres, Devadatta n'avait atteint aucun des stades de la réalisation ; cela ne l'empêchait pas d'être très populaire et d'avoir de nombreux partisans au sein de la Samgha. En outre, il avait atteint un bon niveau dans la pratique des pouvoirs supranormaux.

Un jour qu'il méditait dans sa retraite, l'idée lui vint de gagner gloire et puissance. Au lieu de chasser cette pensée, Devedatta la cultiva et commença à envisager la manière d'atteindre ce but. Il songea à gagner la dévotion du prince Ajâtashatru, fils et héritier du roi

Bimbisâra, par une démonstration de ses pouvoirs. Lorsque le prince fut devenu son disciple, la réputation et le prestige de Devadatta auprès du peuple de Râjagriha augmentèrent rapidement. Il s'enorgueillit de cette nouvelle puissance, et des ambitions plus grandes encore hantèrent son esprit. Il songeait maintenant à destituer le Bouddha et à le remplacer à la direction de la communauté.

Mais, au moment où ces pensées prenaient forme dans l'esprit de Devadatta et se transformaient en intention, ses pouvoirs supranormaux s'évanouirent comme s'ils n'avaient jamais existé.

A cette époque le Tathâgata, qui poursuivait normalement son trajet, arriva à Râjagriha. Un jour, le Bouddha enseignait le Dharma à une grande foule hors de la ville et de nombreux notables de Râjagriha dont le roi assistaient au sermon. Devadatta choisit ce moment pour s'approcher du Bouddha. Il se prosterna à ses pieds et, d'une voix assez forte pour que tous puissent l'entendre, lui tint ce discours :

« Le Bienheureux est maintenant vieux et âgé. Ses années sont nombreuses, si bien qu'il atteint le dernier temps de sa vie. Le Bienheureux devrait se reposer. Le Bienheureux devrait se donner un répit. Il pourrait passer ses jours dans la félicité à contempler le Dharma. Pour cette raison, que le Bienheureux abandonne la direction de la Samgha. Je la conduirai bien. »

Le Bouddha répondit :

« Abandonne cette idée, Devadatta, n'aspire pas à conduire la Samgha. »

Devadatta ignora la réponse du Bouddha et répéta son propre discours à haute voix, recevant à nouveau la même réponse. Une troisième fois, Devadatta tint ce langage impudent. Et une troisième fois le Bouddha lui répliqua :

« Même aux grands moines Shâriputra et Maudgalyayana, je n'abandonnerais pas la conduite de la communauté. Pourquoi devrais-je te l'abandonner à toi qui es comme une amertume dans la bouche qu'il faut cracher ? »

Devadatta en fut affreusement humilié. Après cet incident, le Bienheureux demanda à Shâriputra de dénoncer publiquement Devadatta. En retour, Devadatta commença à préparer le meurtre du Bouddha. Il échafauda plusieurs plans subtils pour le faire tuer, mais toutes ses tentatives échouèrent. Il décida donc d'assassiner le Bouddha de sa propre main.

Le moine, animé par le désir de vengeance, partit à la recherche du Tathâgata et enfin l'épia à distance. Marchant à l'ombre du grand rocher qui couronne le pic du Vautour, Devadatta escalada le rocher par l'arrière, dégagea un gros bloc et le fit rouler sur le Bienheureux. Mais la pierre se coinça entre deux autres, juste au-dessus de l'endroit où il déambulait, et le seul dommage qu'il en éprouva fut qu'un éclat de pierre pénétra profondément dans son pied.

Cette blessure lui causa une grande souffrance, non seulement au pied mais dans tout le corps. Il supporta la douleur en pleine conscience et sans une plainte, mais dut se retirer dans sa maison pour quelques jours afin de se reposer, ce qu'il fit, allongé sur le côté droit, l'esprit restant totalement lucide. Comme il était ainsi allongé, Mâra vint à lui et lui reprocha son indulgence. Pourtant, le Bienheureux identifia immédiatement qui s'adressait à lui et, dès que Mâra s'aperçut qu'il était reconnu, il disparut.

Devadatta conçut alors un autre plan. A Râjagriha, il y avait un éléphant fou, un tueur d'hommes, du nom de Nalagiri, une bête dangereuse que le roi utilisait à la guerre. Pour conserver son agressivité à l'animal, on mettait une bonne ration d'alcool dans sa réserve quotidienne d'eau. Un jour où Devadatta savait que le

Bouddha devrait prendre une certaine rue pour mendier, il corrompit le cornac de l'éléphant pour qu'il double la ration d'alcool et qu'il le lâche dans la rue au bon moment. Nalagiri fut donc détaché et vit le Bienheureux qui commençait sa quête à l'autre bout de la rue. Il leva la trompe, barrit et, fou furieux, chargea pour détruire cette petite silhouette en robe.

Malgré les avertissements de ses compagnons, le Bouddha continua sa marche sans se laisser troubler. Ananda tenta de se placer devant le Bienheureux pour prendre la première charge à sa place. Mais le Bouddha saisit Ananda par le bras et le retira de son chemin, puis il prit la bête qui chargeait dans le champ de son infinie tendresse. L'éléphant furieux abaissa sa trompe et ralentit le pas. Il finit par s'arrêter, indécis, dodelinant de sa grosse tête. Puis il trotta doucement jusqu'au Tathâgata et resta immobile. Le Bouddha tendit la main droite et caressa Nalagiri entre les yeux, en lui susurrant une sorte de chant :

« O grand éléphant, ne tue pas un autre éléphant mâle, un Tathâgata. Un tel acte ne te vaudrait qu'une destinée de malheurs sans fin. Renonce à ta vanité et à ta folie. Suis la piste qui te mènera au bonheur futur. »

Après que le Bouddha lui eut ainsi parlé quelques instants, Nalagiri saisit de la poussière des pieds du Tathâgata avec sa trompe et se la versa sur la tête. Puis il se retira à reculons. Ce n'est que plus loin, au bas de la rue, qu'il se retourna et trotta jusqu'à l'étable où il demeura pacifiquement dans sa stalle. Après cet incident, chacun condamna les vils agissements de Devadatta dirigés contre ce grand moine dont la puissance et la sagesse étaient si évidentes. La plupart des partisans du comploteur en ville le voyant ainsi discrédité s'évanouirent. Pourtant, Devadatta conservait un certain nombre d'adeptes au sein de la Samgha. Et, avec eux, il conspirait maintenant pour provoquer un schisme.

Sachant que le peuple considérait le mépris de soi comme une marque de grand accomplissement spirituel, il se rendit auprès du Bouddha et lui soumit cinq points de stricte discipline destinés aux membres de la Samgha :

— ils devraient vivre dans les forêts et jamais sous un toit ;

— ils ne devraient manger que ce qu'ils auraient mendié sans pouvoir accepter une invitation à un repas ;

— ils ne devraient porter que des robes rapiécées, faites de haillons, sans pouvoir accepter le moindre vêtement en cadeau ;

— ils ne devraient s'installer qu'en plein air et jamais à l'abri ;

— ils ne devraient jamais manger de viande ou de poisson.

Il proposait que la violation d'une de ces règles soit punie par le renvoi de la communauté.

Le Bouddha rejeta ces règles, les considérant comme trop extrêmes. Il proclama que les membres de la Samgha seraient libres de vivre dans la forêt ou au village, de manger le fruit de leurs aumônes ou d'accepter des invitations, de porter des robes en haillons ou d'accepter des vêtements. Durant huit mois de l'année, ils pourraient s'installer dehors ou à l'abri mais, pendant la saison des pluies, ils devraient avoir un toit. Quant à la viande et au poisson, ils pourraient en manger, à condition de n'avoir ni vu, ni entendu, ni soupçonné que les bêtes eussent été tuées exprès.

C'était la réaction qu'attendait Devadatta. Ses partisans et lui commencèrent à se répandre en discours au sein de la Samgha et à dresser une faction contre l'autre. Ils présentaient leur propre parti, celui de Devadatta, comme celui des tenants du Dharma pur et dur. De plus, ils sous-entendaient que les partisans du Bouddha étaient relâchés et amis de la luxure. « Venez avec nous, disaient-ils, nous suivrons Devadatta et appliquerons les cinq règles strictes. » Beaucoup suivirent Devadatta, ils pensaient que le chemin le plus haut et le plus noble était celui du mépris de soi.

Quand le Bienheureux apprit cela, il parla personnellement à Devadatta et tenta de le ramener à la raison ; il l'avertit des redoutables conséquences pour son futur karma qu'il avait accumulées en répandant le sang d'un Tathâgata — et cela lorsque le rocher l'avait blessé au pied. Le Bouddha dit :

« Créer un schisme au sein de la Samgha est un acte très grave ; en restaurer l'unité vaudrait de multiples mérites. »

Pareil discours laissa Devadatta inébranlable. Peu de temps après cette rencontre, il fit savoir qu'il entendait fonder sa propre communauté.

Par la rigueur de ses règles, il attira cinq cents bhikshus de la région de Vaishâlî ; ils entrèrent dans la nouvelle Samgha en pensant que là était le véritable enseignement et qu'il fallait suivre Devadatta. Celui-ci réussit donc à provoquer le schisme.

Le Bouddha demanda alors à ses deux principaux disciples, Shâriputra et Maudgalyayana, d'aller sauver les cinq cents bhikshus égarés. Ils y parvinrent par leur enseignement avisé, si bien que l'assemblée entière revint au Bouddha. Devadatta fut si affecté de cette défaite qu'il en tomba mortellement malade. Il tenta d'aller implorer le pardon du Bouddha, mais mourut avant d'avoir pu se jeter à ses pieds.

La préparation à la mort

Le Bouddha avançait en âge, mais ses activités ne différaient guère de celles qu'il avait pendant sa jeunesse. Pourtant, lorsqu'il approcha les quatre-vingts ans, sa santé commença à décliner : son dos se courba, sa peau se rida et perdit de son bel éclat, ses sens s'affaiblirent. En fin d'après-midi, il s'asseyait, et, lorsqu'il se levait de sa retraite de la mi-journée, il devait réchauffer son dos au soleil déclinant. Ananda devait souvent lui masser ses muscles engourdis.

Durant cette dernière année, en dépit de ce déclin physique, le Bouddha continuait à se déplacer et à enseigner. Quand vint la saison des pluies, il décida de se retirer à Verugramaka. Pendant les pluies, il contracta une grave et douloureuse maladie. Il supporta sa peine avec sérénité, mais le mal était assez grave pour menacer sa vie. Il songea qu'il n'avait pas encore pris congé de ses proches assistants et de la communauté tout entière. Il fit donc un puissant effort de volonté qui vainquit le mal.

Lorsque le Bienheureux fut rétabli, Ananda lui dit :

« J'ai tant pris l'habitude de te voir en bonne santé que ta maladie m'a rempli de confusion et de crainte. J'ai pu garder mon calme, car je savais que tu ne nous quitterais pas sans nous donner des instructions pour conduire la Samgha.

— Mais, Ananda, il y a quarante-cinq ans que je donne des instructions pour conduire la Samgha. Je ne suis pas de ceux qui gardent jalousement pour eux leur enseignement important. J'ai pleinement révélé le Dharma. Qu'attends-tu encore de moi ? Devrais-je indiquer la direction que doit suivre la Samgha ? Celui qui ferait cela penserait en réalité que la Samgha repose sur lui, alors qu'un Tathâgata n'a pas de telles pensées. Comment la Samgha pourrait-elle reposer sur moi ? Je suis vieux et décrépit, comme un ancien char brisé qui ne tient qu'avec des attaches. Je n'éprouve d'aise en mon corps que lorsque je retire mon attention des sensations extérieures et les concentre en mon cœur. Ainsi, la Samgha ne peut reposer sur moi. Plutôt que de dépendre les uns des autres et de prendre refuge les uns en les autres, que chacun de vous soit comme une île. Que le Dharma soit votre refuge. Comment faire du Dharma son refuge ? En pratiquant les quatre bases de l'attention, tel est le moyen. Maintenant ou après ma mort, celui qui saura devenir une île et qui fera du Dharma son île, celui-là sera le premier de la Samgha. »

Le Bienheureux savait que le temps viendrait bientôt pour lui d'atteindre le nirvâna final, le Parinirvâna.

Pour ce qui lui restait à vivre, il voyagea au Nord-Est, par étapes lentes, s'arrêtant parfois plusieurs semaines à un endroit où il se reposait et enseignait à la foule de moines qui l'accompagnait. Sa route le conduisit au pays Vrijian, puis Mallan, sur la rivière Hiranyavati dans la direction de Kapilavastu.

Après être demeuré assez longtemps à Bhoganagara, il parvint dans la région de Pava. Il s'arrêta dans un bosquet de manguiers qui appartenait à un orfèvre du nom de Chunda. Lorsque celui-ci apprit qu'il avait l'honneur d'abriter le Bouddha dans son bois, il se hâta de l'inviter lui et la Samgha pour le repas du lendemain.

Il fit préparer en abondance une nourriture excellente, et en particulier un plat spécial de porc. Le jour suivant, quand le Bouddha fut entré chez lui et se fut assis, il dit à Chunda : « Ne sers de porc qu'à moi et donne aux autres de la nourriture ordinaire », ce qui fut fait.

Quelques heures plus tard, le Bouddha éprouva un violent malaise gastrique, accompagné de douleurs atroces et de saignements intestinaux. Il supporta sa peine avec équanimité, calme et conscience. Au bout d'un certain temps, il dit à Ananda :

« Viens, allons vers Kushinagara. »

Quand ils parvinrent à la rivière, il se baigna et but. Puis il traversa le courant et parvint sur l'autre rive où il se coucha sur le flanc droit. Alors qu'il reposait là, il dit à Ananda :

« Il se peut que l'orfèvre Chunda éprouve des remords lorsqu'il apprendra comment s'est trouvé le Bienheureux après avoir reçu de lui son dernier repas. Il faudra que tu lui dises que le dernier repas offert à un Tathâgata avant son Éveil ou avant son nirvâna final vaut un mérite particulier à celui qui a fait ce don. Il en a acquis un grand mérite et connaîtra à l'avenir une grande fortune. Dis-lui cela, car cela devrait apaiser ses remords. »

Réalisant que le Bienheureux ne tarderait pas à les quitter, Ananda commença à lui poser toutes sortes de questions :

« Que devrons-nous faire des restes du Tathâgata ?

— N'attache pas de prix à la vénération des restes du Tathâgata. Consacre-toi à ton propre accomplissement. Sois diligent mais contrôle tes actes, et dévoue-toi à ton propre bien. Laisse les brahmanes et les laïcs se soucier de ces reliques. »

Ananda lui posa diverses questions et le Bienheureux parla des circonstances où il fallait construire des *Stûpas*, des monuments destinés à abriter les reliques d'un Tathâgata ou à le commémorer. Ananda sembla hors d'état de supporter cette discussion sur la commémoration du Tathâgata après sa mort, car il demanda pardon et s'éloigna vers un appentis dont il ferma la porte pour pleurer : « Mon maître qui est si bon et si compatissant pour moi s'apprête à atteindre l'ultime nirvâna et moi, je suis tellement englué dans la passion que je n'ai pas encore atteint la réalisation. » Voilà comment il se considérait, pendant que les larmes coulaient de ses yeux.

Le Bienheureux recevait les soins d'autres moines et il demanda :

« Où est Ananda ?

— Il est dans cet appentis et il pleure.

— Allez voir Ananda et dites-lui que son maître l'appelle. »

Le Bienheureux ayant ainsi parlé, les moines portèrent le message à Ananda ; il revint vers son maître, s'inclina devant lui les paumes jointes et se plaça sur le côté.

« Ananda, dit le Bouddha, ne t'ai-je pas souvent dit que nous devons être séparés de ce que nous aimons. Comment ce qui est né pourrait-il ne pas mourir ? Pour toi, tu m'as bien servi, avec tout ton cœur, pendant de nombreuses années. Tu m'as aidé avec ton corps, avec ta parole et avec ton esprit. Tu as gagné ainsi beaucoup de mérite, Ananda. Il te suffit de poursuivre encore un peu ton effort et tu atteindras le but. »

Le nirvâna sans retour

Puis le Bouddha dit à Ananda de se rendre à Kushinagara et de dire aux Mallans que le Parinirvâna du Bienheureux aurait lieu dans la nuit, durant la dernière veille.

Bientôt, les Mallans désespérés et en deuil, enfants, vieillards et adultes, se rassemblèrent au bosquet de Shala et voulurent faire leurs adieux au Bienheureux. Ils s'alignèrent pour lui présenter leurs respects. Ananda dit à chaque clan d'envoyer un représentant ; ces délégués furent présentés un à un au Bienheureux dont le souffle était déjà compté et qui reçut l'hommage de chacun.

Dans la foule, il y avait un jeune ascète errant du nom de Subhadra ; il fut autorisé à voir le Bienheureux pendant sa dernière heure, si bien qu'il fut le dernier être vivant à recevoir l'ordination du Bouddha lui-même. Quand le nouveau moine eut pris congé et fut parti, le Bouddha dit à Ananda :

« Quand le Bienheureux s'en sera allé, il se peut que vous pensiez que votre maître est parti et que vous n'avez plus de maître. Cela n'est pas vrai, le Dharma, la

Discipline et la Pratique que je vous ai enseignés seront votre maître après mon départ. »

Puis il s'adressa aux Bhikshus qui étaient près de lui et leur dit :

« Il se pourrait que parmi vous certains aient des doutes ou une hésitation à propos du Bouddha, du Dharma, ou de la Samgha. Si tel est le cas, posez vos questions maintenant. »

Les moines se taisaient et, finalement, ce fut Ananda qui parla.

« Seigneur, quel étonnement, quelle merveille ! J'ai la certitude qu'il n'y a aucun moine ici qui ait le moindre doute à propos du Maître, du Dharma, de la Samgha, du chemin et de la façon de progresser sur le chemin.

— Tu parles avec confiance, Ananda, mais le Tathâgata sait par connaissance directe que parmi tous ces Bhikshus, au nombre de cinq cents, il n'en est pas un seul qui ait des doutes à propos du Maître, du Dharma, de la Samgha, du chemin et de la façon de progresser sur le chemin. Le moins avancé d'entre eux est déjà entré dans le courant, a atteint le premier degré de réalisation et ne risque plus désormais de retomber. Le moindre d'entre eux a atteint la certitude et est destiné à l'illumination. En vérité, moines, je proclame qu'il est dans la nature de tout ce qui est formé de se dissoudre. Atteignez la perfection par l'effort. »

Le Bouddha cessa de parler. Il entra successivement dans le premier, le second, le troisième, puis le quatrième degré d'absorption dans la méditation. Puis il pénétra dans le royaume libéré des formes et progressa à travers les degrés de méditation qui impliquent l'espace sans limites, la conscience sans limites, le néant, et le « ni-perception, ni-non-perception ». Alors, il atteignit la cessation de la perception et de la sensation.

Ananda parla à Aniruddha qui était à ses côtés :

« Le Bienheureux a atteint le Parinirvâna.

— Non, Ananda, répondit l'autre, pas encore. Seulement la cessation de la perception et de la sensation. »

Alors le Bienheureux retraversa tous les degrés qu'il avait atteints jusqu'à revenir au premier degré de méditation. Puis, de nouveau, il s'éleva du premier au second, au troisième, puis au quatrième degré. Alors, il atteignit l'extinction suprême du nirvâna final. Ce fut le Parinirvâna.

La terre trembla en ses profondeurs et un grondement immense parcourut le ciel.

Brève histoire du bouddhisme

par Sherab Chödzin Kohn

Le texte qui suit entend montrer au lecteur comment a évolué le Dharma du Bouddha à travers le monde, après que le Bouddha lui-même lui eut donné l'impulsion première. Cette brève histoire aidera notamment à replacer dans un cadre historique le contenu des chapitres suivants, en particulier la section principale qui traite du développement du bouddhisme. De nombreuses écoles et de multiples tendances du Dharma se sont développées en fonction de situations historiques et culturelles diverses ; pourtant, toutes contiennent l'esprit unique et l'essence du message bouddhique : s'éveiller de la confusion en agissant sur son propre esprit.

2.

LES PREMIERS JOURS DU DHARMA

L'histoire du Dharma bouddhique commence en même temps que l'Éveil du Bouddha historique, probablement vers 528 avant notre ère : à cette date, il sort du sommeil d'illusion qui condamne tous les êtres vivants à un interminable cycle vicieux fait d'ignorance et de souffrances inutiles (*Samsâra*). S'étant éveillé, il décide d'aller à contre-courant et de partager cet état libérateur avec ceux qui souffrent, c'est-à-dire d'enseigner le Dharma. Durant quarante-cinq ans, dans la grande plaine centrale de l'Inde, il traverse et retraverse le Gange, tout cela à pied. Il fait partager l'état d'éveil profond et brillant par contact direct, mais aussi par glose et commentaires ; cela finit par former un important corpus de doctrine spirituelle, psychologique et pratique. Son Éveil, comme la doctrine qui conduit à cette réalisation, sera transmis tout au long des âges. De nombreuses lignées ininterrompues de maîtres le répandront dans de nombreux pays ; nombre d'entre elles sont toujours florissantes.

Lorsque le Bouddha meurt, aux environs de 483 avant notre ère, son Dharma est bien établi en Inde centrale. Il a de nombreux fidèles, mais le cœur de la communauté du Dharma est constitué par les moines, dont beaucoup sont des arhats, des saints. Un grand nombre de monastères se dressent déjà autour de villes aussi importantes que Rajâgriha, Shravasti et Vaishâlî.

Suivant la tradition, le premier à porter le manteau du Bouddha est son disciple Mahâkâshyapa : il lui revient la responsabilité d'établir une version de l'enseignement du Bouddha faisant autorité. Par conséquent, durant la première saison des pluies qui suit le Parinirvâna du Bouddha, Mahâkâshyapa convoque une assemblée de cinq cents arhats, durant laquelle Ananda, l'assistant personnel du Bouddha, récite tous les discours du Maître, les Sûtras. Ananda précise où et dans quelles circonstances chacun a été prononcé. Puis un bhikshu du nom d'Upali rappelle toutes les règles et procédures que le Bouddha avait établies pour la conduite de la vie monastique. Mahâkâshyapa lui-même répète le *Matrika*, liste de termes destinés à fournir un index de l'enseignement des Sûtras. Ces trois récitations détaillées sont révisées et vérifiées par l'assemblée ; elles deviennent alors la base du Sûtra-Pitaka (la corbeille des Écritures), du Vinaya-Pitaka (la corbeille de la discipline) et de l'Abhidharma-Pitaka (la corbeille de la doctrine suprême). Le *Tripitaka*, formé par l'ensemble des trois corbeilles, est le cœur des écritures bouddhiques. Cette assemblée réunie à Râjagriha sous le patronage du roi de Magadha, Ajâtashatru, est le premier concile.

Premiers conciles

Dans les premiers siècles après la mort du Bouddha, le Dharma se diffuse dans toute l'Inde et devient une des composantes de la vie du pays. La puissance du Dharma repose sur ses maîtres arhats qui ont atteint à la réalisation, et sur ses vastes monastères qui abritent des communautés de haut niveau spirituel et intellectuel. Les moines voyagent souvent d'un monastère à l'autre, les reliant en un puissant réseau.

Au fur et à mesure que le Dharma se répand à travers le sous-continent apparaissent des différences, particulièrement à propos du Vinaya, la discipline. Environ cent ans après le premier concile, les divergences sont telles qu'il devient nécessaire de réunir un second concile à Vaishâlî. Sept cents arhats y censurent dix points à propos de la conduite relâchée des moines locaux, notamment le fait qu'ils aient accepté des dons en or et en argent. Malgré ce concile et d'autres efforts pour maintenir l'unité, la Samgha se divise en écoles divergentes. L'une des raisons principales à cela est peut-être tout simplement la taille de la communauté.

Parmi les écoles principales, il faut en citer une, conservatrice, le *Sthaviravada*, la voie des Anciens. Elle s'en tient fermement au vieil idéal monastique. Celui-ci accorde une place centrale à l'arhat et à l'enseignement originel du Bouddha, tel qu'il est exprimé dans le Tripitaka. Une autre école, celle des *Mahâsânghika,* soutient que les arhats sont faillibles. Elle cherche à réduire le pouvoir de l'élite monastique et à ouvrir les portes du Dharma à la communauté laïque. En cela, comme par certaines de ses positions métaphysiques, l'école Mahâsânghika préfigure le *Mahâyâna.* Autre école importante, celle des *Sarvâstivâdins* (du sanskrit *sarva asti* qui signifie « tout existe »). Ils soutiennent une opinion propre selon laquelle passé, présent et futur existent en même temps. En tout, dix-huit écoles se sont développées avant la fin du troisième siècle avant notre ère, sans compter les variantes qui se manifestent à propos de tel ou tel point doctrinal ou de discipline. Cependant, toutes ces écoles considèrent qu'elles font partie de la famille spirituelle du Bouddha et, en règle générale, elles sont acceptées comme telles par les autres. Il n'est pas rare que des moines de différentes écoles vivent ou voyagent ensemble.

D'après la tradition des Sthaviravadins, une tradition connue en pali comme le Theravâda, et qui continue aujourd'hui encore en Asie du Sud-Ouest, un troisième concile se déroule sous le règne du roi Ashoka (273-232 av. J.-C.). Le roi y déclare que les enseignements Sthaviravadins sont la norme par rapport à laquelle toutes les autres écoles dévient. C'est peut-être en réaction que les Sarvâstivâdins émigrent progressivement à l'Ouest. Ils établissent un bastion dans la ville de Mathurâ et leur influence continue à se répandre à partir de là. Au cours des siècles, ils dominent le Nord-Ouest dont l'ensemble du Cachemire et une grande partie de l'Asie centrale. De nos jours encore, la lignée du Vinaya sarvâstivâdin se prolonge à travers toutes les écoles du bouddhisme tibétain.

Les souverains bouddhistes

Le roi Ashoka est le troisième empereur de la dynastie des Maurya qui dominent tout le sous-continent sauf l'extrême Sud. Le fait qu'Ashoka se rattache personnellement au Dharma et s'inspire de ses principes pour gouverner son immense empire fait progresser spectaculairement la diffusion du bouddhisme. Le gouvernement impérial promulgue les enseignements bouddhiques, soutient les monastères et envoie des missionnaires prêcher dans les États hellénistiques du Nord-Ouest et vers le Sud-Est asiatique.

Sous son règne, dans une grande partie de l'Inde, sont établies des institutions de compassion et de non-violence. Citons les relations pacifiques avec les États voisins, les hôpitaux, et hôpitaux pour animaux, le personnel spécialisé chargé de subvenir aux besoins de la population locale, les haltes organisées pour les voyageurs... Aujourd'hui encore, Ashoka est considéré comme le modèle du souverain bouddhiste et les fidèles voient dans son règne un âge d'or.

L'empire Maurya se décompose, mais le Dharma bouddhique reste une force dominante à travers toute l'Inde durant les premiers siècles de notre ère. Les rois d'une dynastie d'Inde centrale, les Satavahana, suivent l'exemple d'Ashoka et font du Dharma une force civilisatrice et unificatrice capable de gouverner des peuples disparates.

Le roi Kanishka (entre le Iᵉʳ et le IIᵉ siècle) règne sur le vaste empire Kouchan, dont le centre est au Gandhâra et qui englobe le nord de l'Inde et de vastes territoires de l'Asie centrale. Kanishka est un champion du Dharma et il est considéré comme un second Ashoka. Sous son patronage se tient un quatrième concile, durant lequel sont rédigés de nouveaux commentaires du Tripitaka, largement dominés par l'influence des Sarvâstivâdins.

C'est également sous Kanishka que le Dharma bouddhique s'implante profondément chez les peuples centre-asiatiques dont le pays est traversé par la route de la soie. Par là s'ouvre la voie de la Chine. Sous l'empire Kouchan, enfin, l'art gréco-bouddhique du Gandhâra fleurit et, tout imprégné d'influences hellénistiques, produit des images du Bouddha d'une noblesse exceptionnelle.

Les récits traditionnels racontent que l'assemblée était composée d'arhats sous l'autorité de l'arhat Parshva, mais aussi du bodhisattva accompli Vasumitra. A cette époque, vers le début du IIe siècle, apparaît la voie du bodhisattva dite encore Mahâyâna, ou Grand Véhicule. Cette forme du Dharma bouddhique conquerra le Nord, y compris la Chine, le Japon, la Corée, le Tibet et la Mongolie.

Grand et Petit Véhicule

La manifestation la plus visible du Mahâyâna consiste en une nouvelle suite de Sûtras, des écritures présentées comme émanant du Bouddha lui-même : elles seraient restées cachées jusque-là dans d'autres royaumes de l'existence. Le Mahâyâna substitue à l'idéal de l'arhat celui du bodhisattva. Alors que l'arhat cherche à mettre fin à la confusion en soi afin d'échapper au Samsâra, le cycle des existences, le bodhisattva, s'il ne cherche pas moins à mettre fin à la confusion en soi, choisit de rester dans le Samsâra pour libérer tous les autres êtres sensibles. Avec le Grand Véhicule, la notion de vie spirituelle s'élargit, au-delà des occurrences contrôlées de la vie monastique et de l'étude ; la vie spirituelle concerne toutes les situations de la vie et du monde. Conformément à cette notion, l'idée de bouddha ne se limite plus à une série de personnages historiques dont le dernier est Shâkyamuni, mais renvoie à un principe fondamental existant en soi de pleine conscience spirituelle ou Éveil. Si les mahâyânistes acceptent toujours l'ancien Tripitaka, ils considèrent qu'il ne s'agit là que d'une expression partielle de l'enseignement du Bouddha et ils nomment ceux qui s'y tiennent exclusivement « hînayânistes », c'est-à-dire partisans du Hînayâna, du Petit Véhicule.

Durant les premiers siècles de notre ère, de grands maîtres donnent forme au Mahâyâna. Parmi eux, Nâgârjuna (ca. IIe ou IIIe siècle de notre ère) est particulièrement remarquable ; son nom le rattache aux nâgas, les dieux serpents. On dit qu'il aurait retrouvé dans le royaume caché des nâgas les Sûtras Prajnâpâramitâ, textes fondateurs du Mahâyâna. Nâgârjuna naît dans l'Inde méridionale et dirige Nâlandâ, la grande université bouddhiste à quelques kilomètres au nord de Râjagriha. Nâlandâ sera l'une des principales forteresses du Dharma pendant mille ans. Les commentaires et traités de Nâlandâ exposent les enseignements du *Madhyamakâ*, la Doctrine du Milieu, une des deux grandes écoles mahâyânistes. Un autre grand maître qui vit aux environs du IVe siècle, Asanga, fonde l'autre grande école, le *Yogâchâra,* qui se focalise sur l'expérience considérée comme principe ultime.

Durant la plus grande partie de la période Gupta, entre 300 et 600 de notre ère, le Dharma du Bouddha fleurit librement en Inde. Cependant, au VIe siècle, les envahisseurs Huns conduits par Mihirakula détruisent des centaines de monastères bouddhistes. Malgré ce choc terrible, le Dharma revit et prospère à nouveau, surtout dans le nord-est de l'Inde, sous les rois Pala, entre le VIIIe et le XIIe siècle. Cette dynastie bouddhiste patronne des monastères et construit de nouveaux centres d'enseignement comme Odantapuri, près du Gange, à quelques kilomètres à l'est de Nâlandâ.

Pendant cette dernière période indienne, bien que le Hînayâna ait presque disparu de l'Inde au VIIe siècle, le Mahâyâna subsiste et c'est une troisième forme, connue comme *Mantrayâna*, *Vajrayâna* ou *Tantra*, qui devient dominante.

Le Véhicule de Diamant

Comme le Mahâyâna, le Vajrayâna, que l'on appelle aussi le *Véhicule de Diamant*, repose sur des écritures attribuées en dernier ressort au Bouddha lui-même et connues comme Tantra. Les tenants du Véhicule de Diamant considèrent le Petit et le Grand Véhicule comme des étapes successives qui mènent au stade tantrique. Cependant, le Vajrayâna va plus loin que le Mahâyâna dans l'acceptation du monde : il soutient que toutes les expériences, y compris sensuelles, sont des manifestations sacrées de l'Esprit éveillé, du principe de bodhéité. Le Véhicule de Diamant met l'accent sur les méthodes liturgiques de méditation ou *Sâdhana* au cours desquelles le pratiquant s'identifie à des déités symbolisant divers aspects de l'Esprit éveillé. Le palais de la déité, une structure comparable au monde phénoménal dans sa totalité, est désigné comme mandala. A la place de l'arhat ou du Bodhisattva, le Vajrayâna met le *Siddha*, le maître tantrique achevé.

Vers le XIIIe siècle, le Dharma bouddhique a pratiquement disparu de son pays d'origine. Pour une très large part, cela est dû aux conquérants islamiques qui l'extirpent par la violence. Cependant, à cette époque, les formes du Hînayâna sont solidement implantées dans le Sud-Est asiatique, comme les variantes du Mahâyâna et du Vajrayâna le sont dans le reste de l'Asie.

L'EXPANSION DU BOUDDHISME ET L'ITINÉRAIRE DES GRANDS PÈLERINS

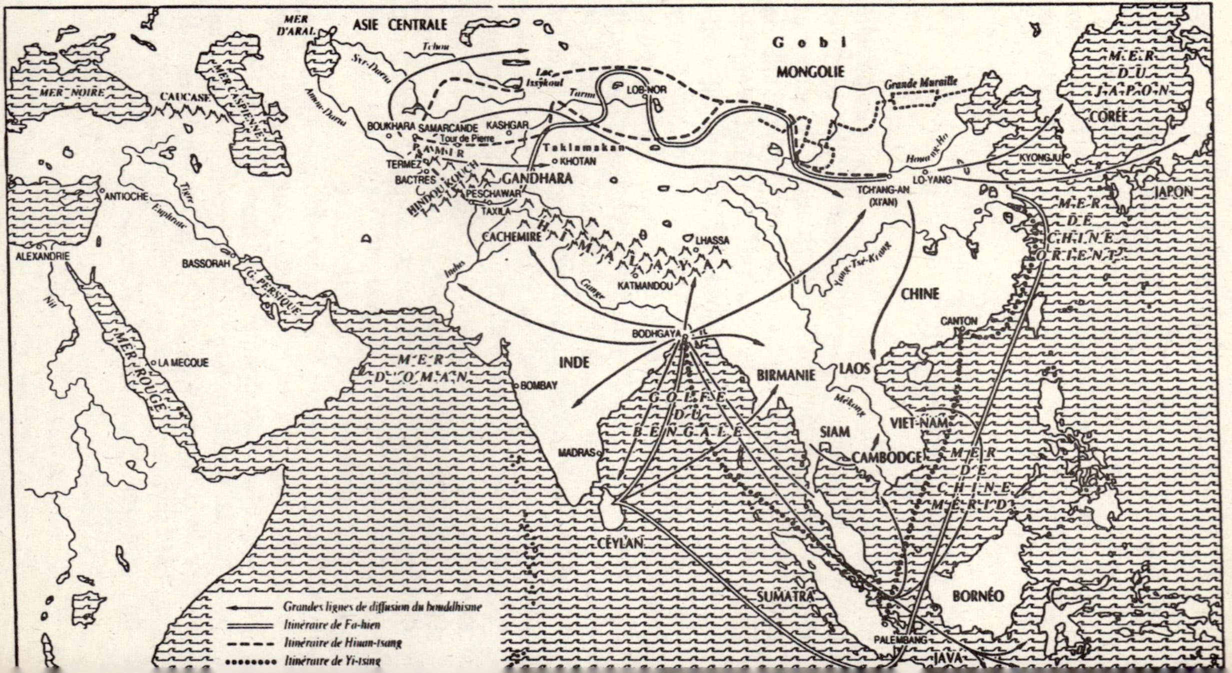

Carte du Dharma

CHINE. Le Mahâyâna pénètre en Chine à travers l'Asie centrale au début de notre ère. A l'origine, on le confond avec le taoïsme local, dont il a emprunté la terminologie. Le moine kouchan Kumârajîva (344-413) arrive en Chine comme prisonnier de guerre et apporte au bouddhisme chinois un nouveau degré de précision dans la définition de ses mots et concepts. Sa traduction lumineuse et son enseignement ont pour suite la formation de l'école chinoise du Mâdhyamaka chinois San-lun, « École des Trois Traités ». Paramârtha (499-569) est un autre grand traducteur et professeur. Son travail permet le développement de l'école chinoise du Yogâchâra le Fa-hsiang, « École des signes caractéristiques de l'existence ». La période de T'ang (618-907) est l'âge d'or du Dharma bouddhique en Chine. Les monastères sont nombreux et puissants, les empereurs les soutiennent. Pendant cette période naissent les autres grandes écoles chinoises : Hua-yen, T'ien-t'ai, Ch'an, la Terre pure et le Mi-tsung tantrique. Cependant, en 845, le bouddhisme subit une persécution importante et les monastères sont fermés. Après cela, le Dharma du Bouddha ne recouvrera jamais sa gloire en Chine.

Pendant la période Song, les idées et les méthodes du taoïsme, du bouddhisme et du confucianisme s'imprègnent les unes des autres en un syncrétisme neuf. Sous la dynastie Ming (1368-1662), la fusion du Ch'an et du bouddhisme de la Terre pure ouvre la voie à un fort mouvement laïque. Pendant la période des Qing mandchous, (1603-1908), le Vajrayâna tibétain impose sa marque au bouddhisme chinois essentiellement à travers la cour impériale. Au XXe siècle, le régime communiste réduit la communauté bouddhique à l'état de vestige ; mais elle fleurit à Taiwan surtout sous la forme de la Terre pure et autres écoles populaires.

CORÉE. Le Dharma bouddhique arrive de Chine en Corée au VIe de notre ère. Il fleurit après que la dynastie des Silla eut unifié le royaume au VIIe siècle. Au Xe siècle, il existe des versions coréennes de la plupart des écoles chinoises parmi lesquelles les plus éminentes sont le Ch'an, le Hua-yen et une forme du Vajrayâna apparenté au Mi-tsung chinois (l'École des secrets). L'apogée du Dharma coréen se situe durant la période Koryo (932-1392) durant laquelle on publie un vaste compendium, le *Tripitaka Coreana*. Sous les Yi (1392-1910), le confucianisme devient religion d'État et le Dharma bouddhique est repoussé à l'arrière-plan. Une reviviscence se produit après la fin de la domination japonaise en 1945, quand un mouvement bouddhiste populaire très influencé par le Ch'an, le mouvement Won, passe au premier plan. De nos jours, une forme de bouddhisme syncrétique se répand en Corée.

JAPON. Le Dharma bouddhique arrive au Japon par la Corée en 522. C'est un Ashoka japonais, le prince-régent Shotoku (593-621), qui lui donne son grand élan. Il en fait la religion d'État du Japon, fonde des monastères et écrit lui-même d'importants commentaires des Sûtras. A l'origine, le Sanron (San-lun, Mâdhyamaka) est la première école à se répandre. Au IXe siècle, six écoles japonaises d'origine chinoise sont officiellement reconnues (Kosha, Hossô, Sanron, Jôjitsu, Ritsu, et Kegon), la maison impériale adoptant le Kegon. Durant la seconde partie de la période Heian (794-1184) les écoles Tendai (T'ien-t'ai chinois) et le Shigon tantrique prédominent. Du Xe au XIVe siècle, diverses sectes dites de la Terre pure prospèrent. Le zen (Ch'an) arrive de Chine vers la fin du XIIe siècle. Par la suite, le zen reste une force vitale de la vie culturelle japonaise. Ses deux principales écoles sont Soto et Rinzai. Après que l'école

Nichiren fut apparue au XIIIe siècle, aucun autre mouvement ne se développera jusqu'à l'époque moderne. Toutes les écoles japonaises intègrent des aspects du Shinto *kami* et du culte des ancêtres. Depuis la guerre, divers mouvements laïques de modernisation tels que la Sôka Gakkai et le Risshô Koseikai se développent. Le Japon contemporain présente une variété incomparable de sectes bouddhistes.

TIBET. Le Dharma bouddhique du Tibet (et des pays himalayens tels que le Sikkim, le Bhoutan, et le Ladakh) préserve et développe la tradition Vajrayâna du bouddhisme tardif indien et l'unit aux règles monastiques du Sarvâstivâda. La première diffusion du bouddhisme est lancée par le roi Trisong Detsen (755-797). Il invite au Tibet le Pandit indien Shântirakshita connu pour la brillante synthèse qu'il avait effectuée du Mâdhyamaka et du Yogâchâra, ainsi que le grand Siddha indien Padmasambhava. La tradition de l'école Nyingma remonte à cette époque. Après une période de persécution, le XIe siècle connaît une seconde expansion du bouddhisme à la suite de la fondation des écoles Kagyüpa et Sakyapa. La plus grande partie des écritures bouddhistes indiennes est traduite dans le canon tibétain qui inclut également des textes et commentaires tantriques, conservant ainsi de nombreux écrits qui se seraient perdus autrement. Au XIVe siècle, un mouvement de réforme provoque la formation de l'école Gelugpa, la quatrième des principales écoles du bouddhisme tibétain. Vers la fin du XXe siècle, la répression chinoise au Tibet réduit le bouddhisme à l'état de survivance, mais il subsiste au Sikkim et au Bhoutan. Des centres de bouddhisme tibétain se développent également en Inde du Nord et au Népal aussi bien qu'en Europe, en Australie et en Amérique du Nord.

MONGOLIE. Les Mongols se sont finalement convertis au bouddhisme tibétain au XVIe siècle. Les écritures et la liturgie sont traduites en mongol et les quatre principales écoles tibétaines fleurissent jusqu'à la prise de pouvoir par les communistes au XXe siècle.

VIÊT-NAM. Le Viêt-nam subit l'influence chinoise et les sectes Mahâyâna du Ch'an (Thien) et de la Terre pure (Tindo) sont bien établies dans le pays vers la fin du premier millénaire. Si les Khmers introduisent le Theravâda, celui-ci reste largement confiné aux zones proches de la frontière cambodgienne. Un mouvement moderne naît à Saigon en 1932 : il s'oriente vers l'action sociale et opère la fusion des deux sectes du Grand Véhicule. En 1963, les Theravâdins rejoignent ce mouvement et une Congrégation bouddhiste unie existe de manière fugitive. Aujourd'hui, les bouddhistes vietnamiens sont fortement impliqués dans la politique et l'action sociale.

BIRMANIE. Au IIIe siècle avant notre ère, des envoyés du roi Ashoka sont les premiers à introduire le Dharma en Birmanie. Vers le Ve siècle, le Theravâda est bien implanté et au VIIe siècle le Mahâyâna apparaît dans les régions proches de la frontière chinoise. Au VIIIe siècle, on constate également la présence du Vajrayâna. Ces trois formes de bouddhisme ont continué à cohabiter jusqu'à ce que le roi Anaratha établisse le Theravâda dans tout le pays au XIe siècle. Pagan, la capitale royale du Nord, est ornée de milliers et de milliers de Stûpas et de temples bouddhistes ; c'est le principal bastion du Dharma bouddhiste sur terre jusqu'au sac de la ville par les Mongols en 1287. Pendant les siècles qui suivent, le Theravâda reste vigoureux, parfois en intime association avec les centres du Dharma de Ceylan. L'originalité de la forme birmane du Theravâda résulte de la façon dont il a assimilé de vieilles croyances populaires relatives à toutes sortes d'esprits connus sous le nom de *Nats*. Aujourd'hui, 85 % des Birmans sont bouddhistes et le bouddhisme est la religion officielle du pays.

CAMBODGE (Kampuchéa). Le bouddhisme de l'école des Sarvâstivâdins se répand au Cambodge au IIIe siècle avant notre ère et y connaît son apogée aux Ve et VIe siècles. Vers la fin du VIIIe apparaissent également des éléments du Mahâyâna. Au cours des siècles qui suivent, le Dharma bouddhiste se fond avec l'hindouisme shivaïste. Cependant, au XIVe siècle, la maison royale impose le Theravâda et il restera dominant. En 1955, le prince Norodom Sihanouk tente d'unifier le pays sous la triple bannière du Dharma, du roi et du socialisme. Le bouddhisme reste associé politiquement avec la gauche.

CEYLAN (Sri Lanka). Au IIIe siècle avant notre ère, le roi Devanampyia Tissa est converti au bouddhisme par le fils d'Ashoka, Mahinda. Le roi fait construire le monastère du Mahâvihara, où est conservée une relique : une branche de l'arbre Bodhi rapportée d'Inde. Durant les deux millénaires qui suivent, le Mahâvihara reste une force puissante dans l'histoire du bouddhisme ceylanais et d'autres pays du Sud-Est asiatique, dont la Birmanie et la Thaïlande. Le Theravâda ceylanais constitue la plus longue tradition ininterrompue du Dharma du monde entier. Néanmoins, différentes tendances qui reflètent l'influence d'autres écoles indiennes ou Theravâda jouent un rôle significatif. Elles ont leur centre autour d'autres grands monastères cinghalais tels que l'Abhayagirivihara et le Jetavanavihara. On retrouve également des influences du Grand Véhicule et du tantrisme. Hors des monastères, l'hindouisme tamoul exerce une influence active. Au Mahâviahara est associé un maître et écrivain éminent, Buddhaghosha (entre le IVe et le Ve siècle). Son principal ouvrage, le *Visuddhi-*

Magga (le *Chemin de la pureté*), opère une synthèse définitive du Theravâda. Au XIIe siècle, le roi Parakkambahu impose de force la variante mahâviharienne du Theravâda à tout le pays.

La tentative des colonisateurs portugais et hollandais de christianiser le pays au XVIe et XVIIe siècle affaiblit considérablement le Dharma à Ceylan mais le transforme en point de ralliement du nationalisme cinghalais. Au cours des siècles qui suivent, les rois cinghalais se tournent vers la Birmanie et la Thaïlande pour régénérer le monachisme du pays. Au moment de l'indépendance, en 1948, le Theravâda est à nouveau florissant à Ceylan et exerce une influence significative au-delà de ses frontières.

THAÏLANDE. Certaines formes du bouddhisme Hînayâna parviennent de Birmanie en Thaïlande aux environs du VIe siècle ; cependant c'est le Mahâyâna qui semble prédominer entre le VIIIe et le XIIIe siècle. A partir du XIe siècle, les Khmers hindouistes jouent un rôle de premier plan dans de nombreuses régions du pays. Mais au XIIIe siècle, la maison royale de Thaïlande donne au bouddhisme Theravâda le statut de religion nationale. Finalement les Khmers sont convertis au Theravâda et en deviennent les fermes soutiens. Au XIXe siècle, l'école réformiste Dhammayut qui se caractérise par une adhésion stricte à la discipline du Vinaya s'implante sous l'influence royale. Aujourd'hui, il reste l'élément dominant du bouddhisme thaï et influence d'autres pays du Sud-Est asiatique. 95 % des Thaïs sont bouddhistes.

LE MONDE OCCIDENTAL. Au cours des deux derniers siècles, nombre d'intellectuels occidentaux ont été attirés ou influencés par le bouddhisme. La profondeur exotique de la pensée bouddhiste inspire des philosophes comme Arthur Schopenhauer, Henri Bergson, et d'autres... A xxe siècle, les milieux universitaires s'intéressent beaucoup au Dharma et, dès les années trente, les textes bouddhistes commencent à devenir disponibles. Dans les années cinquante, on atteint un nouveau degré de compréhension lorsque d'authentiques maîtres de méditation asiatiques s'établissent en Occident et prennent des étudiants occidentaux sérieux. Le bouddhisme Theravâda a un impact significatif dès les années trente, le zen dès les années cinquante, et le bouddhisme tantrique du Tibet dans les années soixante-dix. Récemment, des Occidentaux ont commencé à jouer un rôle prééminent dans une lignée asiatique immémoriale. Bien entendu, un nombre important de bouddhistes asiatiques se sont installés à l'Ouest avec les populations migrantes, mais jusqu'à présent cette source du Dharma a peu influencé les cultures qui accueillaient ces populations.

Deuxième partie

Enseignements fondamentaux

Introduction

Le sens et la portée de l'enseignement du Bouddha sont, dans une large mesure, définis par les Quatre Nobles Vérités. Le Bouddha a très tôt enseigné ces vérités à ses premiers disciples en guise d'introduction à son message. Un de ces disciples parvint même à l'éveil la première fois qu'il entendit les Quatre Nobles Vérités.

La première des Quatre Nobles Vérités est que la vie se caractérise par *Duhkha*, ce qui se traduit habituellement par douleur, souffrance. Cela implique essentiellement que notre expérience tout entière soit pervertie par une sorte de confusion, qui est source de frustration, et par un sentiment d'inadéquation, source d'irritation. Nous éprouvons souvent l'impression que le déroulement des événements est une « peine ». Nombre de situations sont ressenties comme des entraves. L'univers des hommes retentit d'un murmure de plaintes et d'alarmes ; il est marqué par nos pleurs d'indignation, d'amertume et de chagrin. De telles conditions suscitent aisément de graves désordres. Les informations quotidiennes sont habituellement une série de mauvaises nouvelles, lourdes d'implications préoccupantes et qu'il faut compenser par une historiette plaisante, pleine d'humanité. Les moments de bonheur et de satisfaction tirent leur caractère poignant et rare de cet arrière-plan général de Duhkha. Cette condition de Duhkha fait que le sentier de l'esprit vaut la peine d'être suivi, pour qui entend échapper à cette souffrance.

La seconde Vérité proclame que la cause de Duhkha est *Trishnâ* (en pali *Tanha*), « désir », « soif », ou « attachement ». La difficulté provient du fait que nous semblons toujours désirer quelque chose, éprouver le sentiment que quelque chose nous manque ou vouloir échapper à quelque chose (l'aversion étant une autre forme de l'attachement). On pourrait dire que la cause de la souffrance est un esprit général de carence.

La troisième vérité est la cessation. Duhkha peut être aboli, car sa cause peut cesser. Il y a donc une façon d'y échapper : c'est la quatrième vérité, celle de la voie qui mène à la cessation de la douleur en extirpant sa cause. Cette voie est connue comme le Noble Sentier Octuple. Une composante essentielle de cette voie est la méditation. En suivant le Noble Sentier Octuple, nous pouvons entièrement nous éveiller de cet esprit de carence, de Trishnâ, et cesser de produire Duhkha. Les chapitres qui suivent exposent également d'autres enseignements fondamentaux du bouddhisme. Ce sont les trois signes distinctifs de l'existence (qui sont l'aspect éphémère, l'aspect douloureux et l'aspect impersonnel), une description de la nature des choses expliquant en quoi le processus d'attachement et de possession ne peut mener au bonheur, et enfin le *Pratîtya-samutpâda*, expression souvent traduite par « la production conditionnée ». Ce concept décrit de façon globale et profonde la façon dont l'expérience entière, caractérisée par Duhkha (Samsâra), forme un tout inséparable qui peut être détruit en une seule fois (nirvâna). Et bien sûr il y a l'idée de Karma.

Ces idées et certains autres enseignements fondamentaux sont ce qui fait du Dharma de Bouddha ce qu'il est. D'un point de vue historique, on pourrait les considérer comme l'enseignement originel. Toutes les écoles du Dharma apparues postérieurement, les diverses formes du Mahâyâna et du Vajrayâna, ont assimilé et utilisé ces enseignements, quitte parfois à les reformuler.

A l'époque de l'apparition du Mahâyâna (Grand Véhicule) cinq ou six siècles après la mort du Bouddha (son Parinirvâna), les dix-huit écoles qui rejetaient les nouveaux enseignements du Mahâyâna et s'en tenaient à la doctrine traditionnelle furent classées par les mahâyânistes comme celles des partisans du Petit Véhicule, Hînayâna, ce qui a quelques connotations péjoratives. De ces dix-huit vieilles écoles, une seule survit aujourd'hui, elle est justement appelée le Theravâda, la Doctrine des Anciens. Elle fleurit à Sri Lanka et dans une grande partie du Sud-Est asiatique. Bien que les theravâdins refusent ce terme de Petit Véhicule, la majorité de ceux qui écrivent sur le Dharma (et cela sans la moindre intention polémique) a adopté le terme pour distinguer du Mahâyâna et du Vajrayâna ces dix-huit écoles originales et leur enseignement.

Les theravâdins conservent la version la plus ancienne et la plus complète des Sûtras hînayâna, écrits en pali, une langue proche du sanskrit. Ils considèrent que ces textes contiennent les mots exacts du Bouddha et représentent son enseignement complet, pur et inaltéré. Comme du temps du Bouddha lui-même, le Theravâda met l'accent sur le monachisme, la voie de l'arhat, et sur l'éveil soudain. Sur ce dernier point, le Theravâda a un substrat commun avec le zen, une importante école Mahâyâna.

3.
L'ENSEIGNEMENT DU BOUDDHA
par Bhikkhu Bodhi

Dans les pages qui suivent, le moine Theravâda Bhikkhu Bodhi présente de façon étonnamment concise et précise l'essentiel de l'enseignement Theravâda déjà mentionné. Il a divisé le Noble Sentier Octuple en Shîla, Samâdhi *et* Prajnâ, *termes qu'il traduit par « moralité », « concentration » et « sagesse ». On peut aussi les traduire de façon aussi différente que « discipline, méditation, et savoir ». Dans les derniers mois de sa vie, lorsque Bouddha sentit venir le moment de fixer l'essentiel de son enseignement dans l'esprit des fidèles, il répétait sans cesse, parfois plusieurs fois par jour, un bref sermon. Il y expliquait combien ces trois éléments qui conduisent sur le sentier spirituel se renforcent les uns les autres et devraient être inséparables. Il assurait toujours aux auditeurs que, si ces trois éléments agissaient ensemble, l'Éveil suivrait vite.*

L'enseignement du Bouddha connu sous le nom de Dharma est la doctrine de la délivrance, ce qu'il a lui-même découvert à travers son Éveil et proclamé d'après sa propre intelligence lumineuse de la réalité. L'expression la plus concise du Dharma, sa structure même, est l'enseignement des Quatre Nobles Vérités : la souffrance, son origine, sa cessation, et la voie qui conduit à sa cessation. Telle fut la grande réalisation. Cela fut révélé à l'esprit du Bouddha alors qu'il était assis en méditation sous l'arbre Bodhi, et après six dures années d'ascétisme. Les Quatre Nobles Vérités n'expriment pas seulement le contenu de son Éveil mais le sens permanent de son message au monde, qui met en avant les vérités cruciales et inéluctables dont dépend toute perspective de délivrance.

Les Quatre Vérités s'articulent autour de la reconnaissance de la souffrance (duhkha) comme problème central de l'existence humaine. En énonçant la première Vérité, le Bouddha en énumère les diverses formes :

« Quelle est la Noble Vérité de la souffrance? La naissance est souffrance; la vieillesse est souffrance; la mort est souffrance. Le chagrin, la douleur, la peine et le désespoir sont souffrance; ne pas obtenir ce que l'on désire est souffrance; en bref, les *Cinq Agrégats* d'attachement sont souffrance. »

Cette dernière proposition fait allusion à un classement en cinq catégories de tous les facteurs de l'existence; elle implique que la souffrance ait une dimension plus profonde que celle qu'évoquent d'ordinaire les idées de douleur, de chagrin, de découragement. Telle est la signification fondamentale de la première Noble Vérité, ce qui souligne le caractère insatisfaisant et radicalement inadapté de tout ce qui est conditionné, dans la mesure où tout ce qui est conditionné est impermanent et, en dernière analyse, destiné à périr. Ce caractère de la souffrance se perçoit très clairement dans les manifestations les plus générales d'impermanence et de fugacité : le cycle des renaissances qui n'a pas d'origine et dans lequel sont pris tous les êtres vivants, Samsâra. Par conséquent, pour saisir la première Noble Vérité dans toute sa profondeur et sa portée, il ne suffit pas de considérer les souffrances d'une seule vie. Il faut prendre en compte le cycle entier de devenir, avec ses phases toujours répétées de naissance, de vieillesse, de maladie et de mort. Dans la seconde Noble Vérité, le Bouddha rattache la souffrance à son origine ou cause et il l'identifie à l'attachement :

« Quelle est la Noble Vérité de l'origine de la souffrance ? C'est l'attachement qui engendre des existences répétées, liées par le plaisir et le désir, et qui cherche toujours de nouvelles satisfactions ici et là, c'est-à-dire l'attachement aux sens, l'attachement à l'existence et l'attachement à la non-existence. »

L'attachement est lui-même le produit de l'ignorance, de la non-conscience de la véritable nature des choses ; il surgit partout où il y a perspective de plaisir et de jouissance, il entraîne la multitude des enchaînements mentaux responsables de tant de misère humaine : l'avidité, l'ambition, la haine et la colère, l'égoïsme et l'envie, la suffisance, la vanité, l'orgueil.

L'attachement donne naissance à la souffrance non seulement en produisant une douleur immédiate, celle du vouloir et du sentiment de privation, mais aussi, dans le contexte des Quatre Nobles Vérités, en engendrant des renaissances et en maintenant donc les liens avec le Samsâra. Mais, du point de vue bouddhiste, ce processus de renaissance n'implique pas la transmigration d'un Moi ou d'une âme. En effet, la thèse bouddhiste qui veut que tout soit flux interdit qu'il existe une entité durable passant de vie en vie. L'élément de continuité du cycle de renaissance ne réside pas dans un Moi identique à soi-même, subsistant à travers le changement. Il réside dans la transmission des impressions et tendances, tout au long du continuum mental individuel ou du courant de conscience dans lequel se produisent ces impressions et tendances. La direction que prend ce continuum de vie en vie est déterminée par une force du nom de Karma, un mot qui signifie « action volitionnelle ». D'après l'enseignement relatif au Karma, ce sont nos propres actions volontaires physiques, verbales et mentales qui déterminent les formes d'existence que nous subissons durant chacun de nos séjours successifs dans le Samsâra. La loi qui relie les deux est essentiellement morale dans sa procédure : les bonnes actions conduisent au bonheur et à des formes supérieures de renaissance, les mauvaises actions à la misère et à des formes de renaissance inférieures. Mais, qu'une destinée suive une pente ascendante ou descendante, tant que l'attachement et l'ignorance persistent au plus intime de l'esprit, le cycle de naissances et de morts, le grand cercle de souffrance continue d'exister.

Cependant, ce cycle ne doit pas se perpétuer éternellement et, dans la troisième Noble Vérité, le Bouddha énonce la solution qui y met fin :

« Quelle est maintenant la Noble Vérité de la cessation de la souffrance ? C'est l'évanouissement complet de l'attachement, sa cessation, son renoncement et son abandon. »

Puisque la souffrance naît de l'attachement, avec la destruction de l'attachement, la souffrance doit également cesser. C'est un rapport aussi étroit et inévitable qu'une loi de la logique. L'état qui survient alors, et qui est le but de tout effort, selon le bouddhisme Theravâda, est le *Nirvâna*, le non-conditionné, l'absence de mort, la paix impérissable par-delà le cycle de naissances et de morts. L'accomplissement du Nirvâna se déroule en deux étapes. La première est le Nirvâna dans lequel subsiste un élément, la libération de l'esprit accompli, au degré où tous les enchaînements mentaux se sont éteints mais où la combinaison corps et esprit qui est apparue au moment de la naissance continue à subsister jusqu'à la fin de la vie. La seconde est le Nirvâna sans élément qui subsiste, la libération de l'existence elle-même, la cessation du devenir obtenue par la mort finale du libéré.

Dans la quatrième Noble Vérité, le Bouddha enseigne la voie qui conduit à la cessation de la souffrance. C'est le Noble Sentier Octuple dont les huit facteurs sont organisés en trois groupes :

1 La vue correcte 2 L'intention correcte	III la sagesse (Prajnâ)
3 La parole correcte 4 L'action correcte 5 La vie correcte	I la moralité (Shîla)
6 L'effort correct 7 L'attention correcte 8 Le recueillement correct	II La concentration (Samâdhi)

La progression sur le sentier commence par le degré minimal de vue correcte et de pensée correcte qui est nécessaire pour entreprendre l'entraînement ; elle se poursuit en suivant les trois groupes. Le tout suit une stratégie systématique destinée à éradiquer les enchaînements sources de souffrance. La moralité réduit les enchaînements sous leur forme la plus grossière, leur manifestation par des actions malsaines. La concentration supprime leurs manifestations plus subtiles comme les pensées qui distraient et troublent. Enfin, la sagesse déracine leur tendance latente subtile en pénétrant par intuition directe les trois faits fondamentaux de l'existence que le Bouddha résume comme les trois signes distinctifs de l'existence : l'aspect éphémère, l'aspect douloureux et l'aspect impersonnel. A chacune des Quatre Vérités le Bouddha assigne une fonction spéciale et un objectif que le disciple doit atteindre par l'entraînement. Il faut pleinement comprendre la vérité de la souffrance, il faut abandonner l'attachement et les enchaînements qui l'engendrent, il faut réaliser le Nirvâna comme délivrance de la souffrance, il faut accomplir le Noble Sentier Octuple qui conduit à la délivrance. L'individu qui a accompli ces quatre tâches est l'idéal du bouddhisme Theravâda, l'Arhat, le libéré qui a brisé tous les liens qui le rattachaient au devenir et qui vit dans la liberté éprouvée du Nirvâna.

4.

LES PAROLES DE BOUDDHA

Le choix des textes qui suivent est composé de trois petits chapitres du Dhammapada, *un ensemble de quatre cent vingt-six versets de simples préceptes de morale, conservés dans le canon Theravâda (en pali). On les attribue au Bouddha lui-même. L'essence de leur message semble être celle-ci : garder toujours l'esprit vigilant de telle sorte que votre cœur ne s'égare pas hors du chemin et ne vous entraîne dans le malheur.*

Le premier texte, les « versets opposés », en son verset 15 fait allusion à l'« ici » et l'« au-delà ». Le terme « au-delà » ne doit pas être compris comme désignant un royaume de l'au-delà dans lequel les pécheurs seraient punis et les bons récompensés. Cette phrase signifie en fait « cette naissance et la suivante ». Comme nous passons, d'un moment à un autre, d'un jour à un autre, d'une vie à une autre, notre attention et nos pensées continuent à déterminer la vie que nous menons. Les effets accumulés de nos actions sont terribles : nous pouvons nous créer, selon notre propre choix, soit un univers clos, fait de malheur et de privations, soit un monde ouvert, sain, de communication véritable — des mondes sombres, des mondes lumineux, des mondes intermédiaires. Tant de mondes différents peuvent sur-

gir, suivant le Karma que nous ne cessons de produire à travers nos pensées et nos projections.

*

VERSETS OPPOSÉS

In *Les Fleurs de Bouddha, Anthologie du bouddhisme,*
Pierre Crépon, Albin Michel,
« Spiritualités vivantes », 1991.

1

De l'esprit proviennent toutes choses.
Tout naît de l'esprit, est formé par l'esprit.
Si quelqu'un parle avec un mauvais esprit, agit avec un mauvais esprit, la souffrance le suit aussi sûrement que la roue suit l'animal de trait.

2

De l'esprit proviennent toutes choses.
Tout naît de l'esprit, est formé par l'esprit.
Si quelqu'un parle avec un bon esprit, agit avec un bon esprit, le bonheur le suit aussi sûrement que son ombre inséparable.

3

« Il m'a offensé, maltraité, opprimé, ridiculisé » : si quelqu'un nourrit de telles pensées, la haine ne le quitte jamais.

4

« Il m'a offensé, maltraité, opprimé, ridiculisé » : si quelqu'un bannit de telles pensées, la haine le quitte promptement.

5

Jamais la haine ne cesse par la haine, c'est la bienveillance qui réconcilie : telle est la loi immuable.

6

Les hommes ne voient point que la patience nous rend patients ; mais si quelqu'un le sait, le comprend, pour lui tout conflit cesse.

7

Si quelqu'un poursuit les plaisirs des sens, intoxiqué, aveuglé par eux, immodéré dans sa nourriture, paresseux, lâche, inactif, la Mort l'emporte comme l'ouragan emporte un faible arbrisseau.

8

Si quelqu'un voit partout la souffrance et la misère, et, constamment, maîtrise les sens, sobre dans sa nourriture, inébranlable, vertueux, la Mort contre lui est impuissante, comme l'ouragan contre un roc.

9

Si, sans être guéri de la soif consumante, quelqu'un endosse l'habit ocre (le *kesa*) et se tient loin de la vérité et du renoncement, il est indigne de cet habit de moine.

10

Si quelqu'un est guéri de la soif consumante, bien établi dans la discipline de la communauté, fidèle à la vérité et au renoncement, il est digne de l'habit ocre.

11

Si quelqu'un prend le non-réel pour le réel et le réel pour le non-réel, asservi par un esprit illusionné, il n'atteindra jamais la réalité.

12

Si quelqu'un reconnaît le réel comme réel et le non-réel comme non-réel, servi par un esprit sage, il atteindra promptement la réalité.

13

Tout comme dans une maison mal couverte, la pluie sûrement s'infiltre, ainsi, dans un esprit mal gardé, la convoitise sûrement pénètre.

14

Tout comme dans une maison bien couverte, la pluie ne peut s'infiltrer, ainsi, dans un esprit bien gardé, la convoitise ne peut pénétrer.

15

Il peine ici, il peine au-delà, ici et au-delà, l'homme mauvais peine. Tourmenté par ses remords, il est accablé d'effroi devant ses mauvaises actions.

16

Heureux ici, heureux au-delà, l'homme droit est heureux. Sereinement joyeux, il est comblé de félicité en contemplant ses bonnes actions.

17

Souffrant ici, souffrant au-delà, ici et au-delà, l'homme malfaisant souffre. Tourmenté, il se lamente :

« J'ai commis des infamies! » et, dans les mondes de souffrance, ses lamentations augmentent encore.

18

Heureux ici, heureux au-delà, ici et au-delà, l'homme droit est heureux ; réjoui, il s'exclame : « J'ai bien agi ! » et les mondes de félicité s'ouvrent à lui.

19

Même si quelqu'un prononce beaucoup de paroles excellentes, mais que, par indolence, il ne les pratique point, il n'a pas réalisé l'ascétisme ; tout comme le bouvier qui garde le bétail des autres ne le possède pas.

20

Même si quelqu'un prononce peu de paroles excellentes, mais qu'il s'adonne entièrement à la doctrine, mort à toute convoitise, toute haine et toute illusion, perspicace, l'esprit libéré, attaché ni ici ni au-delà, celui-là a réalisé l'ascétisme.

LA VIGILANCE

21

La vigilance mène à l'état sans mort, la négligence au domaine de la mort. Ceux qui sont vigilants ne meurent point, les négligents sont semblables à des cadavres.

22

Pleinement conscients de cela, partout et toujours, les sages à l'esprit vigilant s'en réjouissent, heureux et sûrs d'atteindre à la félicité.

23

Ceux dont l'esprit est absorbé, constant, qui luttent sans relâche, qui triomphent sagement, réalisent l'incomparable : l'extinction, la félicité suprême.

24

Ceux dont l'énergie est éveillée, clairement conscients, circonspects, sans tache, purs, maîtres d'eux, puissants, fidèles dans la pratique, vigilants, ceux-là verront leur gloire atteindre son apogée.

25

Par un vaillant courage, un esprit vigilant, la maîtrise de soi et le renoncement, crée, ô sage, une île qu'aucun flot ne pourra submerger.

26

Les insensés s'abandonnent sans lutte à la négligence ; mais le sage conserve la vigilance comme son plus grand bien.

27

Ne vous livrez pas à l'insouciance, ne suivez pas les plaisirs des sens. Le moine absorbé en lui-même est proche de la plus haute félicité.

28

Le sage qui, par le courage et par le pouvoir de la vigilance, s'est libéré de l'insouciance regarde, de la haute tour de la sagesse, sans souffrance, ce monde de souffrance ; comme celui qui a atteint le sommet d'une montagne perçoit les habitants des basses vallées, ainsi le sage contemple avec un esprit invincible les insensés et leurs folies.

29

Réfléchi parmi les insouciants, éveillé parmi les somnolants, comme le noble coursier dépasse une pauvre haridelle, ainsi le sage chemine, laissant tout derrière lui.

30

Par la vigilance, Maghava, le roi des dieux, s'est assuré la première place. La vigilance est révérée, la négligence est méprisée.

31

Le moine qui jouit d'un courage sans faille reconnaît le péril de l'insouciance, et il ressent chacun des liens de l'existence, subtil ou grossier, comme une flamme consumante.

32

Le moine qui jouit d'un courage sans faille reconnaît le péril de l'insouciance. Échappé de l'impermanence, il est proche de l'extinction.

L'AMOUR

209

L'esprit superficiel, indolent, borné, incapable d'efforts sérieux, qui sacrifie son bonheur pour les plaisirs vulgaires, envie le bonheur des esprits profonds.

210

Ne te lie pas à ce que tu aimes, ne te lie pas à ce que tu n'aimes pas, car être séparé de ce que l'on aime est souffrance, tout comme être lié à ce que l'on n'aime pas.

211

Ne recherche donc pas ce que tu aimes, car perdre ce que l'on aime est bien douloureux ! Pour ceux qui n'ont ni attraction ni répulsion, il n'existe aucun lien.

212

De ce que l'on aime surgit l'affliction, de ce que l'on aime surgit la crainte ; mais, délié de ce que l'on aime, on ne connaît ni affliction ni crainte.

213

De la joie surgit la tristesse, de la joie surgit la peur ; mais, libéré de la joie, on ne connaît ni tristesse ni peur.

214

De la volupté surgit le chagrin, de la volupté surgit l'angoisse ; mais, libéré de la volupté, on ne connaît ni chagrin ni angoisse.

215

Des passions surgit le souci, des passions surgit la crainte ; mais, libéré des passions, on ne connaît ni souci ni crainte.

216

De la soif de vie surgit la douleur, de la soif de vie surgit la peur ; mais, libéré de la soif de vie, on ne connaît ni douleur ni peur.

217

Celui qui observe les règles de la communauté, qui réalise la doctrine clairement comprise, qui, faisant des efforts justes, suit toujours la vérité, celui-là est estimé et aimé.

218

Celui qui, profondément touché, mort à toute soif de volonté, aspire à l'ineffable, celui-là progresse vers le haut.

219-220

Tout comme un homme estimé, revenant sain et sauf d'un long voyage, est accueilli joyeusement par ses parents et amis ; ainsi l'homme vertueux est sûrement accueilli par ses bonnes œuvres lorsque, de ce monde, il réapparaît dans un autre.

*

5.
LE DÉVELOPPEMENT DU MOI
par Chögyam Trungpa

Le maître tibétain Chögyam Trungpa (1940-1987) fut un des premiers représentants de sa tradition à assimiler complètement la mentalité occidentale. Cela lui permit de formuler l'enseignement bouddhiste traditionnel d'une façon nouvelle qui parle directement à un Occidental. Nous avons là une démonstration complète de la psychologie bouddhiste fondamentale. Une des idées essentielles du bouddhisme est qu'il n'y a pas de Moi. Le sentiment du Moi auquel nous nous rattachons naïvement apparaît, lorsqu'il est examiné par l'œil nu de la méditation, comme un malheureux amalgame, ténu et instable, d'éléments psychologiques que l'on désigne traditionnellement comme les Cinq Skandhas ou les Cinq Agrégats. Ici, C. Trungpa les désigne comme la forme, la sensation, la perception, le concept et la conscience. Et il nous donne une explication intérieure de leur développement.

Un des points fondamentaux est la dualité qui apparaît dès le Premier Skandha, la forme. « Dualité » décrit la caractéristique la plus fondamentale du monde chaotique du Moi, la base grossière du monde douloureux du Samsâra. C'est ainsi qu'il faut interpréter la croyance qu'existe « quelque chose d'autre ». Le sens de ce quelque chose naît à la conscience du fait de l'immédia-

teté de l'ici et maintenant. On perçoit l'« autre » et, pris de panique, on se perçoit soi-même comme un autre, comme quelque chose d'autre séparé du premier. A ce point naît la situation de dualité entre le soi et l'autre et commence la lutte dont l'enjeu est de se rattacher à un monde étranger qui doit être appréhendé, écarté ou ignoré. Dans ce texte, C. Trungpa montre la relation entre ce phénomène et la naissance du temps.

*

Le développement du Moi,
in *Pratique de la voie tibétaine.*
Au-delà du matérialisme spirituel,
Chögyam Trungpa,
coll. « Point Sagesses », Seuil, 1976.

LE DÉVELOPPEMENT DU MOI

[...] Je crois qu'il vaudrait mieux commencer par quelque chose de très concret et réaliste : le champ que nous allons cultiver. Il serait un peu fou d'étudier des sujets avancés avant d'être familiarisés avec le point de départ, la nature de l'ego. Un de nos dictons du Tibet dit qu'il est vain de prendre la langue avant que la tête soit cuite à point. Toute pratique spirituelle exige cette compréhension fondamentale du point de départ, le matériau avec lequel nous travaillons.

Si nous ne connaissons pas le matériau avec lequel nous travaillons, notre étude ne sert à rien : les spéculations sur le but à atteindre deviennent une pure fantaisie. Les spéculations peuvent prendre la forme d'idées avancées et de descriptions d'expériences spirituelles, mais elles ne font qu'exploiter les aspects les plus faibles de la nature humaine, notre attente et notre désir de voir et d'entendre quelque chose de coloré, d'extraordinaire.

Si nous commençons notre étude en rêvant d'extraordinaire, d'« illumination » et d'expériences dramatiques, nous édifierons tout un système d'attente et d'idées préconçues, de telle sorte que, plus tard, lorsque nous travaillerons véritablement sur le sentier, nos esprits seront bien plus occupés par ce qui *sera* que par ce qui *est*. C'est ne pas leur rendre service, et avoir un rôle destructeur, que de jouer sur les faiblesses des gens, leurs attentes et leurs rêves, au lieu de leur présenter de façon réaliste le point de départ, ce qu'ils sont.

Il y a essentiellement un espace libre, le *terrain fondamental*, ce que nous sommes réellement. L'état le plus primordial de notre esprit, avant la création de l'ego, est ouverture fondamentale, liberté fondamentale, une qualité spacieuse. Nous avons cette ouverture et nous l'avons toujours eue. Prenons par exemple notre vie quotidienne et nos modèles de pensée. Lorsque nous voyons un objet, dans l'instant premier, il y a une perception soudaine dépourvue de toute logique et de toute conceptualisation ; nous percevons simplement la chose dans le terrain ouvert. Alors, immédiatement, nous paniquons, et nous nous empressons d'essayer d'y ajouter quelque chose, de le nommer, ou bien de trouver des cases pour le localiser et le catégoriser. Le processus se développe graduellement à partir de là.

Ce développement ne prend pas la forme d'une entité solide. Il est plutôt illusoire, croyance erronée en un « soi-même » ou « ego ». L'esprit confus a tendance à se voir comme une chose solide et durable, mais c'est seulement un rassemblement de tendances, d'événements. Dans la terminologie bouddhiste, on parle de ce rassemblement comme des *Cinq Skandhas*, ou Cinq Agrégats. Aussi peut-être pourrions-nous en passer par le développement intégral des Cinq Skandhas.

Le point de départ est qu'il y a l'espace, ouvert, n'appartenant à personne. Il y a toujours l'intelligence primordiale, liée à l'espace et à l'ouverture. *Vidyâ*, ce qui signifie « intelligence » en sanskrit — la précision, une acuité spacieuse, où il y a de la place pour tout mettre, pour tout déplacer.

C'est comme une salle spacieuse dans laquelle on a la place de danser, où l'on ne court pas le risque de se cogner contre les objets ou de les renverser, parce que l'espace est complètement ouvert. Nous *sommes* cet espace, nous sommes *un* avec lui, avec vidyâ, l'intelligence et l'ouverture.

Mais si nous sommes cela tout le temps, d'où est venue la confusion, où l'espace est-il parti, que s'est-il passé ? Rien, à vrai dire. Nous avons juste commencé à nous agiter un peu trop dans cet espace. Comme c'est spacieux, on a envie de danser ; mais notre danse devient un peu trop active, nous commençons à tournoyer un peu plus qu'il n'était nécessaire pour exprimer l'espace. C'est à ce moment que l'on devient conscient de *soi*, conscient que « je » suis en train de danser dans l'espace.

Parvenus à ce point, l'espace n'est plus l'espace en tant que tel. Il se solidifie. Au lieu d'être un avec l'espace, nous le ressentons comme une entité séparée, tangible. C'est la première expérience de la dualité — l'espace et moi, moi qui suis en train de danser dans cet espace, et cette qualité spacieuse est une chose solide, séparée. La dualité signifie « l'espace et moi », plutôt que d'être complètement un avec l'espace. C'est la naissance de la « forme », de l'« autre ».

Alors survient une espèce de trou noir, en ce sens que nous oublions ce que nous sommes en train de faire. Une halte soudaine, une pause ; et, faisant volte-face, nous « découvrons » l'espace solide, comme si nous n'avions absolument rien fait auparavant, comme si nous n'étions pas les créateurs de toute cette solidité. Il y a un trou. Ayant créé l'espace solide, celui-ci nous bouleverse et nous commençons à nous y perdre. Il y a un trou noir et puis, soudainement, un réveil.

Lorsque nous nous réveillons, nous refusons de voir l'espace comme ouverture, nous refusons de voir ses qualités douces et aérées. Nous l'ignorons complètement, ce qui s'appelle *avidyâ. A* signifie « négation » et *vidyâ* « intelligence », aussi est-ce la « non-intelligence ». Parce que cette extrême intelligence s'est transformée en perception de l'espace solide, parce que cette intelligence aiguë, précise, lumineuse est devenue statique, on la nomme avidyâ, « ignorance ». Nous ignorons délibérément. Cela ne nous satisfait pas de danser simplement dans l'espace, nous voulons un partenaire, et nous choisissons l'espace comme partenaire. Si nous choisissons l'espace comme partenaire dans la danse, nous souhaitons alors naturellement qu'il danse avec nous. Pour le posséder comme un partenaire, il nous faut le solidifier, et ignorer sa qualité fluide et ouverte. C'est avidyâ, l'ignorance de l'intelligence, c'est l'apogée du Premier Skandha, la création de la Forme-Ignorance.

En fait, le Skandha de la Forme-Ignorance revêt trois aspects ou stades différents, que nous pourrions examiner en recourant à une autre métaphore. Supposons une plaine primordiale, rase, sans arbres ni montagnes, un territoire complètement ouvert, un simple désert, sans caractéristiques particulières. C'est ainsi que nous sommes ce que nous sommes. Nous sommes très simples et fondamentaux. Et pourtant, le soleil brille, la lune resplendit, il y a de la lumière et des couleurs, la texture du désert. Il y a en quelque sorte la sensation de l'énergie qui joue entre ciel et terre. Et cela continue.

Et puis, étrangement, il y a soudain quelqu'un pour remarquer tout cela. C'est comme si l'un des grains de sable avait levé la tête et commencé à regarder autour de lui. Nous sommes ce grain de sable, arrivant à la conclusion de notre état séparé. C'est la « Naissance de l'Ignorance » à son premier stade, une sorte de réaction chimique. La dualité a commencé.

Le second stade de la Forme-Ignorance est nommé « l'Ignorance née à l'intérieur ». Une fois que l'on a remarqué que l'on est séparé, on croit qu'il en a toujours été ainsi. C'est un mouvement gêné, instinctif, vers la conscience de soi. C'est aussi notre excuse pour rester séparé, grain de sable individuel. C'est un type d'ignorance agressive, mais sans donner au mot sa connotation de colère ; les choses n'en sont pas encore là. Il s'agit plutôt d'agression en ce sens que l'on se sent mal à l'aise, déséquilibré, et que l'on essaie d'assurer le terrain et de se faire un abri. C'est l'attitude qui consiste à être un individu séparé et confus, c'est tout. On s'est identifié comme séparé du paysage primordial d'espace et d'ouverture.

Le troisième type d'ignorance est l'« Ignorance qui s'observe Elle-Même ». On s'observe, on a la sensation de se voir comme un objet extérieur, ce qui conduit à la notion primaire de l'« autre ». On commence à entretenir une relation avec le soi-disant monde « extérieur ». C'est pourquoi ces trois étapes de l'ignorance constituent le Skandha de la Forme-Ignorance ; on commence à créer le monde des formes.

Aussi, lorsque nous parlons de l'ignorance, ne s'agit-il pas du tout de la stupidité. Dans un sens, l'ignorance est très intelligente, mais c'est une intelligence complètement à sens unique. C'est-à-dire que l'on réagit uniquement à ses propres projections au lieu de voir simplement ce qui est. Il n'y a aucune situation de laisser-être puisque l'on ignore perpétuellement ce que l'on est. Telle est donc la définition fondamentale de l'ignorance.

Le développement suivant est la mise au point d'un mécanisme de défense pour protéger notre ignorance. Ce mécanisme de défense est la Sensation, le Second

Skandha. Ayant ignoré, d'ores et déjà, l'espace ouvert, nous souhaiterions sentir ensuite les qualités de l'espace solide, en vue d'atteindre à la plénitude de la qualité préhensive que nous développons. Bien sûr, l'espace n'est pas seulement l'espace dépouillé puisqu'il contient couleur et énergie. Il y a des manifestations de couleur et d'énergie saisissantes, magnifiques et pittoresques. Mais nous avons ignoré tout cela. Il y a à la place une version solidifiée de cette couleur ; et la couleur devient de la couleur capturée, l'énergie de l'énergie capturée, parce que nous avons solidifié tout l'espace, que nous l'avons fait « autre ». Ainsi commençons-nous à atteindre et à sentir les qualités de l'« autre ». Ce faisant, nous nous rassurons sur notre existence. « Si je puis sentir cela là-bas, alors je dois être ici. »

Lorsque quelque chose survient, nous nous efforçons de sentir si la situation est séduisante, menaçante ou neutre. Chaque fois qu'il y a une brusque séparation, le sentiment de ne pas connaître le lien entre « ceci » et « cela », nous avons tendance à tâter notre terrain. Tel est le mécanisme extrêmement efficace de la sensation que nous commençons à élaborer, le Second Skandha.

Le mécanisme suivant en vue d'assurer plus avant l'ego est le Troisième Skandha, Perception-Impulsion. Nous commençons à être fascinés par notre propre création, les couleurs statiques et l'énergie statique. Nous voulons établir une relation avec elles, aussi commençons-nous graduellement à explorer notre création.

Pour que l'exploration soit efficace, il nous faut une sorte de standard, de table de contrôle du mécanisme de la sensation. La sensation transmet son information au centre de contrôle, c'est l'acte de la perception. En fonction de cette information, nous formons des jugements, nous réagissons. Le caractère positif, négatif ou indifférent de la réaction est automatiquement déterminé par cette bureaucratie de la sensation et de la perception. Si nous percevons une situation comme menaçante, nous l'écartons de nous. Si elle nous séduit, nous l'attirons à nous. Si nous la trouvons neutre, nous restons indifférents. Ce sont les trois types d'impulsion : haine, désir et stupidité. Ainsi la perception se réfère-t-elle à la réception d'informations du monde extérieur, et l'impulsion à notre réponse à cette information.

Le développement suivant est le Quatrième Skandha, le Concept. La Perception-Impulsion est une réaction automatique à une sensation intuitive. Ce type de réaction automatique n'est pas réellement une défense suffisante pour protéger notre ignorance et garantir notre sécurité. Pour nous protéger et nous illusionner intégralement, correctement, nous avons besoin de l'intellect, de la capacité de nommer et de catégoriser les objets. Aussi étiquetons-nous les choses et les événements comme « bons », « mauvais », « beaux », « laids », et ainsi de suite, en fonction de l'impulsion qui nous paraît adéquate.

Ainsi la structure de l'ego devient-elle graduellement de plus en plus lourde, de plus en plus forte. Jusqu'à ce stade, le développement de l'ego était purement un processus d'action et de réaction, mais, à partir de maintenant, l'ego se développe progressivement au-delà de l'instinct simiesque et devient plus sophistiqué. Nous commençons à faire l'expérience de la spéculation intellectuelle, nous nous confirmons et interprétons en nous plaçant dans des situations logiques ou interprétables. La nature fondamentale de l'intellect est tout à fait logique. Naturellement, il aura tendance à travailler en vue d'établir des conditions positives : en vue de valider notre expérience, d'interpréter la faiblesse en termes de force, de fabriquer une logique sécurisante, en un mot, de confirmer notre ignorance.

On pourrait dire que, dans un certain sens, l'intelligence primordiale opère tout le temps, mais est mise au service de la fixation dualiste, de l'ignorance. Dans les premiers stades du développement de l'ego, cette intelligence opère comme acuité intuitive de la sensation. Plus tard, sous la forme de l'intellect. En fait, il semble bien que la chose nommée ego ne corresponde à rien du tout ; « je suis » n'existe pas. C'est l'accumulation de toutes sortes de bric-à-brac. C'est une « brillante œuvre d'art », un produit de l'intellect qui dit « donnons-lui un nom, appelons-le “ je suis ” », ce qui est très astucieux. « Je » est le produit de l'intellect, la marque de fabrique qui réunit en un tout le développement désorganisé et dispersé de l'ego.

Le dernier stade du développement de l'ego est le Cinquième Skandha, la Conscience. A ce niveau, un amalgame prend place : l'intelligence intuitive du Second Skandha, l'énergie du Troisième et l'intellectualisation du Quatrième se combinent pour produire les pensées et les émotions. C'est au niveau du Cinquième Skandha que nous trouvons les Six Mondes, ainsi que les modèles incontrôlables et illogiques de la pensée discursive.

Voilà donc tracé complètement le portrait de l'ego, c'est dans cet état que nous sommes tous lorsque nous arrivons à l'étude de la psychologie et de la méditation bouddhistes.

Dans la littérature bouddhiste, une métaphore est communément utilisée pour décrire l'ensemble de ce processus de la création et du développement de l'ego. On parle d'un singe emprisonné dans une maison vide, une maison percée de cinq fenêtres représentant les cinq sens. Ce singe est très curieux : il sort sa tête par chacune des fenêtres et il n'arrête pas de sauter de-ci delà, inquiet. C'est un singe captif dans une maison vide. La maison est solide, ce n'est pas la jungle dans laquelle le singe bondissait et se balançait accroché aux lianes, ni les arbres dans lesquels il pouvait entendre souffler le vent et frémir les branchages et les feuillages. Toutes ces choses ont été complètement solidifiées. En fait, la jungle elle-même est devenue sa maison solide, sa prison. Au lieu de se percher dans un arbre, notre singe curieux a été emmuré dans un monde solide, comme si une chose fluide, une cascade dramatique et belle, avait soudain gelé. Cette maison gelée, faite de couleurs et d'énergies gelées, est complètement immobile. Cela semble être le point où commence le temps, comme passé, présent et futur. Le flux des phénomènes devient du temps solide, tangible, une idée solide du temps.

Le singe curieux se réveille de son trou noir, mais il ne se réveille pas complètement. Il se réveille pour se trouver piégé dans une maison solide, claustrophobique, avec seulement cinq fenêtres. Il commence à s'ennuyer, comme s'il était dans un zoo, derrière une grille, et il s'emploie à explorer les barreaux en grimpant sans cesse. Le fait qu'il ait été capturé n'est pas tellement important ; mais notre singe en magnifie mille fois l'idée tellement elle le fascine. Si l'on est fasciné, le sens de la claustrophobie devient de plus en plus vif, de plus en plus aigu, parce que l'on commence à explorer son emprisonnement. En fait, la fascination est en partie cause du fait qu'il demeure emprisonné. Il est capturé par sa fascination. Bien sûr, au début, il y eut ce soudain trou noir qui a confirmé sa croyance en un monde solide. Mais, maintenant, ayant pris la solidité au sérieux, il est pris au piège de cette solidité.

Naturellement, ce singe curieux ne passe pas tout son temps en explorations. Il commence à s'agiter, à ressentir qu'il y a quelque chose de très répétitif et inintéressant, et il tend à devenir névrotique. Affamé de distractions, il commence à sentir et à apprécier la texture du mur, il tâche de s'assurer que cette solidité apparente est bien réelle. Alors, une fois sûr que l'espace est bien solide, le singe commence à entretenir avec lui une relation en le saisissant, le repoussant, l'ignorant. S'il essaie de saisir l'espace pour le posséder aux fins de sa propre expérience, de sa propre découverte, de sa propre compréhension, c'est le désir. Ou bien, si l'espace lui semble une prison, de sorte qu'il tente de se frayer une sortie à coups de poing et de pied, dans un combat de plus en plus dur, c'est la haine. La haine n'est pas seulement la mentalité de destruction, c'est encore plus un sentiment défensif, de défense contre la claustrophobie. Le singe n'a pas nécessairement l'impression qu'un opposant ou un ennemi est en train d'approcher ; il veut simplement s'échapper de sa prison.

Finalement, le singe essaie d'ignorer qu'il est emprisonné ou que quelque chose l'attire dans ce qui l'entoure. Il joue le sourd-muet, et conserve une attitude indifférente et paresseuse quant à ce qui se passe autour de lui. C'est la stupidité.

Revenant un peu en arrière, nous pourrions dire que le singe est né dans la maison lorsqu'il s'est réveillé du trou noir. Il ne sait pas comment il est parvenu dans cette prison ; aussi suppose-t-il qu'il y a toujours été, oubliant qu'il a lui-même solidifié l'espace, lui donnant forme de murs. Puis il sent la texture des murs, ce qui est le Second Skandha, la Sensation. Après cela, il entretient avec la maison des relations de désir, de haine et de stupidité, Troisième Skandha, Perception-Impulsion. Puis, ayant développé ces trois façons de se relier à la maison, le singe commence à la nommer et à la faire entrer dans des catégories : « C'est une fenêtre. Ce coin est agréable. Ce mur m'effraie, il est mauvais. » Il développe une grille conceptuelle avec laquelle il nomme, catégorise et valorise sa maison, son monde, conformément à ses désirs, à ses haines et à ses indifférences. C'est le Quatrième Skandha, le Concept.

L'évolution du singe jusqu'au Quatrième Skandha a

été logique et prévisible. Mais ce modèle d'évolution commence à se dégrader lorsque le singe pénètre dans le Cinquième Skandha, la Conscience. Le modèle mental devient irrégulier et imprévisible, et le singe commence à être halluciné et à rêver.

Lorsque nous parlons d'« hallucinations » ou de « rêves », cela signifie que nous attachons de la valeur à des choses et à des événements qui n'en ont pas nécessairement. Nous avons des opinions précises sur la façon dont les choses sont et devraient être. C'est la projection : nous projetons notre version des choses sur ce qui est là. Aussi commençons-nous à nous immerger complètement dans un monde qui est notre propre création, un monde de valeurs et d'opinions conflictuelles. L'hallucination, en ce sens, est une pseudo-interprétation des choses et des événements ; nous prêtons aux phénomènes des significations qu'ils n'ont pas.

C'est ce dont le singe fait l'expérience au niveau du Cinquième Skandha. Après avoir essayé de s'évader et avoir échoué dans cette entreprise, il se sent abandonné et sans secours, et commence à devenir complètement fou. Il est très fatigué d'avoir combattu, aussi est-il tentant pour lui de se défendre et de laisser son esprit vagabonder dans l'hallucination. C'est la création des *Six Lokas*, les Six Royaumes ou Six Mondes. Il est largement question, dans la tradition bouddhiste, des créatures infernales et célestes, du monde des humains, de l'univers animal, et d'autres états psychologiques de l'être. Ce sont les différentes formes de projections, les mondes rêvés que nous nous créons.

Ayant lutté pour s'évader et vu l'échec de ses efforts, ayant fait l'expérience de la claustrophobie et de la souffrance, le singe commence à aspirer à quelque chose de bon, de beau et de charmeur. Aussi a-t-il d'abord l'hallucination du *Deva Loka*, le Monde des Dieux, le

« ciel », un lieu empli de choses magnifiques. Le singe rêve qu'il est sorti de la maison, il se promène dans une nature luxuriante et mange des fruits mûrs, s'assied dans les arbres et y joue ; il mène une vie libre et heureuse.

Et puis vient l'hallucination du Royaume des *Asura*, le Monde des Dieux Jaloux. Ayant fait l'expérience du rêve céleste, le singe veut défendre et maintenir son bonheur et sa félicité. Il devient paranoïaque, il a peur que les autres n'essaient de lui arracher son trésor ; aussi éprouve-t-il de la jalousie. Il est fier de lui, il a joui de sa création du Monde des Dieux, et cela l'a mené à la jalousie du Monde des Asura.

Alors, il perçoit la qualité terrienne de ces expériences. Au lieu de faire alterner simplement la jalousie et l'orgueil, il commence à se tenir à l'aise, chez lui, dans le « monde des hommes », le « monde terrestre ». C'est le monde où l'on mène une vie normale, où l'on fait des choses ordinaires, de façon prosaïque. C'est le Monde humain.

Mais le singe se rend bientôt compte qu'il y a là quelque chose d'ennuyeux, quelque chose qui ne coule pas tout à fait. C'est que, au fur et à mesure qu'il a avancé du Monde Divin au Monde des Dieux Jaloux puis au Monde humain, ses hallucinations se faisaient de plus en plus solides, et tout cet enchaînement commençait à devenir plutôt lourd et stupide. A ce stade, le voici né dans le Monde animal. Il préfère aller à quatre pattes, meugler ou aboyer, plutôt que d'éprouver de l'orgueil ou du désir. C'est la simplicité animale.

Puis le processus s'intensifie, et le singe commence à éprouver un sentiment désespéré de nostalgie, car il ne souhaite vraiment pas descendre dans les mondes inférieurs. Il aimerait retourner à l'univers merveilleux des dieux, aussi commence-t-il à ressentir la faim et la soif, une terrible nostalgie de ce qu'il se souvient avoir un jour connu. C'est le Monde des Fantômes affamés ou Royaume des *Preta*.

Alors, soudainement, le singe perd confiance, il commence à réagir violemment. Tout devient un terrible cauchemar. Et il réalise qu'un tel cauchemar ne peut pas être réel, et commence à se haïr lui-même pour avoir créé toute cette horreur. C'est le rêve du Monde Infernal, le dernier des Six Mondes.

Tout au long du développement des Six Mondes, le singe a connu les pensées discursives, les idées, les fantasmes, et tous les modèles mentaux. Jusqu'au niveau du Cinquième Skandha, le processus de son évolution psychologique a toujours été régulier et prévisible, les développements successifs s'alignaient selon une structure systématique, comme se recouvrent les tuiles d'un toit. Mais, maintenant, le singe est psychiquement très distordu et dérangé ; son casse-tête mental éclate brusquement et ses modèles de pensée deviennent irréguliers et imprévisibles. Il semble bien que tel soit notre état d'esprit lorsque nous arrivons à la pratique de la méditation. C'est le lieu duquel nous devons partir, dans notre pratique. [...]

*

6.

VOIR LES CHOSES TELLES QU'ELLES SONT

par Nyanaponika Thera

*Nyanaponika Thera (*Thera *signifiant l'« Ancien ») est né en 1901 en Allemagne de parents juifs. A vingt ans, il devient bouddhiste et émigre à Ceylan où il se fait moine. Depuis lors c'est sa résidence principale. Il a fondé à Kandy la Société des éditions bouddhistes qui a joué un rôle clef dans la renaissance du Theravâda au XXe siècle.*

Dans le texte qui suit, Nyanaponika Thera nous aide à saisir la signification de l'enseignement bouddhique relatif au trois signes distinctifs de l'existence : impermanence, souffrance, et non-soi ou absence de personnalité. Il rend particulièrement claire la façon dont, du point de vue général de l'expérience, la souffrance peut être une caractéristique générale de l'existence, même si elle semble n'être qu'une qualité psychologique subjective. L'impersonnalité également, en tant qu'absence d'essence de la personne, est une idée qui peut être appliquée aux phénomènes autant qu'aux gens, car les choses du monde sont également dépourvues d'essence. Ainsi, le monde construit par la perception dualiste qui sépare le soi et l'autre se révèle n'être qu'un phantasme changeant. Ceux qui s'y raccrochent comme s'il était solide et réel sont condamnés à la frustration évoquée par la Première Noble Vérité.

Si nous observons, ne serait-ce qu'un instant, un domaine restreint du vaste ensemble de la vie, nous nous trouvons confrontés à une variété de formes vivantes si incroyables que cela défie toute description. Cependant, tout ce qui est animé possède trois caractères fondamentaux que l'on peut observer, depuis le microbe jusqu'à l'homme, depuis les sensations les plus simples jusqu'aux pensées d'un génie créateur :

— l'aspect éphémère ou le changement (*Anitya*) ;
— l'aspect douloureux ou l'insatisfaction (*Duhkha*) ;
— l'aspect impersonnel ou l'absence de substance (*Anâtman*).

Ces trois vérités fondamentales ont été découvertes et formulées il y a plus de deux mille cinq cents ans par le Bouddha que l'on a surnommé à juste titre « Celui qui connaît le monde ». Dans la terminologie bouddhiste, ce sont les trois signes distinctifs, les marques invariables de tout ce qui surgit à l'être, les sceaux imprimés sur le visage de la vie elle-même.

De ces trois signes, le premier et le troisième s'appliquent aussi bien à l'existence inanimée qu'à la vie, puisque toute entité concrète, de par sa nature même, subit le changement et est dépourvue de substance.

La seconde caractéristique, la souffrance, est, cela va de soi, le privilège des vivants. Cependant, le Bouddha applique la caractéristique de la souffrance à toutes les choses conditionnées en ce sens que, pour des êtres vivants, tout ce qui est conditionné est une occasion potentielle d'éprouver la souffrance et n'est à aucun degré capable de procurer une satisfaction durable. Ces trois signes sont donc véritablement trois marques universelles qui s'appliquent même à ce qui est en dessous ou au-delà de notre champ de perception.

Le Bouddha enseigne que l'on ne peut comprendre correctement la vie que si l'on assimile ces trois données fondamentales. Et cette compréhension doit avoir lieu non seulement sur le plan logique, mais aussi par rapport à sa propre expérience. La connaissance-intuition qui est l'élément libérateur ultime dans le bouddhisme consiste uniquement en cette compréhension par l'expérience de ces trois signes distinctifs, compréhension appliquée à son propre processus physique et mental, approfondie et mûrie par la méditation.

Voir les choses comme elles sont, cela veut dire en vérité les considérer en fonction de ces trois signes caractéristiques. Ne pas les voir ainsi ou s'illusionner sur leur réalité et la portée de leur application est la marque caractéristique de l'ignorance. Or, l'ignorance, de par elle-même, est une cause puissante de souffrance qui resserre le filet dans lequel est pris l'homme — un filet de fausses espérances, de désirs irréalistes et dangereux, d'idéologies trompeuses, de buts et de valeurs perverties.

En dernière analyse, l'ignorance ou la déformation de ces trois données fondamentales conduit seulement à la frustration, à la déception et au désespoir. Mais, si nous apprenons à voir à travers ces apparences trompeuses, et à discerner les trois signes caractéristiques, nous en retirerons d'immenses bénéfices, autant dans notre vie quotidienne que dans nos efforts spirituels. Sur le plan du monde terrestre, la compréhension clairvoyante de l'impermanence de la souffrance et du non-moi nous donnera une vision plus saine de la vie. Cela nous libérera des attentes irréalistes, stimulera une acceptation courageuse de la souffrance et de l'échec, et nous protégera du piège des illusions trompeuses et des croyances. Mais, si nous nous attachons à la quête du supraterrestre, la compréhension des trois caractéristiques se révélera indispensable. L'expérience méditative de tous les phénomènes comme étant inséparables des trois signes caractéristiques affaiblira et finalement tranchera les liens qui nous attachent à une existence que nous imaginons à tort durable, porteuse de bonheur et dotée de substance. Avec une clarté croissante, nous verrons toutes les choses, internes ou externes, dans leur vraie nature : changeant constamment, rattachées à la souffrance et dépourvues d'âme éternelle ou d'essence durable. En voyant ainsi, nous connaîtrons un détachement croissant, qui nous apportera une plus grande liberté des liens et qui culminera dans le Nirvâna, la libération finale de l'esprit, loin de la souffrance.

7.

NOTRE VRAIE DEMEURE

par Ajahn Chah

Dans cet extrait, le Vénérable Ajahn Chah, un moine thaïlandais dont le système d'enseignement simple et direct a attiré à son monastère de nombreux étudiants occidentaux, s'adresse à un disciple vieillissant qui approche de la mort. Sur un ton de profonde compassion, le maître rappelle les données de l'impermanence à la femme qui va mourir. Il poursuit en lui offrant des moyens concrets pour faire face à sa souffrance, d'abord un Mantra, puis la pleine conscience de la respiration. Ici, l'usage du Mantra n'a rien à voir avec quelque incantation magique. Il protège simplement l'esprit en lui offrant un mot aux connotations salutaires, comme alternative aux associations douloureuses qui pourraient assaillir un agonisant dans son lit. Au fur et à mesure que l'attention s'éloigne graduellement du flux mécanique et se rattache à ce fil salutaire, l'anxiété diminue et le mourant retrouve assez de calme pour se concentrer sur sur le va-et-vient de sa respiration.

La conscience du souffle est la plus fondamentale de toutes les techniques de méditation bouddhique. Toutes les traditions la connaissent. Le mouvement incontrôlé du souffle vient de lui-même, comme une expression continue et naturelle de la simplicité de l'ici et maintenant. Le sanskrit utilise deux mots : Dharma et Sams-

kâra. Le sens le plus familier du mot Dharma se retrouve dans le Dharma du Bouddha. Là, il signifie quelque chose comme voie ou loi. Mais les écritures bouddhiques l'emploient fréquemment, comme ici, pour signifier phénomène ou fait. Tout ce qui devient l'objet de l'attention est un Dharma. Un Samskâra, au sens étroit, est un mouvement de l'esprit. Au sens large, il s'agit de n'importe quelle formation qui se produit et est déterminée par des conditions. Cela inclut à peu près tout ce qui advient. Le Bouddha rappelait continuellement à ses disciples : « Tout ce qui est susceptible d'advenir est susceptible de disparaître. »

Maintenant, prépare ton esprit à écouter le Dharma avec respect. Pendant que je parlerai, sois aussi attentive à mes paroles que si c'était le Seigneur Bouddha en personne qui était assis. Ferme les yeux, détends ton corps, et concentre ton esprit afin de le diriger vers un point unique. Permets humblement aux Triples Joyaux de sagesse, vérité et pureté de demeurer en ton cœur afin de montrer ton respect au Pleinement Éveillé.

Aujourd'hui, je n'ai rien de matériel à t'offrir, seulement le Dharma, l'enseignement du Seigneur Bouddha. Écoute bien. Tu dois comprendre que même le Bouddha avec le trésor qu'il avait accumulé ne put échapper à la mort physique. Quand il atteignit le grand âge, il abandonna son corps et délaissa ses lourdes charges. Maintenant, toi aussi dois apprendre à te contenter des nombreuses années pendant lesquelles tu étais dépendante de ton corps. Tu dois sentir que cela suffit.

Tu peux le comparer aux ustensiles que tu possèdes depuis longtemps, tes tasses, tes assiettes, plats, et autres. Au début, ils étaient propres et brillants, mais, maintenant que tu les as utilisés si longtemps, ils commencent à s'user. Certains sont brisés ; d'autres ont disparu et ceux qui restent s'abîment, leur forme a changé et il est dans leur nature qu'il en soit ainsi. De la même façon, ton corps n'a cessé de changer depuis le jour où tu es née, durant ton enfance, ta jeunesse et maintenant que tu as atteint un grand âge. Cela, tu dois l'accepter. Le Bouddha a dit que le conditionnement (Samsâra), qu'il s'agisse des conditions internes, physiques ou externes, est le non-Moi. Il est dans leur nature de changer. Contemple la vérité jusqu'à ce que tu la voies clairement.

Cet amas de chair qui est étendu là et qui s'abîme est *Satyadharma*, la vérité. La vérité de ce corps est Satyadharma, tel est l'enseignement immuable du Bouddha. Le Bouddha nous a appris à regarder le corps, à le contempler et à trouver un accommodement avec sa nature. Nous devons être capables d'être en paix avec le corps en quelque état qu'il soit. Le Bouddha nous a enseigné que nous devrions nous assurer que c'est seulement le corps qui est emprisonné et ne pas laisser l'esprit enfermé avec lui. Maintenant que ton corps commence à déchoir et à se dégrader avec l'âge, ne résiste pas à cela, mais ne laisse pas ton esprit se dégrader avec le corps, garde ton esprit en dehors. Renforce l'esprit en réalisant la vérité de la nature des choses. Le Seigneur Bouddha nous a enseigné que c'est la nature du corps, étant né, de devenir vieux et malade puis de mourir, et qu'il ne peut en être autrement. C'est une grande vérité que tu rencontres maintenant. Regarde le corps avec sagesse et comprends cela.

Même si ta maison est inondée ou brûlée jusqu'aux fondations, quel que soit le danger qui la menace, il ne concerne que la maison. S'il y a une inondation, qu'elle ne noie pas ton esprit. S'il y a un incendie, ne le laisse pas consumer ton cœur. Fais en sorte que ce soit seulement la maison qui t'est extérieure qui soit inondée et brûlée. Laisse l'esprit se libérer de ses attachements. Le temps est mûr.

Il y a longtemps que tu es en vie. Tes yeux ont contemplé tant d'images et de couleurs ; tes oreilles ont entendu tant de sons ; tu as eu tant d'expériences. Mais c'est tout ce qu'il y avait : des expériences. Tu as mangé des nourritures délicieuses et tout leur bon goût était un bon goût — rien de plus. Les saveurs désagréables étaient des saveurs désagréables — c'est tout. Si tes yeux voient une belle image, c'est tout ce qu'il y a : juste une belle image. Une image laide n'est qu'une image laide. Les oreilles peuvent écouter des sons enchanteurs et mélodieux ; et c'est tout ce qu'il y a. Un son grinçant ou déplaisant est simplement ce qu'il est.

Le Bouddha a dit que, riches ou pauvres, jeunes ou vieux, humains ou animaux, aucun être en ce monde ne peut se maintenir durablement en un certain état, que tout éprouve le changement et l'aliénation. C'est un fait de la vie face auquel nous sommes désarmés. Mais le Bouddha a dit que ce que nous pouvons faire est de contempler le corps et l'esprit pour réaliser leur caractère impersonnel, pour comprendre qu'il n'existe ni de « Moi » ni de « Mien ». Ils n'ont qu'une réalité provisoire. Cela est comparable à ta maison. Elle ne t'appartient que nominalement : tu ne peux l'emmener nulle part. Il en va de même pour ta richesse, tes biens et ta famille — ils ne sont à toi que nominalement ; ils ne t'appartiennent pas vraiment, c'est à la nature qu'ils appartiennent. Maintenant, cette vérité ne s'applique pas qu'à toi ; tout un chacun est dans la même situation, même le Seigneur Bouddha et ses disciples éveillés. Ils étaient différents de nous seulement en ceci qu'ils acceptaient la manière dont sont les choses, qu'ils savaient qu'il ne pouvait en être autrement.

Ainsi, le Bouddha nous a appris à ausculter et à examiner ce corps, de la plante des pieds jusqu'au sommet du crâne puis en redescendant jusqu'aux pieds. Regarde seulement le corps. Que vois-tu ? Y a-t-il là quoi que ce soit d'intrinsèquement pur ? Peux-tu trouver quelque essence qui unisse tout cela ? Ce corps entier est en train de dégénérer sûrement, mais le Bouddha nous a appris qu'il ne nous appartenait pas. Il est naturel au corps de devenir ainsi, parce que tous les phénomènes conditionnés sont sujets au changement. Comment pourrait-il en être autrement ? De fait, il n'y a rien de mal dans la façon d'être du corps. Ce n'est pas le corps qui provoque tes souffrances, ce sont tes pensées incorrectes. Quand on voit mal les choses, il est normal que la confusion se produise.

Cela peut se comparer à l'eau d'une rivière. Elle coule naturellement, suivant sa pente, jamais contre, car telle est sa nature. Si quelqu'un allait à la rivière, s'arrêtait sur la berge, contemplait l'eau suivant son cours et voulait stupidement que le flux remonte sa pente, celui-là éprouverait de la souffrance. Quoi qu'il fasse, sa manière de penser erronée ne lui permettrait pas de trouver la paix de l'esprit. Il souffrirait de ses pensées fausses, pensant contre le courant. S'il voit les choses de façon juste, il constatera que l'eau ne peut que suivre la pente. Tant qu'il n'aura pas réalisé et admis cela, il sera agité et mal à l'aise.

La rivière qui doit suivre la pente est comme ton corps. Après avoir été jeune, il a vieilli et maintenant il approche de sa mort. Ne continue pas à souhaiter qu'il en soit autrement, ce n'est pas quelque chose à quoi tu puisses remédier. Le Bouddha nous a dit de voir les choses comme elles sont et de renoncer à notre dépendance à l'égard des choses. Que ce sentiment de laisser faire soit ton refuge. Continue à méditer, même si tu te sens lasse ou épuisée. Que ton esprit se fixe sur le souffle. Prends quelques respirations profondes et fixe ton esprit sur le souffle en utilisant le Mantra Buddho. Que cette pratique te devienne familière. Plus tu te sentiras fatiguée, plus ta concentration devra être subtile et dirigée afin que tu puisses affronter les sensations douloureuses qui naissent. Quand tu commenceras à te sentir fatiguée, tu porteras toute ta pensée sur une pause. Tu laisseras l'esprit se rassembler et se tourner vers la connaissance de la respiration. Continue seulement la récitation intérieure « Bud-dho, Bud-dho ». Détache-toi de tout ce qui est extérieur. Ne commence pas à te raccrocher à des pensées relatives à tes enfants ou à tes parents. Ne t'attache pas à quoi que ce soit. Laisse aller. Laisse l'esprit se rassembler en un seul point et laisse cet esprit ainsi rassemblé se placer dans le souffle. Fais que le souffle soit son seul objet de connaissance. Concentre-toi jusqu'à ce que l'esprit devienne de plus en plus subtil, jusqu'à ce que les sentiments deviennent insignifiants et que règnent une grande clarté intérieure et un état d'Éveil. Puis, lorsque les sensations pénibles se présenteront, elles cesseront graduellement comme d'elles-mêmes. Finalement, tu regarderas ton souffle comme un parent venu te rendre visite. Quand un parent s'en va, nous le suivons jusqu'à la porte et le regardons partir. Nous regardons jusqu'à ce qu'il soit hors de vue et, alors, nous rentrons. Nous observons le souffle de la même façon. Si le souffle est épais, nous savons qu'il est épais, s'il est subtil, nous savons qu'il est subtil. Comme il s'allège, nous continuons à le suivre tout en continuant à éveiller notre esprit. Finalement, le souffle disparaît et ce qui subsiste, c'est le sentiment de l'Éveil. Cela s'appelle rencontrer le Bouddha. Nous possédons cette claire conscience éveillée que l'on nomme « Buddho », celui qui sait, celui qui est éveillé, le lumineux. C'est le rencontrer et demeurer avec lui avec la connaissance et la clarté. C'est seulement le Bouddha historique de chair et d'os qui est entré dans le Parinirvâna, le vrai Bouddha, le Bouddha clair, rayonnant, possédant la connaissance, celui-là, nous pouvons toujours le rencontrer aujourd'hui et, quand il en est ainsi, le cœur est un.

Ainsi, laisse aller, lâche tout, sauf la connaissance. Ne te laisse pas abuser si des visions et des sons surgissent dans ton esprit pendant la méditation. Laisse-les retomber. Ne prends appui sur rien. Reste seulement dans cette vigilance sans dualité. Ne te soucie pas à propos du passé ou du futur, sois seulement calme et tu atteindras l'endroit où on n'avance pas, où on ne recule pas et où on ne s'arrête pas, où il n'y a rien à quoi s'agripper ou se rattacher. Pourquoi ? Parce qu'il n'y a pas de soi, pas de Moi ni de Mien. C'est fini.

Le Bouddha nous a appris à nous vider ainsi de tout, à ne rien emporter avec nous. Savoir et, une fois que l'on sait, lâcher prise.

En réalisant que le Dharma, le chemin qui mène à la libération du cycle de la naissance et de la mort, est un but que chacun doit atteindre seul. Continue donc à essayer de lâcher prise et de comprendre les enseignements. Mets réellement ton effort dans la contemplation. Ne te soucie pas à propos de ta famille. Pour le moment, ils sont comme ils sont, plus tard ils seront comme toi. Il n'y a personne au monde qui puisse échapper à ce destin. Le Bouddha nous a enseigné à laisser retomber tout ce qui est dépourvu d'une réelle substance permanente. Si tu laisses tout retomber, tu verras la vérité, sinon tu n'y parviendras pas. Il en va ainsi pour chacun sur terre. Ne te soucie pas et ne t'agrippe à rien. Même si tu te surprends en train de penser, c'est dans l'ordre, tant que tu penses avec sagesse. N'aie pas de pensées folles. Si tu songes à tes enfants, pense à eux avec sagesse et non avec folie. Quel que soit l'objet vers lequel se tourne ton esprit, pense et connais cette chose avec sagesse, en étant consciente de sa nature. Si tu connais quelque chose avec sagesse, alors tu le laisses aller et il n'y a pas de souffrance. L'esprit est clair, joyeux et pacifié ; se détournant des distractions, il n'est pas divisé. A ce moment précis, ce que tu peux chercher pour t'aider et te soutenir, c'est ton souffle.

C'est ton travail, celui de personne d'autre. Laisse les autres accomplir le leur. Toi, tu as ton propre devoir et ta propre responsabilité et tu n'as pas à te charger de ceux qui ont échu à ta famille. Ne te charge de rien d'autre, laisse aller. Ce renoncement calmera ton esprit. En ce moment même, ta seule responsabilité est de rassembler ton esprit et de l'amener à la paix. Laisse tout le reste aux autres. Les formes, les sons, les odeurs, les goûts, tout cela, laisse les autres s'en occuper. Laisse tout derrière toi et fais ton travail, fais face à ta responsabilité. Tout ce qui surgit dans ton esprit, que ce soit la peur de la douleur, la peur de la mort, l'angoisse à propos des autres ou n'importe quoi d'autre, dis-lui : « Ne me dérange pas. Désormais tu n'es plus mon affaire. » Continue à te dire cela lorsque tu vois surgir ces Dharmas.

A quoi nous renvoie le mot Dharma. Tout est Dharma, il n'est rien qui ne soit Dharma. Et qu'est-ce que le monde ? Le monde est précisément ce qui t'agite en ce moment. « Que fera un tel ? Et tel autre ? Quand je serai morte, qui s'occupera d'eux ? Comment s'en tireront-ils ? » C'est juste cela, le monde. Même la simple apparition d'une pensée de peur de la mort ou d'une douleur, cela est le monde. Jette ce monde ! Le monde est comme il est. Si tu lui permets de faire irruption dans l'esprit et de dominer la conscience, alors l'esprit s'obscurcit et ne peut s'observer lui-même. Donc, quel que soit l'objet qui apparaît à l'esprit, contente-toi de dire : « Ceci n'est pas mon affaire. C'est impermanent, insatisfaisant et impersonnel. »

Penser que tu aimerais vivre longtemps te fera souffrir. Mais penser que tu aimerais mourir tout de suite ou très vite, cela n'est pas bon non plus. C'est de la souffrance, n'est-ce pas ? Les conditions ne nous appartiennent pas ; elles suivent leurs propres lois naturelles. Il n'y a rien que tu puisses faire à propos de la façon d'être du corps. Tu peux l'embellir un peu, le faire paraître attirant, ou le nettoyer pour quelque temps, comme ces jeunes filles qui peignent leurs lèvres et laissent pousser leurs ongles, mais, quand vient la vieillesse, tout le monde est à la même enseigne. Voilà comment est le corps, tu ne peux pas le rendre autrement. Mais ce que tu peux améliorer et embellir, c'est l'esprit.

N'importe qui peut construire une maison de bois et de briques, mais le Bouddha nous a appris que cette sorte de maison n'est pas notre vraie demeure. Elle ne nous appartient que nominalement. C'est une maison dans le monde et elle suit les lois du monde. Notre vraie demeure est la paix intérieure. Une maison matérielle peut être belle, mais elle n'apporte pas la paix. Il y a ce souci et cet autre, cette peur et cette autre. C'est pourquoi nous disons que ce n'est pas notre vraie demeure, elle nous est extérieure et, tôt ou tard, il faudra y renoncer. Ce n'est pas un endroit où nous pouvons demeurer en permanence, parce que c'est un endroit qui ne nous appartient pas vraiment ; c'est une partie du monde. Il en va de même pour notre corps ; nous croyons qu'il est un Soi, un Moi, un Mien, mais en réalité il n'en est rien. Ce n'est qu'une demeure terrestre. Ton corps a suivi son parcours naturel, de la naissance jusqu'à aujourd'hui où il est vieux et malade. Tu ne peux pas le lui interdire : c'est ainsi. Vouloir qu'il en soit autrement, c'est aussi stupide que de vouloir que le canard soit un poulet. Quand tu réalises que c'est impossible, qu'un canard doit être un canard, un poulet un poulet, et que les corps doivent vieillir et mourir, alors tu trouves force et énergie. Quel que soit ton désir que le corps persévère et qu'il dure longtemps.

Le Bouddha a dit :

« Anicca vata sankhara
Uppadavayadhammino
Upajjhitva nirujjhanti
Tesam vupasamo sukho. »

Le mot sankhara (Samskâra) nous renvoie au corps et à l'esprit, les Samskâras sont impermanents et instables ; étant apparus, ils disparaissent, étant nés, ils meurent et pourtant chacun voudrait qu'ils soient permanents. C'est un enfantillage. Surveille ton souffle.

Étant venu, il repart, c'est sa nature, il doit en être ainsi. L'inspiration et l'expiration doivent alterner, il doit y avoir changement. Les Samskâras existent à travers le changement, tu ne peux pas l'empêcher ; pense seulement : pourrais-tu inspirer sans expirer ? Est-ce que ce serait agréable ? Ou pourrais-tu te contenter d'inspirer ? Nous voudrions que les choses soient permanentes, mais ce n'est pas possible. Quand le souffle est entré, il doit sortir, quand il est sorti, il doit revenir. C'est naturel, n'est-ce pas ? Étant nés, nous devenons vieux et malades, et puis nous mourons. Tout cela est parfaitement naturel et normal. C'est parce que les Samskâras ont fait leur travail, parce que les inspirations et les expirations se sont suivies ainsi, que la race humaine est toujours là.

Dès que nous sommes nés, nous sommes morts. Notre naissance et notre mort sont une seule chose. C'est comme un arbre : s'il y a une racine, il doit y avoir des branches ; s'il y a des branches, il doit y avoir des racines. On ne peut pas avoir l'un sans l'autre. Lorsque les gens meurent, il est un peu étrange de voir combien nous sommes si accablés de chagrin et si préoccupés, si soucieux et si tristes, tandis que pour une naissance nous sommes si heureux et si contents. C'est une illusion : personne n'a jamais examiné cela clairement. Si tu crois qu'il faut vraiment pleurer, alors il vaudrait mieux le faire quand quelqu'un naît car, en fait, la naissance est la mort, la mort est la naissance, la racine est la branche, la branche est la racine. Si tu dois pleurer, pleure pour la racine et pour la naissance. Fais bien attention : s'il n'y avait pas de naissance, il n'y aurait pas de mort. Peux-tu comprendre cela ?

N'aie pas de nombreuses pensées. Contente-toi de penser : « C'est ainsi. » C'est ton travail et ton devoir. En ce moment précis personne ne peut t'aider, ni ta famille ni tes biens. Seule peut t'aider la conscience correcte, aussi n'hésite pas. Laisse aller, abandonne tout cela.

Même si tu ne laisses pas aller, de toute façon tout commence à s'éloigner. Peux-tu voir cela, sens-tu combien les différentes parties de ton corps essaient de s'échapper ? Prends tes cheveux. Quand tu étais jeune, ils étaient épais et noirs, maintenant ils tombent. Ils s'en vont. Autrefois tes yeux étaient bons et forts, et maintenant ils sont faibles et ta vue est floue. Quand les organes en ont assez, ils s'en vont, ce n'était pas leur demeure. Quand tu étais une enfant, tes dents étaient saines et solides ; maintenant elles sont branlantes. Peut-être en as-tu de fausses ? Tes yeux, oreilles, nez, langue, tout essaie de s'en aller parce que ce n'est pas leur demeure. Tu ne peux pas établir une demeure permanente dans un Samskâra ; tu peux juste t'y arrêter un peu et repartir. C'est comme un tenancier qui surveille sa petite maison avec des yeux fatigués. Ses dents ne sont plus aussi bonnes, ni ses oreilles ni son corps. Tout s'en va.

Ainsi, il ne faut pas te faire de souci à propos de quoi que ce soit, parce que ce n'est pas ta vraie demeure, ce n'est qu'un abri temporaire. Étant venue en ce monde, tu devrais observer sa nature. Tout ce qu'il y a se prépare à disparaître. Regarde ton corps. En reste-t-il une seule chose qui ait gardé sa forme originelle ? Est-ce que ta peau est toujours comme elle était ? Et tes cheveux ? Ce ne sont plus les mêmes, n'est-ce pas ? Où tout cela est-il donc allé ? C'est la nature, la façon dont sont les choses. Quand leur temps est venu, elles vont à leur façon. Ce monde ne contient rien sur quoi se reposer — c'est un cycle sans fin d'agitation et d'ennui, de plaisir et de douleur. Il n'y a pas de paix.

Quand nous n'avons pas de vraie demeure, nous sommes comme des voyageurs qui errent sans but sur la route, allant de ce côté un moment, puis par là, s'arrêtant quelques instants, puis repartant. Jusqu'à ce que nous retournions en notre vraie demeure, nous sommes mal à l'aise quoi que nous fassions, comme quelqu'un qui a quitté son village pour un voyage. Ce n'est que lorsqu'il rentre chez lui qu'il peut vraiment se détendre et se sentir bien.

Nulle part dans le monde, on ne peut trouver de vraie paix. Les pauvres ne connaissent pas la paix, ni les riches. Les adultes ne connaissent pas la paix, ni les enfants. Les ignorants ne connaissent pas la paix, ni les savants. Nulle part il n'y a la paix. C'est la nature du monde.

Ceux qui possèdent peu de choses souffrent comme ceux qui ont beaucoup. Les enfants, les adultes, les vieux, chacun souffre. La souffrance d'être vieux, la souffrance d'être jeune, la souffrance d'être riche, la souffrance d'être pauvre — tout n'est que souffrance.

Quand tu as contemplé les choses de cette façon, tu vois Anitya, l'impermanence, et Duhkha, l'insatisfaction. Pourquoi les choses sont-elles éphémères et douloureuses ? C'est parce qu'elles sont Anâtman : il n'y a pas de soi.

Tout à la fois ton corps, qui est couché là, malade et douloureux, et ton esprit qui est conscient de cette douleur méritent d'être appelés Dharmas. Ce qui est sans forme, les pensées, sentiments et perceptions, est appelé Namadharma. Ce qui est porteur de douleur et de peine est appelé Rupadharma. Ce qui est matériel est Dharma, et ce qui est immatériel est Dharma. Ainsi, nous vivons avec des Dharmas, dans des Dharmas, nous sommes des Dharmas. En vérité, on ne peut trouver nulle part un soi, il n'y a que des Dharmas qui surgissent continuellement et qui disparaissent continuellement, conformément à leur nature. A chaque moment nous subissons la naissance. C'est ainsi.

8.

CONDUITE MORALE, CONCENTRATION ET SAGESSE

par S. N. Goenka

S. N. Goenka est un laïc indien, né en Birmanie, qui fut autorisé à enseigner le Vipassanâ, en sanskrit Vipashyanâ, connaissance intuitive, méditation, par U Ba Kin, en 1969. Il vit maintenant près de Bombay, en Inde, tout en enseignant à l'Ouest. Dans cet extrait, comme dans le chapitre 3, le Noble Sentier Octuple est divisé en Shîla, Samâdhi et Prajnâ, les trois éléments inséparables de l'entraînement du pratiquant sur lesquels insistait le Bouddha. S. N. Goenka les traduit par conduite morale (Shîla), concentration (Samâdhi) et sagesse (Prajnâ). Sa description du Noble Sentier Octuple est explicite et détaillée, elle mène à un examen général des deux formes fondamentales de la méditation bouddhiste, Shamatha *et Vipashyanâ, respectivement quiétude durable de l'esprit et clairvoyance.*

La première repose sur la pleine conscience du souffle que nous avons rencontrée au chapitre précédent. La seconde commence par l'attention portée aux sensations corporelles et conduit naturellement à la compréhension directe et concrète des trois signes distinctifs de l'existence, l'aspect éphémère, l'aspect douloureux, l'aspect impersonnel. Ces signes ont été étudiés en termes plus théoriques dans les chapitres précédents. Le style de S. N. Goenka et sa haute qualité morale nous mènent sûrement à une compréhension claire et véridique du Noble Sentier Octuple.

La pratique de la conduite morale

Notre but est de supprimer la souffrance en supprimant ses causes : l'ignorance, l'attachement et l'aversion. Pour atteindre ce but, le Bouddha découvrit, suivit et enseigna une méthode qui conduit à la réussite. Il la nomma le Noble Sentier Octuple. Un jour qu'on lui demandait de l'expliquer simplement, le Bouddha dit :

> « S'abstenir des actions préjudiciables,
> Accomplir celles qui sont bénéfiques,
> Purifier son esprit,
> Tel est l'enseignement des Éveillés. »

C'est un exposé très clair, acceptable par tous. Chacun convient sans peine qu'il devrait éviter les actions dommageables et accomplir celles qui sont positives. Mais comment définit-on ce qui est positif ou dommageable, bénéfique ou préjudiciable ? Lorsque nous le faisons, nous nous appuyons sur nos conceptions, sur nos croyances traditionnelles, sur nos préférences et nos préjugés, et, par conséquent, nous donnons des définitions étroites et sectaires que certains peuvent accepter et d'autres non. A la place de ces interprétations étroites, le Bouddha a offert une définition universelle du sain et du malsain, de la piété et du péché. Toute action qui blesse les autres, qui trouble leur paix et leur harmonie, est une action mauvaise et préjudiciable. Toute action qui aide les autres, qui contribue à leur paix et à leur harmonie est une action pieuse et salubre. En outre, l'esprit se purifie vraiment, non pas en pratiquant des cérémonies religieuses ou des exercices intellectuels, mais en expérimentant directement la réalité de soi-même et en œuvrant systématiquement pour supprimer le conditionnement qui est source de souffrance.

Le Noble Sentier Octuple peut être divisé en trois étapes qui sont *Shîla* — la conduite éthique, l'abstention de toutes actions préjudiciables par le corps et par la parole —, *Samâdhi* — qui est la pratique de la concentration, le développement de la capacité de diriger et de contrôler consciemment son propre processus mental — et *Prajnâ* — qui est la sagesse, le développement de l'intuition purificatrice de sa propre nature.

La valeur de la conduite éthique

Quiconque veut pratiquer le Dharma doit commencer par pratiquer Shîla. C'est le premier pas sans lequel il est impossible d'avancer. Nous devons nous abstenir de toutes les actions, tous les mots et tous les actes qui blessent les autres. Cela peut se comprendre : toute société requiert un tel comportement de ses membres pour éviter l'anarchie. Mais, en fait, nous nous abstenons des actions de ce type non seulement parce qu'elles blessent les autres, mais encore parce qu'elles nous atteignent nous-mêmes. On ne peut commettre une action préjudiciable — insulter, tuer, voler, violer — sans engendrer une grande agitation de l'esprit, un grand appétit, une grande répulsion. Ce moment d'appétit et de répulsion produit du malheur sur l'instant et davantage encore dans l'avenir.

Il existe une autre raison d'entreprendre la pratique de Shîla. Nous souhaitons nous soumettre à notre propre examen, afin d'obtenir l'intuition de notre réalité profonde. Cela suppose un esprit parfaitement calme et serein. On ne peut voir dans les profondeurs d'un puits quand l'eau est trouble. L'introspection réclame une pensée tranquille, libre de toute agitation. Chaque fois que nous commettons une action préjudiciable, notre esprit est en proie au trouble. Mais, si nous nous abstenons de toute action préjudiciable, physique ou verbale, alors seulement l'esprit a la chance d'être assez apaisé pour pouvoir pratiquer l'introspection.

Il existe encore une autre raison pour laquelle Shîla est essentiel : le pratiquant du Dharma s'efforce d'atteindre le but final, la libération de toute souffrance. Tant qu'il s'y emploie, il ne saurait être impliqué dans des actions qui renforceraient précisément les habitudes mentales qu'il cherche à éradiquer. Toute action qui fait du mal aux autres est nécessairement causée et accompagnée par l'attachement, l'aversion et l'ignorance. Commettre de telles actions, c'est faire deux pas en arrière pour chaque pas en avant sur le sentier, gâcher tout progrès qui mène au but.

Shîla est donc nécessaire non seulement au bien de la société, mais aussi au bien de ses membres, et cela non seulement pour le bien terrestre de l'individu, mais aussi pour tout progrès sur le sentier du Dharma. Trois parties du Noble Sentier Octuple entrent dans la pratique de Shîla : parole juste, action juste, et vie juste.

Parole juste

La parole doit être pure et bénéfique. Or, on atteint la pureté en supprimant l'impureté, et il faut donc comprendre en quoi consistent les paroles impures. De tels actes incluent le mensonge, ce qui signifie dire plus ou moins que la vérité ; propager des rumeurs qui brouillent nos amis ; les commérages et les calomnies ; user de paroles dures qui blessent les autres sans avoir d'effets bénéfiques, les papotages oiseux, les bavardages insignifiants qui ne font que gâcher son temps et celui des autres en font également partie. S'abstenir de toutes ces paroles impures ne laisse plus rien subsister que la parole juste.

Cela n'est pas seulement un concept négatif. Le Bouddha a ainsi décrit celui qui pratique la parole juste :

« Il dit la vérité, il est inébranlable en véracité, digne de confiance, fiable, franc avec les autres. Il apaise les querelles et encourage la bonne entente. Il se délecte de l'harmonie, recherche l'harmonie, se réjouit de l'harmonie, et crée l'harmonie par ses paroles. Son discours est courtois, agréable à entendre, plaisant, il réchauffe les cœurs, est noble, agréable, et apporte le réconfort à beaucoup. Il parle au moment juste, conformément au fait, suivant ce qui est bon, suivant le Dharma et le code de conduite. Ces paroles sont dignes d'êtres retenues, elles viennent au bon moment, suivent un bon raisonnement, elles sont bien choisies et propices. »

Action juste

L'action doit également être pure. Comme pour la parole, nous devons comprendre en quoi consiste l'action impure pour l'éviter. De tels actes comportent : le meurtre, le vol, l'inconduite sexuelle, par exemple le viol ou l'adultère, et l'intoxication, c'est-à-dire le fait de perdre ses sens au point de ne plus savoir ce que l'on fait ou ce que l'on dit. Éviter ces quatre actions impures ne laisse subsister que l'action juste, l'action bénéfique.

De nouveau, nous voilà en présence d'un concept qui n'est pas uniquement négatif. Décrivant celui qui pratique l'action physique juste, le Bouddha dit :

« N'utilisant ni le bâton ni l'épée, il prend soin de ne blesser personne, est plein de bonté et cherche le bien de toutes les créatures vivantes. Il ne vit pas à la dérobée mais comme un être pur. »

Les préceptes

Pour les gens engagés dans la vie terrestre, la voie pour mettre en œuvre la rectitude de parole et la rectitude d'action consiste à suivre les cinq préceptes qui sont :

1) s'abstenir de tuer toute créature vivante ;
2) s'abstenir de voler ;
3) s'abstenir d'inconduite sexuelle ;
4) s'abstenir de paroles fausses ;
5) s'abstenir d'user de drogues.

Ces cinq préceptes sont le minimum essentiel nécessaire à la règle morale. Celui qui veut pratiquer le Dharma doit les suivre.

Vie juste

Chacun doit assurer ses ressources de façon juste. Il existe deux critères du mode de vie juste. En premier lieu, il ne faut pas que l'on soit obligé d'enfreindre les cinq préceptes dans son travail, puisque à l'évidence cela serait préjudiciable aux autres. Ensuite, il ne faut rien faire qui encourage les autres à enfreindre les cinq préceptes, puisque cela produirait également du mal. Nos moyens d'existence ne doivent ni directement ni indirectement impliquer quelque mal pour un autre. Ainsi, tout moyen d'existence qui suppose que l'on tue, un homme ou un animal, n'est à l'évidence pas un mode de vie convenable. Mais, même si le meurtre est accompli par d'autres ou si le travail suppose l'usage de morceaux d'animaux abattus, leur peau, leur chair, leurs os, etc., ce n'est pas un moyen d'existence acceptable car il repose sur les mauvaises actions des autres. Vendre de l'alcool ou d'autres drogues peut être très profitable mais, même si l'on s'abstient d'en consommer, le fait de les vendre encourage les autres à faire usage de produits toxiques et donc à se faire du mal à eux-mêmes. Tenir une maison de jeu peut rapporter gros, mais tous ceux qui viennent y parier se font du mal à eux-mêmes. Vendre des poisons ou des armes, des munitions, des fusils, des missiles peut être une bonne affaire, mais cela menace la paix et l'harmonie des foules. Rien de tout cela ne constitue un moyen d'existence juste.

Il en va de même dans le cas d'un travail qui, même s'il ne blesse pas effectivement les autres, est accompli dans l'intention de faire souffrir les autres. Tel est le cas du médecin qui espère qu'il y aura une épidémie ou du négociant qui attend une famine.

Chaque être humain est membre d'une société, nous accomplissons nos obligations envers cette société par le travail que nous faisons et en étant utiles à nos semblables de diverses manières. En retour, nous en recevons les moyens de subsister. Même un moine, un reclus, a son propre travail par lequel il gagne les aumônes qu'il reçoit. Ce travail est de purifier son esprit pour le bien de tous. S'il commence à exploiter les autres en les trompant, en faisant des tours de magie, ou en se vantant faussement de réalisation spirituelle, alors ce moine n'a pas des moyens d'existence juste.

Quel que soit le salaire que nous recevons pour notre travail, nous devons l'utiliser pour assurer notre subsistance et celle des personnes qui dépendent de nous. S'il y a un surplus, au moins une partie de celui-ci doit être rendue à la société et affectée au bien des autres. Si notre intention est de jouer un rôle social utile afin d'assurer notre subsistance et d'aider les autres, alors notre travail constitue un moyen d'existence juste.

La pratique de la concentration

En pratiquant Shîla, nous nous efforçons de contrôler nos paroles et nos actes physiques. Cependant, la cause de la souffrance se trouve dans nos actions mentales. Se contenter de discipliner nos paroles et nos actes ne sert à rien si l'esprit continue à susciter de l'attachement et de l'aversion, par des actions mentales préjudiciables. Ainsi, dressés contre nous-mêmes, nous ne pouvons jamais atteindre le bonheur. Tôt ou tard, l'attachement et l'aversion éclateront, briseront Shîla et blesseront les autres et nous-mêmes.

Intellectuellement, nous pouvons comprendre qu'il est mauvais de commettre des actions préjudiciables. Après tout, depuis des milliers d'années, toutes les religions prêchent l'importance de la moralité. Mais, quand vient la tentation, elle s'empare de l'esprit et nous enfreignons Shîla. Un alcoolique peut parfaitement savoir qu'il ne devrait pas boire parce que l'alcool lui fait du mal, et pourtant, quand se manifeste la dépendance, il se met en quête d'alcool et s'enivre. Il est incapable de s'arrêter et n'a pas de contrôle sur son esprit. Mais, pour celui qui apprend à s'abstenir d'actions mentales préjudiciables, il devient facile de s'abstenir d'actes et de paroles préjudiciables.

Puisque le problème trouve sa source dans l'esprit, nous devons y faire face sur le plan mental. Pour ce faire, nous devons entreprendre la pratique de Bhâvanâ, littéralement épanouissement spirituel ou pour employer les mots de tous les jours : la méditation. Bhâvanâ comprend le double entraînement à la concentration (Samâdhi) et à la conscience. La pratique de la concentration est également appelée Shamatha-bhâvanâ, l'épanouissement de la quiétude durable de l'esprit et celle de la conscience qui est dénommée

Vipashyanâ-bhâvanâ, « épanouissement de la connaissance intuitive ». La pratique de Bhâvanâ commence par la concentration qui constitue la seconde division du Noble Sentier Octuple. C'est l'action bénéfique d'apprendre à contrôler ses processus mentaux, à devenir maître de son propre esprit. Trois étapes du Noble Sentier Octuple sont impliquées dans cet entraînement : l'effort juste, l'attention juste, et la concentration juste.

L'effort juste

L'effort juste est la première étape de la pratique de Bhâvanâ. L'esprit se laisse facilement vaincre par l'ignorance et facilement envahir par la dépendance et l'aversion. D'une façon ou d'une autre, il nous faut le renforcer pour qu'il devienne ferme et stable, qu'il se transforme en instrument utile, capable de révéler notre nature au niveau le plus subtil. La finalité de tout cela est de mettre en lumière et de supprimer notre conditionnement.

Un médecin qui veut diagnostiquer la maladie d'un patient fait un prélèvement sanguin et le place sous un microscope. Avant d'examiner l'échantillon, il doit d'abord faire le point du microscope et le fixer. Alors seulement, il est possible d'examiner l'échantillon, de découvrir la cause de la maladie, de déterminer le traitement approprié et enfin de soigner. De la même façon, il nous faut apprendre à régler l'esprit, à le fixer, et à le maintenir sur un seul objet d'attention. De cette façon, nous en faisons un outil capable d'examiner notre plus subtile réalité.

Le Bouddha prescrivait diverses techniques de concentration, chacune adaptée à l'individu particulier qui venait le voir pour la pratiquer. La technique la plus appropriée à l'exploration de la réalité intérieure, celle que pratiquait le Bouddha lui-même, se nomme *Anâpânasati* (prise de conscience de la respiration).

La respiration est un objet d'attention à la disposition de tout un chacun puisque nous respirons tous du moment de notre naissance à celui de notre mort. C'est un objet de méditation universellement accessible et universellement acceptable. Pour commencer la pratique de Bhâvanâ, le méditant s'assied, adopte une position droite et confortable, et ferme les yeux. Il doit être dans une pièce calme où peu de choses peuvent distraire l'attention. Se détournant du monde extérieur pour se tourner vers le monde intérieur, le méditant découvre que son activité la plus remarquable est sa propre respiration. Il porte alors son attention sur cet objet : la respiration entrant et sortant des narines.

Ce n'est pas un exercice de respiration, c'est un exercice de conscience. Le but de l'effort n'est pas de contrôler le souffle, mais au contraire d'en être conscient tel qu'il se produit, naturellement long ou court, lourd ou léger, épais ou subtil. Aussi longtemps que possible, il faut fixer son attention sur le souffle sans permettre à la moindre distraction de briser la chaîne de la conscience.

En méditant, nous découvrons combien cela est difficile. Dès que nous tentons de garder l'esprit focalisé sur la respiration, nous commençons à nous soucier d'une gêne dans la jambe. Dès que nous tentons de supprimer toutes les pensées qui nous distraient, mille choses nous envahissent l'esprit : des souvenirs, des projets, des espoirs, des craintes. L'un d'eux s'empare de notre attention, et, au bout de quelque temps, nous réalisons que nous avons complètement oublié la respiration. Nous recommençons avec une détermination renouvelée et, de nouveau, très vite, nous nous apercevons que l'esprit s'est échappé sans que nous l'ayons remarqué.

Qui exerce alors le contrôle ? Dès que l'on commence l'exercice, il devient très vite clair qu'en fait l'esprit échappe à tout contrôle. Comme un enfant gâté qui attrape un jouet, s'en fatigue, en attrape un autre, puis encore un autre et ainsi de suite, l'esprit ne cesse de sauter d'une pensée à l'autre, d'un objet d'attention à l'autre, fuyant la réalité.

Telle est l'habitude enracinée de l'esprit ; c'est ce que nous avons fait toute notre vie. Mais une fois que nous cherchons à explorer notre vraie nature, nous devons mettre un terme à cette fuite. Nous commençons par essayer de fixer notre attention sur le souffle. Quand nous nous apercevons qu'il nous a échappé, calmement et patiemment nous le ramenons. Nous échouons, nous essayons et nous réessayons. En souriant, sans tension et sans découragement, nous continuons à répéter l'exercice. Après tout, une habitude d'une vie entière ne peut changer en quelques minutes. Cette tâche requiert une pratique continue aussi bien que calme et patience. Voilà comment développer la conscience de la réalité, cela est l'effort juste.

Le Bouddha décrit les quatre types d'effort juste :

- pour empêcher des états mauvais et préjudiciables de se produire ;
- pour les abandonner, s'ils se produisent ;
- pour engendrer des états bénéfiques qui n'existent pas encore ;
- pour les maintenir sans faille, les poussant à se développer et à atteindre leur pleine croissance et leur perfection.

Par l'entraînement de la conscience de la respiration, nous pratiquons aussi les quatre efforts justes. Nous nous asseyons et fixons notre attention sur le souffle sans pensée parasite. En faisant ainsi, nous initions et maintenons l'état bénéfique de conscience de soi. Nous nous empêchons de tomber dans la distraction ou dans l'absence de conscience et de perdre la vision de la réalité. Si une pensée survient, nous ne la poursuivons pas mais ramenons notre attention une fois de plus au souffle. De cette façon, nous développons la capacité qu'a notre esprit de rester centré sur un seul objet et de résister aux distractions, deux qualités essentielles de la concentration.

L'attention juste

Observer sa respiration est également un moyen de pratiquer l'attention juste. Notre souffrance naît de l'ignorance. Nous réagissons parce que nous ne savons pas ce que nous sommes en train de faire, parce que nous ne connaissons pas la réalité de nous-mêmes. L'esprit passe la plupart de son temps à se perdre en fantaisies et en illusions, revivant les expériences agréables ou désagréables et anticipant le futur avec avidité ou crainte. Pendant que nous sommes emprisonnés dans de tels attachements ou aversions, nous ne sommes pas conscients de ce qui se passe maintenant et de ce que nous faisons maintenant. Pourtant, il est évident que ce moment, maintenant, est le plus important pour nous. Nous ne pouvons pas vivre dans le passé : il est parti. Nous ne pouvons pas encore vivre dans le futur : il est toujours hors de notre portée. Nous ne pouvons vivre que dans le présent.

Si nous ne sommes pas conscients de nos actions présentes, nous sommes condamnés à répéter les erreurs du passé, et ne pouvons jamais réussir à accomplir nos rêves pour le futur. Mais, si nous pouvons développer notre capacité d'être conscients du moment présent, nous pouvons utiliser le passé comme guide pour organiser nos actions futures afin d'atteindre nos buts.

Le Dharma est la voie de l'ici et maintenant. Il nous faut donc développer notre capacité d'êtres conscients du moment présent, nous avons besoin d'une méthode pour fixer notre attention sur notre propre réalité en ce moment. Telle est la technique Anâpânasati. Sa pratique développe la conscience de soi dans l'ici et maintenant : un temps d'inspiration, un temps d'expiration. Par la conscience de la respiration, nous acquérons la conscience du moment présent.

Une autre raison de développer la conscience de la respiration est notre désir d'expérimenter la réalité ultime. Nous fixer sur la respiration peut nous aider à explorer tout ce qui est inconnu en nous et à porter à la conscience ce qui est inconscient. Cette méthode joue le rôle d'un pont entre l'esprit conscient et inconscient, parce que la respiration fonctionne à la fois consciemment et inconsciemment. Nous pouvons décider de respirer d'une façon particulière pour contrôler le souffle. Nous pouvons même cesser de respirer pendant un temps. Et pourtant, quand nous renonçons à essayer de la contrôler, la respiration continue et ne subit aucune interruption.

Ainsi, nous pouvons commencer par respirer intentionnellement un peu fort afin de fixer plus aisément notre attention. Dès que la conscience de la respiration devient claire et ferme, nous permettons au souffle de continuer naturellement, que la respiration soit forte ou faible, profonde ou superficielle, longue ou brève, rapide ou lente. Nous ne faisons aucun effort pour la régler ; notre seul travail consiste à en être conscients. En maintenant cette conscience de la respiration naturelle, nous avons commencé à observer le fonctionnement autonome du corps, une activité qui est généralement inconsciente. De l'observation de la grossière réalité qu'est la respiration consciente, nous avons atteint l'observation d'une réalité plus subtile : la respiration naturelle. Nous avons commencé à aller au-delà de la réalité superficielle vers la conscience d'une réalité plus subtile.

Il est une autre raison de développer la conscience de la respiration : il faut se libérer de la dépendance de l'aversion et de l'ignorance, et pour cela en devenir d'abord conscients. Le souffle peut aider à cette fin car la respiration agit comme un reflet de l'état mental d'une personne. Quand l'esprit est apaisé et calme, le souffle est apaisé et calme. Mais, chaque fois que des éléments négatifs surgissent, colère, haine, crainte ou passion, alors la respiration devient plus forte, plus lourde et plus rapide. Ainsi, notre respiration nous alerte sur nos états mentaux et nous aide à y faire face.

Ajoutons encore cette raison de pratiquer la conscience de la respiration : puisque notre but est de parvenir à un esprit dénué d'éléments négatifs, il faut prendre grand soin que chaque pas que nous faisons dans ce sens soit pur et bénéfique. Même au tout premier stade du développement de Samâdhi, il nous faut choisir un objet d'attention qui soit bénéfique. Tel est le cas du souffle. Nous ne pouvons éprouver d'attachement ou de répulsion envers le souffle et il constitue une réalité totalement séparée de l'illusion ou de la tromperie. C'est donc un objet adéquat pour l'attention.

Au moment où l'esprit est tout entier fixé sur la respiration, il est libéré de la dépendance, de l'aversion et de l'ignorance. Si bref que soit ce moment de pureté, il est très puissant, dans la mesure où il remet en cause tout notre conditionnement passé. Toutes les réactions accumulées se déclenchent et commencent à se manifester à l'occasion de diverses difficultés, tant physiques que mentales, qui freinent nos efforts pour développer la conscience. Il se peut que nous éprouvions l'impatience de faire des progrès, ce qui est une forme de dépendance ; il se peut que la lenteur de nos progrès provoque colère ou dépression, qui sont des formes d'aversion. Parfois aussi, la léthargie nous gagne et nous commençons à sommeiller dès que nous nous asseyons pour méditer. Parfois, nous sommes si agités que nous trouvons des prétextes ou des excuses pour ne pas pratiquer la méditation. Parfois, notre scepticisme mine notre volonté de travailler — des doutes obsessionnels et irraisonnés à propos du maître, de l'enseignement ou de notre propre capacité de méditer. Lorsque nous nous trouvons soudain confrontés à ces difficultés, il nous arrive de songer à abandonner brutalement la pratique.

Dans de tels moments, il faut comprendre que ces obstacles sont seulement la rançon des succès que nous avons remportés dans la pratique de l'attention à la respiration. Si nous persévérons, ils disparaîtront graduellement. Alors le travail deviendra bien plus facile, car même à ce stade primitif de la pratique certaines couches de conditionnement se seront évanouies de la surface de l'esprit. Ainsi, ne serait-ce qu'en pratiquant la conscience de la respiration, nous commençons à purifier l'esprit et à progresser vers la libération.

La concentration juste

Fixer son attention sur sa respiration développe la conscience du moment présent. Maintenir cette attention de moment en moment, aussi longtemps que possible, cela constitue la concentration juste.

Dans les actes quotidiens de la vie ordinaire, nous avons également besoin de concentration, mais pas nécessairement de la bonne concentration. Quelqu'un peut se concentrer sur la satisfaction d'un désir sensuel ou sur la façon d'échapper à une crainte. Un chat est capable d'attendre avec toute son attention concentrée sur un trou de souris, prêt à bondir dès que la souris apparaîtra. Un pickpocket est capable d'être attentif au portefeuille de sa victime, en attendant le moment de le lui dérober. Un enfant au lit peut être capable de regarder intensément et avec crainte le coin le plus sombre de la pièce, en imaginant des monstres tapis dans l'ombre.

Aucune de ces manifestations n'est la concentration juste, la concentration qui contribue à la libération. Le Samâdhi doit se concentrer sur un objet qui soit libre de toute dépendance, aversion ou illusion.

Lorsque nous pratiquons la conscience de la respiration, nous éprouvons combien il est difficile de conserver une conscience sans faille. Malgré notre ferme résolution de garder notre attention fixée sur son objet, sur la respiration, d'un façon ou d'une autre celle-ci nous échappe sans que nous nous en apercevions. Nous nous sentons comme un ivrogne qui essaie de marcher droit et qui ne cesse de tituber. De fait, nous sommes saouls, ivres de notre ignorance et de nos illusions, et, ainsi, nous ne cessons d'errer dans le passé ou le futur, l'attachement ou la répulsion. Nous sommes incapables de marcher droit sur la route de l'attention soutenue.

En tant que méditants, nous serions bien avisés de ne pas nous laisser abattre ou décourager quand nous sommes confrontés à ces difficultés ; et, au contraire, nous devrions comprendre qu'il faut du temps pour changer les habitudes mentales enracinées depuis des années. Cela peut se faire par un labeur répété, continu, patient et acharné. Notre travail consiste simplement à ramener l'attention à la respiration dès que nous sentons cette attention en train d'errer. Si nous en sommes capables, nous avons fait un grand pas vers le changement des habitudes erratiques de l'esprit. Et, par la pratique répétée, nous devenons capables de ramener l'attention de plus en plus vite. Progressivement, les périodes d'oubli deviennent de plus en plus brèves et les périodes d'attention soutenue — Samâdhi — de plus en plus longues.

Au fur et à mesure que la concentration se renforce, nous commençons à nous sentir détendus, heureux, pleins d'énergie. Peu à peu, la respiration change, s'adoucit, devient régulière, légère et profonde. Parfois nous avons l'impression que la respiration s'est entièrement arrêtée. De fait, plus l'esprit devient calme, plus le corps se calme également et plus le métabolisme se ralentit, si bien que l'on a besoin de moins d'oxygène.

A ce stade, certains des pratiquants de l'attention à la respiration peuvent rencontrer diverses expériences inhabituelles : voir des lumières ou avoir des visions pendant qu'ils sont assis les yeux fermés ou entendre des sons extraordinaires par exemple. Tout ce qu'il est convenu d'appeler expériences extrasensorielles est simplement un indice que l'esprit a atteint un degré supérieur de concentration. De par eux-mêmes, ces phénomènes n'ont pas d'importance et ne méritent aucune attention. L'objet de la conscience reste la respiration ; tout le reste est distraction. On ne doit pas s'attendre à de telles expériences ; elles se produisent dans certains cas et non dans d'autres. Toutes ces expériences extraordinaires sont simplement des événements qui marquent les progrès accomplis sur le sentier. Quelquefois ces bornes peuvent être cachées à la vue ou tellement se confondre avec le sentier que nous les dépassons sans les remarquer. Mais, si nous prenons ces bornes pour le but final et si nous nous y fixons, nous cessons de faire des progrès. Après tout, il y a un nombre infini d'expériences sensorielles extraordinaires que nous pouvons éprouver. Les pratiquants du Dharma ne recherchent pas de telles expériences, mais plutôt une intuition de leur propre nature, afin de parvenir à la libération de la souffrance.

Par conséquent, ne nous concentrons que sur la

respiration. Plus l'esprit se concentre, plus le souffle devient subtil et difficile à suivre, réclamant donc des efforts toujours plus grands pour rester attentif. De cette façon nous continuons à aiguiser l'esprit pour affûter la concentration, à en faire un outil, pour déchirer l'apparence de la réalité, afin de voir la réalité plus subtile qui se cache derrière.

Il existe de multiples techniques pour développer la concentration. L'étudiant peut apprendre à se concentrer sur un mot en le répétant, ou sur une image visuelle, ou même à effectuer sans cesse une certaine action physique. En faisant ainsi, on s'absorbe dans l'objet de l'attention et on atteint un état bienheureux de transe. Bien qu'un tel état soit indéniablement très agréable aussi longtemps qu'il dure, lorsqu'il cesse le sujet se retrouve dans la vie ordinaire, confronté aux mêmes difficultés qu'auparavant. Ces techniques agissent en formant une nappe de paix et de joie à la surface de notre esprit, mais dans les profondeurs le conditionnement reste intact. Les objets utilisés pour focaliser la concentration par de telles techniques n'ont aucun rapport avec notre propre réalité telle qu'elle se manifeste d'instant en instant. La béatitude que l'on atteint est surimposée, intentionnellement créée, au lieu de monter spontanément des profondeurs de l'esprit purifié. Le Samâdhi juste ne peut être une intoxication spirituelle. Il doit être libre de toute forme d'artifice et d'illusion.

Même à l'intérieur de l'enseignement du Bouddha, on rencontre divers degrés de transe — *Dhyâna* — qu'il faut atteindre. Le Bouddha lui-même a appris huit degrés d'absorption mentale avant son Éveil, et il a continué à les pratiquer tout au long de sa vie. Pourtant, à eux seuls, les états de transe n'auraient pas suffi à le libérer. Lorsqu'il enseignait les états d'absorption, il soulignait qu'il ne s'agissait que de marchepieds pour s'élever dans le développement de l'intuition. Les méditants développent la faculté de concentration non pas pour éprouver la béatitude ou l'extase, mais plutôt pour faire de leur esprit un instrument capable de comprendre leur propre réalité et de détruire le conditionnement qui cause leur souffrance. Telle est la concentration juste.

La pratique de la sagesse

Ni Shîla ni Samâdhi ne sont particuliers à l'enseignement du Bouddha. Tous deux étaient bien connus et pratiqués avant son Éveil. De fait, alors qu'il cherchait le chemin de la libération, le futur Bouddha s'est entraîné au Samâdhi avec deux maîtres auprès desquels il étudiait. En prescrivant de telles pratiques, le Bouddha ne différait guère des maîtres des religions conventionnelles. Toutes les religions insistent sur la nécessité de la conduite éthique et toutes offrent la possibilité d'atteindre des états de béatitude, que ce soit par la prière, par les rituels, par le jeûne ou par d'autres austérités pratiques et ascétiques ou encore par diverses formes de méditation. Le but de telles pratiques est simplement un état d'absorption mentale profonde. Telle est l'« extase » éprouvée par des mystiques religieux.

Même pour celui qui ne la développe pas jusqu'à atteindre des états de transe, une telle concentration est fort utile. Elle calme l'esprit en détournant notre attention des situations auxquelles nous réagirions autrement par la dépendance et l'aversion. Compter lentement jusqu'à dix pour empêcher un accès de colère est une forme rudimentaire de Samâdhi. D'autres formes peut-être plus évidentes sont la répétition d'un mot ou mantra, ou encore la concentration sur un objet visuel.

Toutes ces techniques fonctionnent : lorsque l'attention se reporte sur un objet différent, l'esprit semble devenir calme et pacifié.

Le calme atteint de cette façon n'est pourtant pas la vraie libération. Certes, la pratique de la concentration apporte de grands profits, mais elle ne fonctionne qu'au niveau conscient de l'esprit. Environ vingt-cinq siècles avant l'invention de la psychologie moderne, le Bouddha découvrit l'existence de l'esprit inconscient qu'il nomma *Amushaya*. Détourner l'attention est, réalisa-t-il, une façon de faire face effectivement à la dépendance et à l'aversion au niveau conscient, mais cela ne les élimine pas réellement. Au contraire, cela les enfonce profondément dans les abysses de l'inconscient où elles restent aussi dangereuses que jamais, tout en étant assoupies. A la surface de l'esprit, il peut y avoir une apparence de paix, mais dans les profondeurs subsiste un volcan endormi de négativité supprimée et repoussée ; tôt ou tard, il entrera violemment en irruption. Le Bouddha disait :

« Si les racines restent intactes et fermes dans le sol, l'arbre abattu donnera de nouvelles pousses.

« Si l'habitude souterraine de dépendance et d'aversion n'est pas déracinée, la souffrance revient et revient sans cesse. »

Tant que le conditionnement subsiste dans l'inconscient, il fera surgir de nouvelles pousses à la première occasion, provoquant de la souffrance. C'est pour cela que, même après avoir atteint le plus haut degré que l'on puisse connaître par la pratique de la concentration, le futur Bouddha ne fut pas satisfait tant qu'il n'eut pas atteint la libération. Il décida de continuer sa recherche de l'évasion de la souffrance et de la voie du bonheur.

Il vit deux choix possibles. Le premier est la voie de la satisfaction des appétits, celle où l'on se donne toute liberté de rechercher l'accomplissement de ses désirs.

C'est le chemin terrestre que suivent la plupart des gens, qu'ils le réalisent ou non. Mais le Bouddha vit clairement que cela ne peut conduire au bonheur. Personne au monde ne voit tous ses désirs toujours satisfaits, il n'y a pas de vie où se produise tout ce que l'on désire et rien de ce que l'on ne désire pas. Les gens qui suivent ce chemin souffrent inévitablement quand ils échouent à satisfaire leurs désirs : ils souffrent de déception et d'insatisfaction. Mais, s'ils réalisent leurs désirs, ils ne souffrent pas moins : ils souffrent de la peur que l'objet du désir ne s'évanouisse et que le moment d'accomplissement ne se révèle éphémère, ce qui est le cas. Par la recherche, par l'accomplissement ou par la privation de ce qu'ils désirent, de tels gens restent toujours agités. Le futur Bouddha a expérimenté lui-même ce chemin avant d'abandonner la vie du monde pour se faire ascète, et il savait donc que cela ne peut être le chemin de la paix.

La voie alternative est celle de l'autolimitation, celle qui consiste à s'abstenir délibérément de satisfaire ses propres désirs. Dans l'Inde d'il y a deux mille cinq cents ans, cette voie du mépris de soi était suivie jusqu'aux extrémités où l'on fuit toute expérience agréable et où l'on s'en inflige de douloureuses.

La justification d'une telle autopunition était qu'elle guérirait l'habitude de la dépendance et de l'aversion et qu'elle purifiait donc l'esprit. La pratique d'un tel ascétisme est un phénomène universel de la vie religieuse. Le Bouddha en a également fait l'expérience durant les années qui suivirent son entrée dans la vie d'errance. Il s'essaya à diverses pratiques ascétiques, tant et si bien que son corps finit par ne plus avoir que la peau sur les os ; pourtant, il savait qu'il n'était toujours pas libéré. Punir le corps ne purifie pas l'esprit.

L'effacement de soi ne doit pas être porté à de tels extrêmes. On peut le pratiquer de façon plus modérée en s'abstenant de satisfaire les désirs qui impliqueraient des actions néfastes. Un tel contrôle de soi est de loin préférable à la satisfaction de ses appétits. Par cette habitude, on évite au moins les actions immorales. Si l'effacement de soi s'accomplit seulement par l'auto-flagellation, cela accroîtra les tensions mentales à un degré dangereux. Tous les désirs supprimés s'accumuleront comme des torrents d'eau qui se massent derrière la digue du refus de soi. Un jour, la digue peut se briser et laisser passer un flot destructeur. Tant que le conditionnement subsiste dans l'esprit, nous ne pouvons connaître ni sécurité ni paix. Si bénéfique que soit Shîla, il ne peut être maintenu par la seule force de la volonté. Développer Samâdhi peut aider, mais ce n'est qu'une solution partielle qui n'agira pas jusqu'aux profondeurs de l'esprit où sont les racines du problème. Les racines des impuretés. Tant que ces racines restent enfouies dans l'inconscient, il ne peut y avoir de bonheur réel et durable ni de libération.

Mais, si l'on peut arracher de l'esprit les racines du conditionnement lui-même, alors disparaîtra aussi le danger d'éprouver de la faiblesse envers les actions néfastes, comme la nécessité de se réprimer parce que l'impulsion même pour accomplir des actions mauvaises aura disparu. Également libérés de la tension de rechercher ou de fuir, nous pourrons vivre en paix.

Pour arracher ces racines, il faut une méthode capable de pénétrer dans les profondeurs de l'esprit afin d'y attaquer les impuretés là où elles commencent. Telle est la méthode que découvrit le Bouddha : l'apprentissage de la sagesse ou Prajnâ qui le mena à l'Éveil. On l'appelle aussi Vipashyanâ-bhâvanâ, le développement de l'intuition de sa propre nature, intuition grâce à laquelle nous pouvons reconnaître et éliminer les causes de souffrance. Telle fut la découverte du Bouddha, celle qu'il utilisa pour sa propre libération et celle qu'il enseigna aux autres toute sa vie. C'est l'élément de son enseignement auquel il donna la plus haute importance. Il répétait : « Si la concentration est soutenue par la moralité, elle est féconde, riche de fruits et de bienfaits. Si la sagesse est soutenue par la concentration, elle est féconde, riche de fruits et de bienfaits. Mais, si l'esprit est soutenu par la sagesse, il se libère de tous les enchaînements. »

De par elles-mêmes, la moralité et la concentration, Shîla et Samâdhi, ont grande valeur. Mais leur vrai but est de conduire à la sagesse. Seul le développement de Prajnâ nous offre une vraie voie du milieu entre les extrêmes que sont la satisfaction des appétits et leur répression. En pratiquant la moralité, nous évitons les actions qui provoquent les formes les plus grossières d'agitation mentale. En concentrant l'esprit, nous le calmons davantage tout en en faisant un outil efficace pour entreprendre l'œuvre de connaissance de soi. Mais c'est seulement en développant la sagesse que nous pouvons parvenir à la réalité cachée et nous libérer de toute ignorance et de tout attachement.

Deux parties du Noble Sentier Octuple interviennent dans la pratique de la sagesse : la pensée juste et la compréhension juste.

La pensée juste

Il n'est pas nécessaire d'obtenir la fin de toutes ses pensées dans la méditation avant d'entreprendre Vipashyanâ-bhâvanâ. Des pensées peuvent toujours persister, mais pour commencer le travail il suffit que la conscience soit soutenue de moment en moment.

Des pensées peuvent donc subsister, mais la nature du modèle de pensée change. L'aversion et la dépendance ont été réduites par la conscience de la respiration. L'esprit est devenu tranquille au moins au niveau conscient et il a commencé à penser au Dharma et à la façon d'échapper à la souffrance. Les difficultés qui s'élevaient au début de la prise de conscience de la respiration ont maintenant disparu ou, du moins, sont surmontées dans une certaine mesure. Le méditant est prêt pour l'étape suivante qui est la compréhension juste.

La compréhension juste

La compréhension juste constitue la véritable sagesse. Penser à la vérité ne suffit pas. Il nous faut réaliser la vérité nous-mêmes, voir les choses comme elles sont réellement et non comme elles paraissent. La vérité apparente est aussi une réalité mais une réalité que nous devons pénétrer pour expérimenter la réalité ultime de nous-mêmes et éliminer la souffrance.

Il y a trois sortes de sagesses : la sagesse recueillie, la sagesse intellectuelle et la sagesse de l'expérience. Le sens littéral de la première est « sagesse entendue », c'est-à-dire sagesse apprise des autres, en lisant des livres, en écoutant des sermons ou des conférences par exemple. Il s'agit de la sagesse d'une autre personne que nous décidons d'adopter comme nôtre. Cette acceptation peut être le fruit de l'ignorance. Ainsi, ceux qui ont grandi dans une communauté régie par une certaine idéologie, par un système de croyances religieuses ou autres, peuvent accepter sans poser de question l'idéologie de la communauté. L'acceptation peut aussi être le fruit de la dépendance. Les chefs du groupe peuvent proclamer que l'adhésion à l'idéologie établie ou aux croyances traditionnelles garantira un futur resplendissant ; peut-être annonceront-ils que tous les croyants iront au ciel après leur mort. Il va de soi que le désir du paradis exerce une forte attraction et qu'on l'accepte volontiers cette perspective. L'acceptation peut être le fruit de la peur. Les chefs peuvent s'apercevoir que le peuple a des doutes et des questions à propos de l'idéologie communautaire et ils l'avertissent d'avoir à se conformer aux croyances communément acceptées sous peine de terribles châtiments à venir. Il se peut même qu'ils menacent les incroyants de l'enfer après leur mort. Il va de soi que personne ne veut aller en enfer, si bien que l'on ravale ses doutes et que l'on adopte les idées reçues.

Accepter la sagesse « recueillie », à cause d'une foi aveugle, d'une dépendance ou d'une crainte, n'est pas notre propre sagesse, quelque chose que nous avons éprouvé par nous-mêmes. C'est une sagesse empruntée.

Le second type de sagesse est la compréhension intellectuelle. Après avoir lu ou entendu un enseignement, nous l'examinons pour savoir s'il est vraiment rationnel, bénéfique et pratique. Et s'il est satisfaisant pour l'intellect nous le tenons pour vrai. Pourtant, ce n'est toujours pas le fruit de notre propre intuition, mais seulement l'intellectualisation de la sagesse entendue.

Le troisième type de sagesse est celle qui naît de notre propre expérience et de notre propre réalisation de la vérité. C'est la sagesse que l'on vit, la sagesse réelle qui produit des changements dans notre propre vie en changeant la nature même de l'esprit.

Dans les affaires de ce monde, la sagesse expérimentale n'est pas toujours nécessaire ou recommandable. Il suffit d'accepter les avertissements des autres nous disant que le feu est dangereux ou de le confirmer par raisonnement déductif. Il est téméraire de se jeter dans le feu pour reconnaître qu'il brûle. Cependant, dans le Dharma, la sagesse produite par l'expérience est essentielle puisque elle seule permet de se libérer du conditionnement.

La sagesse acquise en écoutant les autres et celle que

l'on gagne par la recherche intellectuelle sont utiles si elles nous inspirent et nous incitent à aller vers le troisième type de sagesse expérimentale, Prajnâ. Pourtant, si nous nous satisfaisons seulement de la sagesse recueillie sans poser de question, elle devient une forme de lien, une barrière qui nous sépare de la réalisation de la compréhension expérimentale. De même, si nous nous satisfaisons simplement de contempler la vérité, de l'explorer et de la comprendre intellectuellement sans faire l'effort de l'éprouver directement, alors toute notre compréhension intellectuelle devient un lien au lieu de nous aider à nous libérer.

Chacun de nous doit vivre la vérité par expérience directe par la pratique de Bhâvanâ. Seule cette expérience vécue libère l'esprit et non la réalisation de la vérité par quelqu'un d'autre. Même l'Éveil du Bouddha ne pouvait libérer qu'une seule personne, Siddhârtha Gautama. Au mieux, la réalisation d'un autre peut servir d'inspiration, offrir des critères à suivre, mais au final chacun doit accomplir son œuvre lui-même. Comme disait le Bouddha :

« Vous devez réaliser votre propre tâche ;

« Ceux qui ont atteint le but montrent seulement la voie ».

Il n'y a qu'en soi que la vérité puisse se vivre et se vivre directement. Tout ce qui est extérieur est toujours loin de nous. Ce n'est qu'à l'intérieur de nous que nous pouvons avoir une expérience effective, directe et vivante de la réalité.

De ces trois types de sagesse, les deux premières ne sont pas spécifiques à l'enseignement du Bouddha. Toutes les deux existaient en Inde avant lui et de son temps même certains prétendaient enseigner tout ce qu'il enseignait lui-même. La contribution unique du Bouddha au monde fut une façon de réaliser la vérité personnellement et donc de développer la sagesse expérimentale, *Bhâvanâ — mayâ prâjna*. Cette façon d'atteindre la réalisation directe de la vérité est la technique de Vipashyanâ-bhâvanâ.

Vipashyanâ-bhâvanâ

Vipashyanâ est souvent décrit comme un éclair d'intuition, une soudaine perception de la vérité. La description est correcte, mais, en fait, il existe une méthode progressive qui permet aux méditants d'atteindre le point où ils seront capables d'une telle intuition Cette méthode est Vipashyanâ-bhâvanâ, le développement de l'intuition, communément désigné comme la méditation, Vipashyanâ.

Le mot *Pashyanâ* signifie « voir », le type de vision ordinaire que nous donnent nos yeux ouverts. Vipashyanâ signifie un type particulier de vision : l'observation de la réalité à l'intérieur de soi. On y parvient en donnant pour objet à son attention ses propres sensations physiques. La technique consiste à observer systématiquement et sans passion les sensations se produire en nous, cette observation révélant la réalité intégrale de l'esprit et du corps.

Pourquoi la sensation? D'abord parce que, par la sensation, nous expérimentons directement la réalité. A moins qu'un objet n'entre en contact avec les cinq sens ou l'esprit, il n'existe pas pour nous. Ce sont les portes par lesquelles nous nous ouvrons au monde, les bases de toute expérience. Et chaque fois qu'un objet entre en contact avec les six bases sensorielles, il advient une sensation. Le Bouddha décrit ainsi ce processus :

« Si quelqu'un prend deux bâtons et les frotte l'un contre l'autre, la friction engendre de la chaleur, et une étincelle se produit. De même, d'un contact qui doit être ressenti comme plaisant, il naît une sensation agréable.

De même, d'un contact qui doit être ressenti comme déplaisant, il naît une sensation désagréable. De même, d'un contact qui doit être ressenti comme neutre, il naît une sensation neutre. »

Lorsqu'un objet entre en contact avec l'esprit ou le corps, il produit une étincelle : la sensation. Celle-ci est le lien par lequel nous éprouvons l'expérience du monde et de tous ses phénomènes physiques et mentaux. Pour développer la sagesse expérimentale, il faut être conscient de ce que nous éprouvons effectivement, c'est-à-dire développer une conscience des sensations.

En outre, les sensations physiques sont étroitement rattachées à l'esprit et, comme le souffle, reflètent l'état mental du moment. Lorsque ce sont des objets mentaux — pensées, idées, imaginations, émotions, souvenirs, espérances, craintes — qui entrent en contact avec l'esprit, de la même façon que pour les objets sensoriels, il en naît des sensations. Chaque pensée, chaque émotion, chaque activité mentale s'accompagne d'une sensation correspondante dans le corps. Donc, en observant les sensations physiques, nous observons aussi l'esprit.

La sensation est un instrument indispensable pour atteindre à la vérité en profondeur. Tout ce que nous rencontrons dans le monde doit provoquer une sensation dans le corps. La sensation est le carrefour où se rencontrent corps et esprit. Bien qu'étant physique de par sa nature propre, la sensation constitue aussi un des quatre processus mentaux. Elle se manifeste à l'intérieur du corps, mais elle est éprouvée par l'esprit. Dans un corps mort ou une chose inanimée, il ne peut y avoir de sensation car l'esprit est absent. Si nous ne sommes pas conscients de cette expérience, notre exploration de la réalité reste incomplète et superficielle. De même que, pour débarrasser un jardin de ses mauvaises herbes, il faut savoir qu'elles ont des racines cachées et connaître leurs fonctions vitales, de même, pour comprendre notre nature et nous y adapter, il nous faut être bien conscients de nos sensations, même si, d'ordinaire, la plupart d'entre elles nous restent cachées.

Des sensations se produisent à tout moment à travers le corps. Chaque contact mental ou physique engendre une sensation, chaque réaction biochimique suscite une sensation. Dans la vie quotidienne, l'esprit conscient manque de la mise au point nécessaire pour réaliser autre chose que les plus intenses de ses sensations. Une fois que nous avons aiguisé l'esprit par la pratique de Anâpânasati, et donc développé notre capacité de conscience, nous sommes en mesure d'éprouver sciemment la réalité de toute sensation interne.

Dans la pratique de la conscience du souffle, l'effort portait sur l'observation de la respiration naturelle, sans la contrôler ou la régler. De même, dans la pratique de Vipashyanâ-bhâvanâ, nous observons simplement les sensations corporelles. Nous déplaçons notre attention systématiquement à travers notre structure physique, de la tête aux pieds et des pieds à la tête, d'une extrémité à l'autre, mais, ce faisant, nous ne recherchons pas un type particulier de sensations ni ne nous efforçons d'éviter des sensations d'un autre type. Le but est seulement d'observer objectivement, d'être conscients de n'importe quelle sensation à partir du moment où elle se manifeste à travers le corps. De telles sensations peuvent être de tout genre : chaleur, froid, poids, légèreté, picotements, palpitations, contractions, expansions, pressions, douleurs, bourdonnements, pulsations, vibrations ou n'importe quoi d'autre. Le méditant ne recherche rien d'extraordinaire ; il tente d'observer des sensations physiques ordinaires se produisant naturellement.

Il ne tente pas non plus de découvrir la cause de la sensation. Celle-ci peut provenir des conditions atmosphériques, de la position adoptée pour s'asseoir, des effets d'une vieille maladie, d'une faiblesse dans le corps, ou même de notre repas avant la méditation. Peu importe la raison. Notre souci va au-delà : l'important est d'être conscients de la sensation qui se produit à ce moment, dans la partie du corps sur laquelle se concentre notre attention.

Lorsque nous abordons cette pratique, il se peut que nous soyons capables de percevoir les sensations de certaines parties du corps et non d'autres. Nous continuons pourtant à étendre progressivement notre vigilance à tout le corps, déplaçant le centre de notre attention dans un ordre systématique, sans lui permettre de se laisser détourner par les sensations lcs plus fortes. Par la pratique de l'entraînement à la concentration, nous avons amélioré notre capacité de fixer l'attention sur l'objet d'un choix conscient. Maintenant, nous nous servons de cette faculté pour déplacer notre point d'observation sur chaque partie du corps, dans l'ordre voulu, sans sauter d'un membre où la sensation serait floue jusqu'à un autre où nous ressentirions quelque chose de plus intense, sans nous attacher à une partie du corps, sans tenter d'en éviter une autre. Ainsi, nous atteignons peu à peu le moment où nous sommes en mesure d'expérimenter des sensations dans chaque partie du corps.

Au début de la pratique de la conscience de la respiration, souvent le souffle était plutôt lourd et irrégulier avant de se calmer progressivement et de devenir petit à petit plus léger, plus fin, plus subtil. De la même façon, lorsque nous nous initions à la pratique de Vipashyanâ-bhâvanâ, nous commençons fréquemment par éprouver des sensations grossières, intenses et déplaisantes, et qui semblent perdurer. En même temps, de fortes émotions, voire des pensées et des souvenirs enfouis depuis longtemps, peuvent se réveiller. Cela entraîne un inconfort mental et physique, parfois de la douleur. Les obstacles que sont la dépendance, l'aversion, la paresse, l'agitation et le doute, tout ce qui a gêné notre progression pendant la pratique de la technique respiratoire, peuvent maintenant réapparaître. Parfois ces obstacles ont une telle force que nous devenons incapables de maintenir notre conscience de la sensation. Le méditant qui se trouve confronté à cette difficulté n'a d'autre remède que de revenir à la pratique respiratoire pour retrouver le calme mental et aiguiser l'esprit.

Patiemment, sans aucun sentiment d'échec, nous œuvrons et faisons notre travail de méditants pour rétablir la concentration, tout en sachant que de tels inconvénients sont, en fait, le prix de nos succès initiaux. Des conditionnements profondément enfouis se sont manifestés ; ils reviennent à la surface de la conscience. Peu à peu, par un effort continu mais sans tension, l'esprit regagne son calme et reprend sa direction unique. Les pensées et émotions puissantes s'effacent et nous pouvons revenir à la conscience pure de la sensation. Grâce à un entraînement répété et continu, les sensations intenses commencent à se dissoudre en d'autres, plus subtiles et plus uniformes, puis, finalement, en simples vibrations se produisant et s'apaisant avec une grande rapidité.

Que les sensations soient agréables ou désagréables, intenses ou subtiles, uniformes ou variées, rien de cela n'importe pour la méditation. Le but est seulement d'observer objectivement. Quel que soit l'inconfort que provoquent les sensations désagréables ou quelque attirance qu'exercent celles qui sont plaisantes, nous n'interrompons pas notre travail ni ne nous autorisons à nous laisser distraire ou arrêter par une sensation quelconque ; notre travail est simplement de nous observer nous-mêmes avec le même détachement qu'un scientifique dans son laboratoire.

Impermanence, impersonnalité et souffrance

Plus nous persévérons dans la méditation, plus nous réalisons une donnée fondamentale : nos sensations changent constamment. A chaque moment et dans chaque partie du corps surgit une sensation et chacune contient l'indice d'un changement prochain. A chaque moment, il se produit des changements dans chaque partie du corps, des réactions biochimiques ou électromagnétiques. A chaque moment, peut-être même plus vite encore, le processus mental change et se reflète dans le processus physique.

Telle est la réalité de l'esprit et de la matière : ils sont changeants et impermanents. A chaque moment, les particules subatomiques qui composent le corps apparaissent et disparaissent. A chaque moment, les fonctions mentales apparaissent et disparaissent, l'une après l'autre. A chaque moment, les mondes intérieurs, physiques ou mentaux, changent tout autant que le monde extérieur.

Auparavant, nous savions peut-être que tout cela était vrai ; nous l'avions peut-être saisi intellectuellement. Mais maintenant, par la pratique de Vipashyanâ-bhâvanâ, nous éprouvons la réalité de l'impermanence directement, dans le domaine corporel. L'expérience directe des sensations transitoires nous prouve notre nature éphémère.

Chaque particule du corps, chaque processus de l'esprit est soumis à un flux constant. Rien n'y échappe, fût-ce une seconde. Il n'y a pas de noyau dur auquel se rattacher, rien que l'on puisse appeler « Moi » ou « mien ». Ce « Moi » n'est en réalité qu'une combinaison de processus toujours changeants.

Le méditant commence donc à comprendre une autre donnée fondamentale : Anâtman — il n'y a pas de vrai « Moi », pas de Soi ni de Je. Le Moi auquel nous sommes si attachés est une illusion née de la rencontre de processus mentaux et physiques en flux constant. Après avoir exploré le corps et l'esprit jusqu'en leur profondeur, nous réalisons qu'il n'y a pas de centre immuable, pas d'essence qui reste indépendante des processus, rien qui échappe à la loi d'impermanence. Il n'y a qu'un phénomène impersonnel, changeant et sur lequel nous sommes sans contrôle.

Une autre réalité se révèle alors. Tout effort pour se raccrocher à quelque chose en disant : « *Ceci est Je, c'est Moi, c'est à moi* », ne peut que susciter le malheur, parce que, tôt ou tard, ce quelque chose auquel on se rattache disparaît, ou alors c'est ce prétendu « Moi » qui disparaît. L'attachement à ce qui est impermanent, transitoire, illusoire et hors de notre contrôle est souffrance, Duhkha. Tout cela nous le comprenons, non pas parce que quelqu'un nous l'a dit, mais parce que nous l'expérimentons, par l'observation des sensations internes du corps.

Impassibilité

Alors, comment vivre sans se rendre malheureux ? Comment vivre sans souffrir ? Simplement en observant sans réagir : au lieu d'essayer de conserver une expérience et d'en éviter une autre, d'attirer ceci et de repousser cela, on examine simplement chaque phénomène, objectivement, avec impassibilité, d'une âme égale.

Cela paraît assez simple, mais que faut-il faire quand nous sommes assis pour méditer une heure et que, au bout de dix minutes, nous éprouvons une douleur dans le genou ? Sur-le-champ, nous commençons à détester la douleur, et à souhaiter qu'elle disparaisse. Mais elle ne disparaît pas ; au contraire, plus nous la détestons, plus elle augmente. La douleur physique devient une douleur mentale et la source d'une grande angoisse.

Si nous savons apprendre, ne serait-ce qu'un moment, à nous contenter d'observer la douleur physique ; si, même de façon éphémère, nous pouvons échapper à l'illusion que c'est *notre* douleur, que *nous* ressentons la douleur ; si nous pouvons examiner la sensation objectivement comme un médecin examinant la douleur d'un patient, alors nous réalisons que la douleur elle-même a subi un changement. Elle ne persiste pas toujours, à chaque moment elle se transforme, disparaît, réapparaît, et change encore.

Lorsque nous comprenons cela par notre propre expérience, nous découvrons que la douleur ne peut plus nous submerger ni nous contrôler. Peut-être s'en ira-t-elle rapidement, peut-être pas, c'est sans importance. Nous ne souffrons plus de la douleur puisque nous pouvons l'observer avec détachement.

La voie de la libération

En développant la conscience et l'impassibilité, nous pouvons nous délivrer de la souffrance. La souffrance naît de l'ignorance de sa propre réalité. Dans l'obscurité de cette ignorance, l'esprit réagit à toute sensation en l'aimant ou pas, en s'y attachant ou en la fuyant. Toute réaction de ce type crée de la souffrance immédiate et met en route toute une chaîne d'événements qui, dans le futur, ne produiront que de la souffrance.

Comment briser cette chaîne de causes et d'effets ? D'une façon ou d'une autre, à cause d'actions passées commises par ignorance, la vie est apparue, le flux de l'esprit de la matière a commencé. Faut-il alors se suicider ? Non. Cela ne résout pas le problème. Au moment de se tuer, l'esprit est plein de misère et d'aversion. Ce qui s'ensuivra sera également plein de misère. Une telle action ne peut conduire au bonheur.

La vie a commencé et nous ne pouvons y échapper. Devrions-nous alors détruire les six bases de l'expérience sensorielle ? On pourrait se crever les yeux, se couper la langue, se boucher le nez et les oreilles. Mais comment détruire le corps ? Mais comment détruire l'esprit ? De nouveau ce serait le suicide qui est inutile.

Faudrait-il détruire les objets de chacune des six bases, tout ce qui se voit, tout ce qui s'entend et ainsi de suite ? Ce ne serait pas réalisable. L'univers est rempli d'objets innombrables ; on ne pourrait jamais tous les détruire. A partir du moment où existent les six bases sensorielles, il est impossible d'empêcher leur contact avec leurs objets respectifs et, à partir du moment où ce contact existe, il doit y avoir une sensation.

Mais c'est l'endroit où la chaîne peut être brisée. Le maillon faible est le point de la sensation. Chaque sensation est aimée ou non. Ces réactions momentanées, inconscientes, agréables ou non, se multiplient immédiatement et s'intensifient jusqu'à devenir dépendance ou aversion profondes, ou attachement. A leur tour, ces phénomènes fabriquent de la souffrance maintenant et dans le futur. Tout cela est semblable à une habitude aveugle qui se répète mécaniquement.

Au contraire, par la pratique de Vipashyanâ-bhâvanâ, nous avons amélioré notre conscience de chaque sensation. Et nous avons acquis l'impassibilité. Nous ne réagissons plus. Nous étudions la sensation sans passion, sans l'aimer ni la détester, sans éprouver de la dépendance, de l'aversion ou de l'attachement. Au lieu de susciter de nouvelles réactions, chaque sensation n'engendre plus maintenant que de la sagesse, Prajnâ, l'intuition : « Cela est impermanent, destiné à changer, apparaissant pour disparaître. »

La chaîne s'est brisée, la souffrance s'est arrêtée. Il n'y

a plus de nouvelles réactions de dépendance ni d'aversion et donc nulle cause qui puisse engendrer de la souffrance. La cause de la souffrance est le Karma, l'attachement mental, la réaction aveugle de dépendance et d'aversion. Quand l'esprit est conscient de la sensation mais conserve son impassibilité, cette réaction ne se produit pas, il n'y a pas de cause pour produire de la souffrance. Nous avons cessé de nous faire souffrir.

Le Bouddha disait :

> « Tous les Samskâras sont impermanents.
> Quand vous percevez cela par l'intuition vraie
> alors, vous vous détachez de la souffrance ;
> c'est le chemin de la purification. »

Ici, le mot Samskâra a un sens très large. Une réaction aveugle de l'esprit est Samskâra, mais le résultat de cette action, son fruit, est aussi Samskâra. Telle graine, tel fruit. Tout ce que nous rencontrons dans la vie est finalement le résultat de nos propres actions mentales.

Par conséquent, au sens le plus large, Samskâra signifie tout dans ce monde conditionné, tout ce qui a été créé, formé, composé. Donc, « toutes les choses créées sont impermanentes », qu'elles soient mentales ou physiques, tout dans l'univers. Quand nous nous imprégnons de cette vérité avec la sagesse de l'expérience et par la pratique de Vipashyanâ-bhâvanâ, alors la souffrance disparaît, car nous échappons aux causes de la souffrance. Ce qui signifie que nous perdons l'habitude de la dépendance et de l'aversion. C'est le chemin de la libération.

Tout l'effort consiste à apprendre à ne pas réagir, à ne pas produire un nouveau Samskâra. Une nouvelle sensation apparaît et on commence à l'aimer ou à ne pas l'aimer. Si nous n'y prenons garde, ce moment flottant se répète et s'intensifie jusqu'à devenir dépendance et aversion, une émotion forte qui finit par submerger l'esprit conscient. Nous sommes englués dans l'émotion, nous perdons notre jugement, si bien que nous nous trouvons engagés dans des discours et des paroles préjudiciables, nous blessant nous-mêmes et les autres. Nous créons du malheur pour nous-mêmes, souffrons maintenant et souffrirons plus tard, à cause d'un moment de réaction aveugle.

Mais, si nous sommes conscients du point où commence le processus de réaction — c'est-à-dire conscients de la sensation —, nous pouvons choisir de n'autoriser aucune réaction à se produire ou à croître. Nous observons la sensation sans réaction, sans l'aimer ou sans la détester. Elle n'aura pas la possibilité de se transformer en dépendance ou aversion, en émotion puissante capable de nous submerger. Simplement elle se produira et disparaîtra. L'esprit restera équilibré et pacifié. Nous serons heureux immédiatement et pourrons nous attendre à un bonheur futur car nous n'aurons pas réagi.

La capacité de ne pas réagir est très précieuse. Lorsque nous sommes conscients des sensations corporelles et restons en même temps impassibles, l'esprit est libre. Au début, il se peut que cela ne se produise que pendant quelques instants de la méditation, et que, le reste du temps, l'esprit reste enchaîné à la vieille habitude de réagir aux sensations, au vieux cycle de dépendance, d'aversion et de carence. Mais, par la répétition et la pratique, ces moments fugaces se transformeront en secondes puis en minutes, jusqu'à ce que, finalement, nous brisions la vieille habitude réactive et que l'esprit connaisse une paix constante. C'est le moyen de mettre fin à la souffrance, le moyen de cesser de produire notre propre malheur.

9.
LE KARMA ET SES FRUITS
par Nyanaponika Thera

Dans les années cinquante, Nyanaponika Thera, qui était déjà un chercheur accompli et qui pratiquait la méditation, a eu l'occasion d'approfondir considérablement ses connaissances, lors d'un long séjour en Birmanie. Il fut entraîné à la compréhension intuitive (Vipashyanâ-bhâvanâ) sous la direction d'un Birman, un maître reconnu de méditation, le Vénérable Mahasi Sayadaw. Ici l'antique Theravâda, nous offre d'abord une description merveilleusement lucide de la complexité et du mécanisme karmique, tout en mettant l'accent sur la liberté qui reste inhérente à toute situation karmique. Puis, en contraste avec cet arrière-plan de libération potentielle, il décrit le double tranchant de l'action karmique : elle affecte celui qui fait et l'objet de son action en même temps. Enfin, ce texte nous fait comprendre combien « le Karma est la matrice qui nous produit, le vrai créateur du monde et de nous-mêmes qui sommes les expérimentateurs du monde ».

La plupart des écrits sur la doctrine du Karma mettent en valeur la stricte légalité qui gouverne les actions karmiques, assurant un lien étroit entre nos actes et leurs fruits. Si cette insistance est parfaitement justifiée, il existe un autre aspect rarement signalé mais important du Karma et qui mérite d'être souligné et discuté comme un thème explicite en lui-même. Cet aspect est la variabilité du Karma, le fait que le code qui régit le Karma n'opère pas avec une rigidité mécanique mais qu'il laisse place à une grande diversité dans la façon de lui faire produire son résultat.

Si les actions karmiques devaient toujours porter des résultats invariables et si toute modification ou annulation des résultats du Karma était exclue, il serait impossible de se libérer du cycle samsârique de la souffrance car un passé inexorable rebâtirait sans cesse l'obstacle qui résulte d'un mauvais Karma.

Cependant le Bouddha a dit :

« Supposons que, de quelque façon que nous accomplissions une action karmique, nous devions en éprouver le résultat exactement de la même façon, alors il n'y aurait pas de vie religieuse possible, il n'existerait pas de possibilité d'échapper totalement à la souffrance.

Mais supposons que celui qui a accompli une action karmique, dont les résultats peuvent être ressentis de façon diverse, en recueille les fruits de façon proportionnelle, dans ce cas il peut y avoir une vie religieuse et une chance de se libérer totalement de la souffrance. » (Anguttara Nikaya, 3, 110.)

Comme tout événement physique, le processus mental qui constitue une action karmique n'existe jamais de façon isolée. Il se produit dans un environnement, et donc son efficience dépend non seulement de son propre potentiel, mais aussi de facteurs variables de cet environnement qui peut le modifier de différentes manières. Ainsi, nous voyons qu'un Karma, bon ou mauvais, peut parfois avoir ses résultats renforcés par un autre Karma agissant en synergie, ou affaiblis par un Karma inverse, ou même annulés par un Karma destructeur. L'apparition du résultat peut également être retardée si manque la conjonction des circonstances extérieures nécessaires à son mûrissement ; et pendant ce retard qui reporte la manifestation des résultats, d'autres Karmas contraires ou destructeurs peuvent se manifester.

Cependant, ces conditions extérieures ne sont pas les seules déterminantes. Le mûrissement reflète aussi le « champ interne du Karma », autrement dit ses conditions internes, ou encore la structure qualitative totale de l'esprit qui a engendré de telles actions. Pour celui qui est riche en qualités morales ou spirituelles, une seule faute peut ne pas peser le même poids que pour un autre à qui manquent ces vertus protectrices. Par comparaison avec la loi humaine, la punition d'un délinquant primaire sera moins sévère que celle d'un récidiviste.

Sur ce type de réaction modifiée, le Bouddha s'exprime dans la suite du sermon déjà cité :

« Imaginons qu'une certaine personne commette une faute mineure et que celle-ci l'entraîne en enfer. Si la même faute mineure avait été commise par un autre homme, ses conséquences auraient pu se produire pendant la durée de sa vie et, par la suite, ne produire aucun effet, même le plus minime.

Maintenant, quel genre d'homme peut se retrouver en enfer à cause d'une faute mineure ? Un homme qui n'a pas su développer le contrôle du corps, et n'a cultivé ni sa vertu ni sa pensée, ni produit la moindre sagesse. Un tel homme a l'esprit étroit, un caractère vil et il est affecté même par des choses sans importance. Oui, même une faute mineure peut entraîner un tel homme en enfer.

Et quel genre d'homme peut n'éprouver le résultat de cette faute mineure que pendant sa vie sans aucun reliquat par la suite ? Celui qui a développé le contrôle de son corps, cultivé sa vertu et sa pensée, et qui a produit sa sagesse ; il n'est pas limité par ses vices, il a un caractère élevé et vit sans être enchaîné par le mal. Une faute mineure peut, chez un tel homme, avoir des conséquences pendant cette vie, sans aucun reliquat par la suite.

Supposez qu'un homme jette un bloc de sel dans une coupelle d'eau. Que pensez-vous, moines? Est-ce que le peu d'eau qu'il y a dans la coupelle ne deviendrait pas salé et imbuvable à cause du morceau de sel?

— C'est vrai, Seigneur!

— Et pourquoi?

— Parce qu'il y a si peu d'eau dans la coupe qu'un bloc de sel la rend salée et imbuvable.

— Mais supposez, ô moines, que le même bloc de sel soit jeté dans le Gange. Est-ce que cela salerait le Gange et rendrait son eau imbuvable?

— Certainement pas, Seigneur.

— Et pourquoi non?

— Parce que inépuisable est l'eau du Gange, elle ne deviendra pas salée ni imbuvable à cause d'un bloc de sel.

— Maintenant, ô moines, imaginez un homme qui doit aller en prison pour une affaire d'un sou, d'un demi-sou ou de quelques piécettes. Pour la même somme, un autre homme ne sera pas jeté en prison.

Maintenant quel genre d'homme peut se retrouver en prison pour une affaire d'un demi-sou, d'un sou ou de quelques piécettes? Sans doute un pauvre qui n'a ni richesse ni biens. Mais l'homme riche, celui qui a biens et fortune, ne va pas en prison pour ces peccadilles. » (Anguttara Nikaya, 3, 110.)

Nous pouvons donc voir que ce sont l'accumulation individuelle de bons et de mauvais Karmas mais aussi les traits de caractère bons ou mauvais qui déterminent le résultat karmique. D'eux dépend le poids plus ou moins important du résultat et ils peuvent même faire la différence en fonction de laquelle il y aura ou non résultat.

Mais même cela ne rend pas compte de toutes les possibilités susceptibles de modifier l'importance des réactions karmiques. Une étude de la biographie des gens que nous connaissons bien peut nous montrer ceci : quelqu'un a un caractère bon et irréprochable, il vit dans des circonstances tranquilles et puis une seule erreur, peut-être une erreur mineure, suffit à ruiner sa vie entière — sa réputation, sa carrière, son bonheur — et cela peut pervertir son caractère. Cette crise paraît sans commune mesure avec ses causes ; elle est peut-être due à une réaction en chaîne impliquant des circonstances aggravantes, elles-mêmes au-delà du contrôle de cet homme, des circonstances imputables à un puissant Karma négatif venu de son passé. Mais l'enchaînement des mauvais résultats peut être précipité par les actions de la personne elle-même — elles sont déclenchées de façon déterminante par son erreur initiale, puis renforcées par les actions qui suivent, incurie, indécision ou réaction inappropriée. Bref, toutes sortes d'erreurs qui en elles-mêmes sont des Karmas maladroits. Tel est le cas quand une personne, même si elle a un caractère où prédomine le bien, est incapable d'empêcher le mûrissement du mauvais Karma ou d'atténuer l'impact de ses résultats. Les qualités et les bonnes œuvres de cette personne ne seront certainement pas sans effet ; mais il se peut que leur résultat futur soit atténué par des changements qui jouent sur son caractère ou par des actions négatives qui se produisent dans le moment et qui peuvent former un mauvais Karma contraire.

Considérez également la situation inverse. Un homme, même si son caractère mérite d'être considéré comme foncièrement mauvais, peut, en de rares occasions, agir sur une impulsion de générosité et de bonté. Son action peut se révéler de manière inattendue, avoir des résultats importants et positifs sur sa vie. Cela peut provoquer une amélioration décisive des circonstances dans lesquelles il vit, adoucir son caractère et même être la source d'un changement radical en son cœur.

En vérité, combien les situations de la vie humaine sont compliquées, même quand elles paraissent trompeusement simples ! Il en va ainsi parce que les situations et leurs résultats reflètent la complexité encore plus grande de l'esprit qui est leur source inépuisable.

Le Bouddha lui-même a dit :

« La variété de l'esprit surpasse les innombrables variétés du monde animal. » (Samyutta Nikaya, 12, 100.)

Pour chacun individuellement, l'esprit est un fleuve de changements mentaux instable, mû par des courants et des contre-courants de Karmas accumulés dans d'innombrables existences antérieures. Mais cette complexité déjà remarquable est encore multipliée par le fait que chaque courant de vie croise de nombreux autres courants de vie individuels, et ce à travers l'interaction de leurs Karmas respectifs. Le filet des conditionnements karmiques est si emmêlé que Bouddha rangeait le résultat du Karma parmi les choses qui échappent à la pensée et mettait en garde contre toute tentation d'en faire un sujet de spéculation. Mais, même si l'action précise du Karma échappe à notre intelligence, le message pratique, important, est clair : le fait que les résultats karmiques puissent être modifiés nous libère de la malédiction du déterminisme et de son corollaire éthique, le fatalisme. Il nous laisse toujours ouverte la voie de la libération.

L'« ouverture » potentielle d'une situation a cependant aussi un aspect négatif, l'élément de risque et de danger : une réponse inadaptée à la situation peut entraîner sur la pente descendante. Il dépend de notre propre réponse de pouvoir lever l'ambiguïté de la situation, pour le meilleur ou pour le pire. Cela démontre que la doctrine bouddhique du Karma est un enseignement de responsabilité morale et spirituelle, et pour soi-même et pour les autres. C'est véritablement un « enseignement humain », parce qu'il correspond à l'immensité des possibilités de choix de l'homme, bien plus considérables que celles de n'importe quel animal. Le choix moral de tout individu peut être sévèrement limité par les diverses charges d'avidité, de haine et d'illusion qu'il porte et par leur résultat ; pourtant chaque fois que cet individu s'arrête pour décider ou choisir, il est potentiellement libre de se libérer de cette charge, au moins temporairement. Au moment précaire et précieux du choix, il a la chance de s'élever au-dessus de toutes les complexités menaçantes et de toutes les pressions de son passé karmique insondable. De fait, pour un instant il peut transcender les limitations karmiques par une attitude mentale juste ; l'homme peut saisir le moment flottant et s'en servir pour faire des choix justes.

Chaque action karmique dès qu'elle est accomplie affecte d'abord l'acteur lui-même. Cela est vrai pour les actions physiques et verbales dirigées vers les autres, comme pour les pensées volitionnelles qui ne trouvent pas d'expression extérieure. D'une certaine façon, nous pouvons contrôler notre propre réponse à nos actions, mais nous ne pouvons contrôler la façon dont les autres y réagissent. Il est très possible que leurs réactions soient à l'opposé de ce que nous attendions ou espérions. Un acte juste que nous accomplissons peut ne susciter que l'ingratitude. Un mot aimable ne recevoir qu'un accueil froid ou hostile. Mais même si ces bonnes actions ou ces paroles de bonté sont perdues pour celui auquel elles étaient destinées, à son plus grand dommage, elles ne sont pas perdues pour leur auteur. Les pensées justes qui les ont inspirées ennobliront son esprit, peut-être même davantage encore s'il réagit à la réponse négative de l'autre en pratiquant le pardon, et non en manifestant colère et ressentiment. A l'inverse, un acte ou un mot faits pour blesser peuvent ne pas provoquer une réaction hostile et ne se heurter qu'à un calme réfléchi. Alors, « le présent refusé reviendra au donateur », comme l'a dit une fois le Bouddha à une brahmine qui l'avait trompé. Les actions ou les paroles mauvaises, ou les pensées qui les inspirent, peuvent échouer à blesser les autres mais réussir à causer un préjudice plus fort à leur auteur en affectant son caractère. Et ce sera pire encore s'il réagit à cette réponse inattendue par plus de rage ou de ressentiment. En effet, le Bouddha a dit que les êtres sont propriétaires et responsables de leur Karma qui est leur bien inaliénable. Ils sont les seuls héritiers légitimes de leurs actions et recueillent le patrimoine de leurs bons ou mauvais fruits.

Ce serait une pratique salubre que de se rappeler souvent ceci : nos actes, nos paroles et nos pensées agissent d'abord et surtout sur notre propre esprit. Y réfléchir renforcera le respect que nous avons de nous-mêmes. Nous pouvons garder ce respect en nous protégeant contre tout ce qui est méchant et mauvais.

Agir ainsi nous donnera une nouvelle compréhension pratique d'une phrase profonde du Bouddha :

« Dans ce corps défini, avec ses perceptions et ses pensées, il y a le monde, les origines du monde, l'extinction du monde et la voie qui mène à l'extinction du monde. » (Anguttara Nikaya, 4, 45.)

Le monde dont parle le Bouddha est enfermé dans cet agrégat de corps et esprit. C'est seulement à travers l'activité physique ou mentale de nos facultés sensorielles qu'un monde peut être éprouvé ou connu. Les images, sons, odeurs, goûts et impressions corporelles que nous percevons, et nos diverses fonctions mentales, conscientes et inconscientes, tout cela c'est le monde dans lequel nous vivons. Et ce monde qui est le nôtre a justement son origine dans cet agrégat précis de processus physiques et mentaux dont la conséquence est l'acte karmique de s'attacher aux objets des six sens, physiques et mentaux.

« — O Ananda, s'il n'y avait pas de Karma qui mûrisse dans la sphère des sens, pourrait-on croire à l'existence de la sphère des sens ?

— Certainement pas, Seigneur. » (Anguttara Nikaya, 3, 76.)

Donc, le Karma est la matrice dont nous sommes issus, le vrai créateur du monde et notre vrai créateur à nous qui sommes les expérimentateurs du monde. Et par nos productions karmiques, en actes, paroles et pensées, nous nous engageons sans cesse dans la construction et la reconstruction de ce monde et des mondes derrière celui-là. Même nos bonnes actions, tant qu'elles sont toujours sous l'influence de la dépendance, de l'aversion et de l'ignorance, contribuent à la création et à la préservation de ce monde de souffrance. La roue de la vie est comme une roue pour écureuil toujours mue par le Karma et surtout activée par ses trois origines préjudiciables, attirance, répulsions et illusions. La « fin du monde » ne peut être obtenue en courant dans la cage, cela ne fait que créer l'illusion d'une progression. C'est seulement en renonçant à cet effort vain que nous pourrons parvenir à notre but.

« Par l'élimination de l'attirance de la répulsion et de l'illusion, l'enchaînement du Karma peut connaître une fin. » (Anguttara Nikaya, 10, 174.)

Et, encore une fois, cela ne peut se produire ailleurs que dans ce même agrégat de corps et esprit où la souffrance et sa cause trouvent leur origine. C'est le message plein d'espoir de la Troisième Noble Vérité, celle qui dit que nous pouvons échapper au cercle vicieux de vain effort et de misère. Bien que nous sachions que nous pouvons nous en libérer, nous continuons à faire tourner la cage de la vie, à cause d'une ancienne habitude difficile à déraciner, profondément implantée, de s'accrocher aux notions de Moi, mien et Soi. Mais, de nouveau, voici le message plein d'espoir de la Quatrième Noble Vérité : le Noble Sentier Octuple, les remèdes qui peuvent nous guérir de notre intoxication et nous mener progressivement à la cessation finale de la souffrance. Et tout ce qu'il faut pour cette médication se trouve dans notre propre corps et dans notre propre esprit.

Le bon traitement commence par la compréhension correcte de la vraie nature du Karma et donc de notre position dans le monde. Cette compréhension nous donnera de solides motifs de vouloir faire prédominer le bon Karma dans notre vie, et, plus elle s'approfondira, mieux nous comprendrons ce qu'est la condition humaine, plus cette même compréhension se transformera en outil capable de briser les chaînes de nos attaches karmiques. Cela nous aidera à nous lancer ardemment sur le sentier et à consacrer toutes nos actions et tous leurs fruits à la fin ultime de l'action : la libération finale pour nous-mêmes et pour tous les êtres vivants.

10.

LA PRATIQUE DE LA VIGILANCE

par Bhikkhu Mangalo

*Dans ces pages, le moine anglais Bhikkhu Mangalo nous offre la vision d'un remarquable pratiquant de la méditation à propos du théâtre intérieur de l'esprit indompté, puis l'auteur nous explique comment travailler sur cet esprit par la pratique de l'attention consciente. Tel est l'autre nom de la vigilance (*Smriti *en sanskrit). Les pratiques décrites ci-dessous sont intimement liées aux exercices de conscience de la respiration décrits dans les chapitres précédents. Cependant, ici, on trouve bien davantage de détails pratiques sur la méthode pratique, en même temps que nombre de remarques subtiles sur les fausses pistes sur lesquelles peuvent s'égarer les Occidentaux. Sans aucun doute, le lecteur aurait intérêt à expérimenter les techniques décrites ici qui sont tout à fait sans danger. Mais pour ceux qui sont sincèrement intéressés et désirent aller au-delà, mieux vaut demander conseil à un pratiquant expérimenté ou à un maître.*

Le singe fou

La meilleure façon de commencer est de regarder d'où l'on part.

Examinons l'esprit d'un homme ordinaire dans une situation ordinaire. Nous découvrons que son esprit est comme une sauterelle ou un papillon à la poursuite de ses fantaisies et de ses impulsions du moment, qu'il est la proie de stimuli et de ses propres réactions émotionnelles à ces stimuli — des réactions qui, elles-mêmes, sont pour une large part purement et aveuglément conditionnées. Un enchaînement d'associations, d'espoirs, de phantasmes et de regrets ne cesse de s'agiter sans fin dans l'esprit. Ce processus se déclenche au contact du monde extérieur via l'intermédiaire des sens. C'est une quête aveugle, incessante et jamais assouvie, une recherche de la satisfaction, sans direction, sans but et douloureuse. Ce n'est pas la réalité, c'est un rêve éveillé, un enchaînement de concepts et de phantasmes. Le monde est façonné en formes identifiées et identifiables, dont chacune a son nom et, d'après ces noms — ces images conceptuelles de la réalité qui nous entoure —, l'esprit tisse sa toile de pensées dans lesquelles ils se prend lui-même. Les objets changent mais leur « nom » reste le même, et l'esprit qui est resté rattaché à des noms et à des images vides perd le contact avec la réalité. Dans ces produits de sa propre imagination, l'esprit recherche la satisfaction et la sécurité dont il est avide. Il ne faut pas s'étonner que l'esprit soit appelé une « fabrique à idoles », et que le Bouddha l'ait décrit comme un singe agité qui saute de branche en branche, en quête de fruits agréables qui pourraient le rassasier, errant dans la jungle sans fin des événements conditionnés. La futilité, l'irréalité et la frustration qui résultent nécessairement d'un tel mode d'existence deviennent de plus en plus évidentes lorsque l'on commence à y voir clair.

Le but du bouddhisme, et de la religion en général, est de relier l'homme à la réalité qu'il a perdue de vue. Cela est dû à son ignorance ; elle se manifeste dans la recherche du bonheur auquel il aspire mais qu'il ne saurait atteindre, perdu dans les ombres et les illusions de son propre esprit. L'homme moderne laisse son esprit continuer à courir comme un rat, aveuglément et douloureusement, en proie à une confusion indisciplinée. Cela est peut-être le paradoxe des paradoxes à une époque qui se prétend scientifique. L'homme a accumulé une somme incroyable d'informations — le tout formulé en concepts — au sujet des formes et des noms qui peuplent l'univers, et il a soumis et discipliné les forces de la nature d'une façon qui aurait stupéfié ses ancêtres. Pour avoir de l'énergie électrique, il fera d'énormes travaux, d'un coût phénoménal en argent et en travail, il arrêtera le cours des rivières... Pourtant, la connaissance de la réalité lui échappe et sa propre nature lui échappe, tandis qu'il néglige d'une façon presque invraisemblable de faire le moindre effort destiné à discipliner ses propres pensées même s'il entrevoit qu'elles le trompent et le torturent.

Tout au long d'innombrables générations, allant à contre-courant du conformisme, une poignée d'hommes a entrepris cette tâche, souvent au prix de privations incroyables et de découragements. Au début, ils étaient souvent aveugles et sans maître. Certains ont réussi triomphalement, d'autres ont trébuché, après avoir éprouvé de grandes souffrances. Pourtant tous, dans leurs différents langages, disent avoir fait la même découverte — il y a « quelque chose » dont la connaissance donne la connaissance de tout. C'est le non-créé, la seule réalité éternelle, c'est notre seul vrai être et sa « découverte » est, tous en conviennent, le bonheur suprême au regard duquel toutes les anciennes souffrances sont insignifiantes. D'une façon étrange mais certaine, ceux qui découvrent cela découvrent la fin de la mort ; ils échappent à la fois à la naissance et à la mort. Cela est par-delà les sens, mais, cependant, en cela réside le pouvoir par quoi et en quoi nous voyons, entendons et pensons. Cela est dissimulé par le flot des pensées ignorantes : à cause d'elles nous voyons non ce qui est, mais ce que nous pensons qui est. C'est la vieille histoire de l'homme qui voyant une corde qui pend d'un arbre dans la pénombre la prend pour le serpent et s'affole.

Ainsi en va-t-il. Confondant nos propres pensées, qui sont de simples images de la réalité, avec la réalité, nous les laissons susciter des émotions. Ces émotions produisent à leur tour davantage de pensées qui visent à calmer ce trouble, et le cercle vicieux est bouclé. Sans notre ignorance de la réalité, nous n'y songerions pas ; sans le flot des pensées, nous n'éprouverions pas d'émotions perturbantes, l'esprit serait en paix, et alors il n'y aurait pas de besoin de penser.

L'arrêt de la pensée conceptuelle

Pourtant, le premier pas consiste à briser la chaîne de concepts et de mots qui attachent l'esprit, le liant avec vigilance au présent, à ce qui est.

Dans un verset célèbre, le Bouddha dit :

> « Ne cherchez pas le passé
> Ne cherchez pas le futur ;
> Le passé est évanoui
> Le futur n'est pas encore advenu
> Mais observez ici
> Cet objet qui est maintenant,
> Faites cela dans un état d'esprit
> Calme et immobile. »

Tel est le début de la discipline mentale, et le *rappel* qu'il faut ainsi pratiquer est la vigilance. Sans la vigilance, le flot des pensées l'emporte de nouveau, agitant, affligeant et troublant l'esprit comme des eaux boueuses d'un lac sur lesquelles souffle le vent. La clarté de la vision, la paix de l'esprit, et l'autovigilance se perdent en un seul instant. C'est pour cela que le Bouddha appelait la vigilance la seule voie. Ou, comme il l'a décrit en une métaphore :

« Quel que soit le courant qui parcourt le monde
La vigilance est la digue qui l'arrête. »

Dans le Zen, on dit : « L'esprit fou ne s'arrête pas ; s'il s'arrête, c'est l'Éveil. »

La pratique de la vigilance est un entraînement progressif. La perfection de l'autovigilance est « l'art des arts, la science des sciences ». Comme telle, elle mérite un apprentissage. Dresser un esprit, le sien en l'occurrence, est encore plus difficile que de dresser un cheval ou un chien, car l'esprit n'est pas moins obstiné que les animaux, mais il a en plus toute l'ingéniosité et la ruse de l'homme pour l'aider à échapper à son maître. Pourtant, cela vaut bien davantage la peine de le dresser puisque cet entraînement apporte dès les premières étapes une grande paix et une grande joie et, au fur et à mesure de son développement, des richesses infinies. Lorsque l'esprit est distrait, livré à lui-même, il n'est guère d'espoir de bonheur, même pas le simple bonheur d'une vie pacifique, pleine et équilibrée, sans même parler du but suprême de la vie.

Qu'est-ce que la vigilance ?

Qu'est-ce que la « pratique » de la vigilance ? Comment fait-on ?

La vigilance consiste très simplement à se souvenir de fixer l'attention en pleine conscience sur le présent, sur ici et maintenant. C'est la « pensée sans support », le « jeûne de l'esprit », le « vrai silence ». Lorsqu'un objet pénètre dans la conscience par n'importe laquelle des six entrées (les cinq sens et l'imagination), cet objet doit être vu comme il est, sans être bienvenu ou rejeté, sans que le pratiquant cherche à s'y accrocher ou à le repousser — il faut « le laisser aller comme si c'était un morceau de bois pourri », comme disait Huang Po. Tel est le vrai sens de la « voie du milieu » du bouddhisme : voir chaque objet tel qu'il se présente avec un esprit qui soit « alerte, pleinement conscient, auto-attentif, évitant autant l'attachement que la répulsion pour quoi que ce soit ». « N'aimez pas, ne détestez pas, alors tout sera clair. » Le Bouddha avait l'habitude de définir la vigilance et la pleine conscience comme ceci : « voir l'apparition, la présence et la disparition de toutes les perceptions, les sensations et les pensées ». Il avait aussi coutume de dire que son enseignement pouvait se résumer par « voir seulement ce que l'on voit dans ce que l'on voit; entendre seulement ce que l'on entend dans ce que l'on entend ». C'est la même chose.

Mais quand nous essayons de faire cela, que découvrons-nous ? Nous constatons d'abord qu'il est tout à fait impossible de le faire, ne serait-ce qu'une minute; l'esprit est emporté par un flot de pensées tumultueuses qui l'empêche d'être assez clair et précis pour éviter de réagir aux pensées et objets qui se présentent. Nous pouvons seulement commencer. Pour cette raison le Bouddha, plein de sagesse, de compassion et d'« habileté tactique », enseigna la pratique de la vigilance comme une méthode d'entraînement graduel grâce à laquelle, partant d'un état initial de chaos, de confusion et d'indiscipline, l'esprit sauvage peut être sevré de l'habitude de « courtiser des dieux étranges » pour être calme et savoir CE QUI EST.

Les bases de la vigilance

Il faut d'abord dire quelques mots d'avertissement. Le Samâdhi juste, ou concentration parfaite, la dernière étape du Noble Sentier Octuple qui conduit à la réalisation, n'est possible qu'avec une vigilance parfaite, l'avant-dernière étape. De la même façon, cette vigilance parfaite dépend des étapes précédentes qui comprennent sommairement la compréhension, l'effort et la volonté corrects. Il faut qu'il y ait au moins de bonnes bases de compréhension pour pouvoir réaliser la futilité de ce qui est transitoire et conditionné, ainsi quand on est en quête du Moi, du sujet, à la lumière de ce qui est inconditionné (et de tous les objets). Autrement, l'esprit sera incapable de se détacher suffisamment de ses pensées relatives à des objets toujours changeants pour pratiquer une autovigilance équilibrée, ici et maintenant. L'esprit voudra s'échapper et penser à ses « idoles » car, là où est notre trésor, là aussi est notre cœur. De même, faute d'une bonne base éthique, la vigilance repose sur du sable. Une mauvaise conscience est, en fait, comme une eau boueuse dans laquelle on ne peut rien voir « tel que c'est ». Sans la paix de l'esprit, il n'est guère d'espoir de maîtriser le flux des pensées, même en usant de la meilleure volonté du monde. Et, même si l'on possède cette paix, il est difficile d'y parvenir. Il va de soi que nul d'entre nous n'est parfait, loin de là, et que nous sommes incapables de nous montrer à la hauteur de ce que nous devrions être. Mais, sans au moins un effort sincère et hardi pour pratiquer les préceptes fondamentaux du bouddhisme, nous agissons comme quelqu'un qui accélère et qui freine en même temps. Plus tard, une meilleure conscience de nous-mêmes et l'apaisement nous apporteront un meilleur contrôle de nous, mais il faut au moins qu'il y ait l'effort sincère de faire le bien, et un regret sincère du mal que nous avons fait, voire, si possible, sa réparation.

Par-dessus tout, l'esprit doit commencer à se détourner de ses vieilles habitudes, ce qui est la vraie signification du repentir, la métanoïa...

Nous pouvons rapprocher de cette question les préoccupations des Occidentaux relatives aux concepts de la psychologie, tels que « rendre l'inconscient conscient », si bien que l'Occidental commence même à rechercher des « résurgences » de l'inconscient, « des problèmes qui contiennent eux-mêmes leur solution », et ainsi de suite. Il faut insister sur le fait que l'analyse psychologique ne fait pas partie de la pratique de la vigilance. Son seul but est de voir plus clairement, mais sans y penser de façon discursive, ce qui est, à chaque moment, maintenant, dans le présent. L'analyse traite de concepts. Les buts de la méditation sont d'apaiser l'esprit, et de voir ce qui est, sans passion. Pas de pensées — pas de « Moi », pas de « non-Moi » —, pas de névrose. De même que l'esprit se restaure dans le sommeil, ou lorsqu'il se détourne de ses préoccupations grâce à une thérapie par le travail. Et, de même qu'une blessure à un doigt doit être seulement nettoyée et guérir d'elle-même grâce à la « nature », de même l'esprit se soigne mieux en se reposant et en se purifiant de ses stimulations émotionnelles et de ses soucis harassants. Rien n'accomplit mieux ce but que la pratique de la vigilance. Plus on persévère dans cette pratique, plus on constate l'irréalité du concept de Moi, ce qui détruit la base de toute maladie et misère mentale. Aucun instrument, aucune façon de voir les choses, aucun effort pour rendre l'inconscient conscient ne nous délivrera par exemple de « l'insécurité », tant que c'est pour ce « Moi », pour ce corps et cet esprit que nous recherchons la sécurité. Ils *sont* impermanents et aucune supercherie ne changera ce fait, ni ne fournira une fausse sécurité. Une fois que nous nous débarrassons de l'idée d'un « Moi » résidant dans le corps, nous nous débarrassons du problème tout entier. Pour cette raison, au moins durant la pratique de la vigilance, mieux vaut oublier l'analyse psychologique. C'est la pensée du « Moi » elle-même qui est le problème, et non pas ses préoccupations ni les formes qu'il adopte.

Le besoin occidental d'intellectualiser sa propre pratique méditative est une des principales raisons qui font qu'en général les Occidentaux trouvent beaucoup plus difficile de parvenir au bout d'une session de méditation que les Orientaux et que cela leur prend beaucoup plus de temps. Beaucoup d'Orientaux, en s'y prenant simplement et consciemment, et en suivant les instructions de leur professeur, y parviennent en quelques semaines ; pour la plupart des Occidentaux, il faudra le double de temps.

Exercice fondamental de méditation

La meilleure façon de commencer à pratiquer la vigilance, ainsi que le Bouddha l'a clairement décrit dans le « Discours de la pratique de la vigilance » (Satipatthâna-sutta), est de s'asseoir et de fixer l'attention sur une des fonctions constantes du corps, la respiration. Il s'agit d'une fonction (Samskâra) semi-inconsciente, qui est toujours à notre disposition dans la vie ordinaire et qui est émotionnellement tout à fait neutre. Ces raisons en font l'objet idéal pour apprendre à devenir vigilant et à maintenir son attention sur ce qui se produit maintenant et dans le présent, et ici, en nous. Toute considération théorique mise à part, la plupart des gens reconnaissent qu'en pratique la position la plus favorable est la position assise, si possible les jambes croisées. Il n'est pas nécessaire d'adopter la fameuse position du lotus complet, avec chaque pied reposant sur la cuisse opposée, ni même le demi-lotus qui peut faire à beaucoup de gens aussi mal qu'une prise de catch. La simple position commode, avec les jambes en tailleur, est tout à fait suffisante, quitte à mettre un coussin sous un genou douloureux. Si la position en tailleur ne convient pas, cela importe peu. Aujourd'hui, même en Orient, beaucoup de professeurs de méditation pratiquent assis sur une chaise. Les seuls critères sont que l'on doit adopter une position attentive, dressée, avec le dos parfaitement droit, et que l'on puisse supporter sans trop de douleur horrible une heure au moins. Pendant la pratique, il faut s'asseoir calmement sans se trémousser, être détendu mais attentif, avec les mains soit dans la position que l'on voit habituellement sur les statuettes de Bouddha en méditation, soit les mains légèrement entrouvertes posées l'une dans l'autre. La tête doit être tenue droite, les yeux fermés et, dans toute la mesure du possible, les muscles relâchés. Une fois cette position prise, sauf nécessité, il faut éviter d'en changer pendant la période donnée.

L'endroit approprié pour concentrer l'attention sur la respiration est le point le plus saillant du visage. Il varie légèrement d'une personne à l'autre. Certains pensent que le meilleur endroit est juste au-dessus de la lèvre supérieure, d'autres le bout du nez, d'autres l'intérieur des narines. Peu importe. L'essentiel est que ce soit le point que chacun trouve le plus clairement. Un essai de quelques respirations devrait vite le déterminer rapidement. Il faut porter son attention sur la sensation physique du contact de l'air, non sur le concept de respiration. De même, la respiration ne doit être ni interrompue ni régulée volontairement. Au début, cela peut être un peu difficile, et, comme dans les premières étapes, il est difficile de dissocier l'attention pure du contrôle. Cependant, dans ce cas, il faut seulement essayer d'éviter d'avoir de quelque façon un contrôle inutile et artificiel de la respiration ; il suffit de respirer facilement, naturellement, à un rythme normal, mais avec l'esprit attaché à la sensation du contact de l'air. Mais, au début aussi, il se peut que le pratiquant ait du mal à discerner ce contact de l'air. Il faut néanmoins continuer sans y prendre garde. La pratique et la persévérance y porteront grandement remède. Il faut seulement tenter d'être conscient de la sensation du souffle depuis le moment où commence l'inhalation jusqu'à son arrêt et, de nouveau, du début à la fin de l'expiration. Quand on inspire, il faut se répéter : « il entre », et quand on souffle : « il sort ». C'est un contrôle pour vérifier que l'esprit est tout à son travail et non en train de divaguer.

Distractions

Avant d'avoir longtemps pratiqué, l'étudiant éprouvera une tendance récurrente de l'esprit à se détourner de l'observation du souffle. Des pensées et des souvenirs du passé, des espoirs et des craintes du futur, des imaginations, des phantasmes, des intellectualisations de théories, des doutes et des soucis à propos de sa propre méditation, des images et des formes qui se présentent à l'œil de l'esprit et des stimuli externes qui distraient, tels que bruits, douleurs, démangeaisons, envie de bouger, etc., tout cela tend perpétuellement à détourner l'esprit vers de « captivants chemins de traverse ». Il ne faut pas se laisser gêner outre mesure ou être découragé par tout cela. Après tout, c'est l'état d'esprit qui nous est coutumier. La discipline en est seulement à ses débuts et Rome n'a pas été bâtie en un jour. De fait, s'il était si facile de gouverner son esprit, le monde serait plein de sages Éveillés. Le Bouddha a souligné que, lorsque nous tentons d'extraire l'esprit de ses mauvais pièges, il est comme un poisson que l'on a retiré de son eau natale et posé sur la berge. Nous l'éprouvons en pratique, mais chacun, à sa façon, s'est trouvé confronté à la même difficulté. Les hommes éveillés sont issus de ceux qui n'ont pas désespéré, mais qui ont persévéré et ramené l'esprit sans cesse à sa place, comme on le fait avec un chiot surexcité que l'on entraîne, patiemment mais fermement, à l'obéissance. Ici comme ailleurs il faut suivre le fil du rasoir, la Voie du Milieu. Il faut être déterminé à presser, mais avec une détermination calme, pas le type de détermination qui fonctionne par accès, toujours oscillant entre les pôles du désespoir et du fanatisme. Cela prouve seulement que le Moi est hypertrophié, trop impliqué dans sa question (« Je veux être un bon méditant »). Une détermination détendue est nécessaire, ou, comme disent traditionnellement les commentateurs bouddhistes, l'équilibre parfait entre la paix (Samâdhi) et l'énergie (Vîrya). Comme c'est le cas entre la discrimination et la foi (Panna et Saddha), il faut ici un parfait équilibre.

La façon de traiter ces distractions consiste à en prendre immédiatement conscience, à identifier le fait de la distraction, et à le désigner d'un mot approprié comme « pensée ». Puis l'esprit doit revenir à ses propres activités, notant la sensation de la respiration. De telles tendances à divaguer doivent être notées dès que possible, dès qu'elles se produisent, et, avec l'habitude, on finit par les remarquer avant qu'elles ne se manifestent, en sentant l'esprit prêt à se détourner — mais il ne faut pas sauter dessus ou détourner l'esprit ce faisant. Il faut prendre note, ni trop vite ni trop lentement, en suivant la Voie du Milieu, immédiatement, fermement et clairement, mais pas à la hâte. Cela ne ferait qu'agiter et distraire davantage l'esprit.

Il est dit avec justesse : « Il ne faut pas craindre de

laisser naître des pensées, mais seulement de tarder à s'en apercevoir. »

Si l'on continue patiemment à saisir les pensées comme quelqu'un qui ramène le chiot au pied chaque fois qu'il s'éloigne, on est en méditation et tout va bien. Ce qui n'est pas la méditation, c'est, d'une part, d'être paresseux et de rester assis à rêvasser toute la journée, et, d'autre part, de se rendre malade et de se désespérer parce que l'on croit que l'esprit ne s'arrêtera jamais.

Il existe d'autre sortes de pensées qui peuvent parfois causer une grande distraction, ce sont les « commentaires annexes », des pensées du type « maintenant, je ne pense plus à rien » ou « les choses se déroulent bien » ou « c'est affreux ! Mon esprit ne veut pas rester en place », et ainsi de suite. Parfois cela se transforme en pensées sur ce que l'on racontera à son instructeur à propos de sa méditation et cela devient une véritable conversation imaginaire. Des pensées de ce genre doivent simplement être notées à la rubrique « pensées » et, comme le disait Huang Po, simplement « laissées comme un morceau de bois pourri ». Notez bien qu'il est dit « laissées », pas « jetées ». Un morceau de bois pourri ne fait rien pour vous mettre en colère, mais, comme il n'a aucune utilité, cela n'aurait aucun sens de s'y accrocher.

Il n'y a pas non plus besoin de remonter tous les maillons de la chaîne des pensées associées ni de tenter de s'assurer quel est le premier maillon où commence la chaîne. De telles tendances doivent, elles aussi, être notées comme « pensées » et l'esprit doit revenir à la méditation. Aussi mal qu'aillent les choses, il faut reprendre au seul endroit possible — là où l'on est — et repartir de là. Les analyses psychologiques sont aussi « pensées ».

La pratique de l'exercice fondamental de respiration doit se poursuivre par séances d'une heure (ou toute autre période recommandée par l'instructeur).

Entre les sessions, il faut aussi pratiquer les exercices fondamentaux de marche — également par sessions d'une heure — à tour de rôle.

Exercice fondamental de marche

Entre les séances de pratique assise, le méditant devrait se choisir un terrain tranquille où il peut aller et venir sans être relativement gêné. Il n'est pas nécessaire que ce terrain soit vaste. Si votre chambre n'est pas trop petite, vous pouvez facilement pratiquer là, ou dans le couloir ou dans le sentier du jardin, ou dans l'entrée. Mieux vaut pour cet exercice marcher délibérément plus lentement que de coutume. Quelque chose qui approche la vitesse d'une bonne marche lente est idéal, mais il va de soi qu'il faut marcher de façon aussi simple et naturelle que le permet la vitesse. Pendant cette période d'aller et retour, l'attention doit se porter sur les mouvements de la jambe et du pied. Il faut noter quand le pied droit commence à se lever du sol « se lever », quand il s'avance « s'avancer » et quand il revient au sol « se poser ». Il en va de même pour le pied gauche, et ainsi de suite.

Exactement de la même façon que dans la position assise, et en respirant, il faut noter les pensées et sensations de façon appropriée. S'il nous arrive de regarder quelque chose pendant que nous marchons, il faut immédiatement enregistrer « Regarder » et revenir au mouvement du pied. Regarder autour de soi et noter les détails des objets, même ceux du sentier, c'est « de la poussière dans les yeux », cela *ne fait pas* partie de la pratique.

11.
L'AMOUR UNIVERSEL. LE METTA SUTTA

Le Mettâ Sutta (en pali), Sûtra de la bonté, est attribué comme tous les autres Sûtras au Bouddha lui-même. C'est un enseignement à propos de l'amour tendresse, Mettâ *en pali,* Maitrî *en sanskrit. Nous portons tous latente en nous une espérance du bien de tous les êtres. C'est pourquoi il nous arrive parfois de nous surprendre en train d'aider les autres, par exemple porter les paquets d'une personne âgée ou aider un ami à trouver les mots qu'il cherche pour exprimer sa pensée. L'idée exprimée dans le Sûtra, avec une grande dignité, avec simplicité et beauté, est que, si nous sommes humbles et libres de nos propres attachements, notre bénévolence naturelle peut atteindre tous les êtres sans limitation. Le Sûtra souligne le modèle de la Bénévolence insondable dont la nature elle-même nous a pourvus en suggérant que nous puissions nous rattacher à tous les êtres, comme une mère se rattache à son enfant unique.*

Ce Sûtra est récité tous les jours par les bouddhistes à travers les pays theravâdins du Sud-Est asiatique. Il offre la base de la pratique theravâda du Maitrî-bhâvanâ, le développement de la bénévolence. Pourtant, son message de bonté infinie pour tous en fait le lien parfait entre l'Hînayâna et le Mahâyâna. Comme nous le verrons dans le chapitre 15, le Mahâyâna a également suscité des pratiques de méditation spéciales qui ouvrent les barrières de la Bénévolence en nous aidant à défaire notre attachement à notre point de vue subjectif.

*

METTA-SUTTA

In *L'Enseignement de Bouddha, d'après les textes les plus anciens,*
Walpola Rahula.
coll. « Point Sagesses », Seuil, 1978.

L'amour universel

Voici ce qui doit être accompli par celui qui est sage, qui recherche le bien et a obtenu la paix.

Qu'il soit appliqué, droit, parfaitement droit, docile, doux, humble, content, aisément satisfait ; qu'il ne se laisse pas submerger par les affaires du monde, qu'il ne se charge pas du fardeau des richesses, que ses sens soient maîtrisés ; qu'il soit sage, sans orgueil, et ne s'attache pas aux familles.

Qu'il ne fasse rien qui soit mesquin et que les sages puissent réprouver.

Que tous les êtres soient heureux.

Qu'ils soient en joie et en sûreté.

Toute chose qui est vivante, faible ou forte, longue, grande ou moyenne, courte ou petite, visible ou invisible, proche ou lointaine, née ou à naître, que tous ces êtres soient heureux.

Que nul ne déçoive un autre ni ne méprise aucun être si peu que ce soit ; que nul, par colère ou par haine, ne souhaite de mal à un autre.

Ainsi qu'une mère au péril de sa vie surveille et protège son unique enfant, ainsi avec un esprit sans limites doit-on chérir toute chose vivante, aimer le monde en son entier, au-dessus, au-dessous et tout autour, sans limitation, avec une bonté bienveillante et infinie.

Étant debout ou marchant, étant assis ou couché, tant que l'on est éveillé on doit cultiver cette pensée. Cela est appelé la suprême manière de vivre.

Abandonnant les vues fausses, ayant la vision intérieure profonde, vertueux, débarrassé des appétits des sens, celui qui est perfectionné ne connaîtra plus la renaissance.

*

Troisième partie

Les enseignements du Grand Véhicule

Le Mahâyâna (« Grand Véhicule ») a fait son apparition au Ier et IIe siècle de notre ère dans une explosion de créativité qui donna naissance à une nouvelle vague de Sûtras d'une tonalité et d'un contenu très différents des précédents. On a dit que ces nouveaux Sûtras, qui prétendaient aussi rapporter les paroles du Bouddha, étaient restés cachés dans d'autres mondes, dans l'attente du moment propice pour apparaître. Ils mettaient l'accent sur un principe inhérent au Hînayâna, mais qui n'avait pas été développé : le concept de vacuité (Shûnyatâ). Selon le principe de la Production conditionnée (Pratîtya-Samutpâda) que le Bouddha avait présenté d'emblée comme une étape de son Éveil, toutes les manifestations — tous les phénomènes physiques et psychiques, tous les dharmas — sont interdépendantes et se conditionnent mutuellement. De par leur interdépendance, ils n'ont pas d'essence individuelle. Ils ont l'apparence d'entités dépendantes, mais, en tant que telles, ils sont vides.

Le Hînayâna avait surtout appliqué le concept de vacuité à la « personne ». Le Mahâyâna alla plus loin en l'appliquant à toutes les choses. Une fleur, le bonheur de votre ami, votre ami, un chien, votre nez, un ressentiment grave, un timbre-poste, votre « Moi », une histoire d'amour, une voiture — tous sont avant tout des rapports changeants de cause à effet. L'expérience nue, directe, qui voit à travers les concepts, le révèle. En tant qu'objet susceptible d'être appréhendé par un esprit dualiste, le monde est vide : c'est un ballet d'apparences sans essences.

Mais cela ne signifie pas que le monde qui nous entoure soit négligeable. En tant qu'ensemble d'apparences, il existe et il faut en tenir compte. On ne peut le qualifier de réel ou d'irréel. Il est comme il est, parce qu'il n'est pas.

Les bouddhistes condamnent comme nihilisme la tendance à considérer le monde des phénomènes comme une entité irréelle, négligeable, et comme éternalisme la tendance à le considérer comme une entité permanente, réelle en soi, prépondérante et éternelle. Le nihilisme et l'éternalisme sont considérés comme les deux extrêmes par le Bouddhisme.

L'accent mis par le Mahâyâna sur la vacuité a engendré une nouvelle et vaste vision, une vision de mondes innombrables habités par d'innombrables êtres et bouddhas. Dans l'immensité de cette vision universelle, la délivrance individuelle, qui avait été jusque-là l'objet de la pratique spirituelle, devint un objectif trop étroit. Se détournant de cette concentration sur soi, la pratique se dirigea alors vers l'extérieur afin de tout englober. La figure de l'Arhat cherchant à abolir sa propre souffrance fut remplacée, en tant que modèle spirituel, par celle du Bodhisattva, lequel est disposé à retarder son entrée au Nirvâna afin d'engager l'univers entier et sauver tous ses êtres de l'illusion. La notion de nature de Bouddha devint alors une notion clé : la nature fondamentale inhérente à tous les êtres est l'Éveil lui-même. Avec les innombrables bouddhas dans des mondes innombrables et la nature de Bouddha présente en chaque être, l'existence/non-existence se mit à fourmiller de bouddhéité, si bien qu'on finit par accorder moins d'importance au Bouddha Shâkyamuni, ou Bouddha historique.

Le Mahâyâna se répandit dans l'ensemble du Nord asiatique — Asie centrale, Chine, Tibet, Mongolie, Corée, Japon et Viêt-nam. L'une des écoles Mahâyâna les plus influentes de l'histoire fut et reste la première école apparue en Chine, le Ch'an (du sanskrit *dhyâna*, « méditation »), plus connu aujourd'hui sous sa forme japonaise, le Zen. Les écoles Ch'an/Zen se concentrent sur le recueillement assis, et les maîtres zen cultivent l'art de faire jaillir l'« Éveil soudain ». Le Ch'an/Zen est également un premier exemple de l'extraordinaire fécondité du Mahâyâna comme médium pour le développement de nombreuses formes d'art.

12.
DE LA CONFIANCE EN L'ESPRIT

Le Hsin-hsin-ming, *« Inscription sur la confiance en l'esprit », est un poème chinois de cent quarante-six vers rimés de quatre caractères que l'on attribue à Seng-ts'an (vers 600), le troisième patriarche chinois du Ch'an et le trentième dans la lignée du Bouddha Shâkyamuni. Hsin, traduit ici par « esprit », est également souvent traduit par « cœur » ou « esprit-cœur » et correspond au japonais* kokoro.

On ne sait pratiquement rien de Seng-ts'an sinon ce que racontent des légendes décrivant la transmission de l'Éveil d'« esprit-cœur à esprit-cœur », si caractéristique du Ch'an/Zen, qui eut lieu entre lui et le deuxième patriarche, Hui-k'o. On dit que cette transmission a non seulement apporté l'Éveil à Seng-ts'an mais l'a aussi guéri de la lèpre.

Dans ce poème, l'un des premiers des écrits Ch'an, dont la terminologie est très influencée par le Taoïsme, la non-dualité apparaît comme un thème positif. Si l'esprit-cœur habite dans la non-dualité, sans être attiré dans la distinction entre sujet et objet, une authentique confiance apparaît, une assurance naturelle qui n'a pas besoin de confirmation extérieure. L'expérience se manifeste comme « ainsité », la vraie nature immuable de toutes choses. Cette nature, comme des gravats ou des débris, n'a pas besoin d'être soutenue. Elle existe telle qu'elle est, expression indestructible des choses telles qu'elles sont.

L'expression « dix mille Êtres » utilisée dans le poème est une convention du Taoïsme chinois pour désigner tous les phénomènes.

*

DE LA CONFIANCE EN L'ESPRIT

Extrait de *Seng Ts'an,* de Hsin Hsin Ming.
Stances sur la foi ou sur la foi en l'esprit
ou inscription sur l'esprit authentique,
Éditions Lebeer Hossmann, Bruxelles-Hambourg, 1984.
Traduit en quatre langues ;
par Robert Filliou pour la version française.

La voie parfaite n'est pas difficile,
il suffit de rejeter tout choix.
Pourvu de ne haïr ni aimer
la pénétration en est clairissime.

Au moindre égarement,
ciel et terre sont séparés.
Afin de La voir en face,
on dépassera les contraires.

Le conflit pour/contre
cause la maladie de l'esprit.
Ne discernant pas le sens mystérieux (de la Voie)
on s'évertue en vain à réfléchir paisiblement.

La Voie est parfaite comme le grand vide,
sans carence, sans excès.
Accepter ou rejeter
font nier l'ainsité.

Ne pas s'identifier à l'existence,
ne pas se résigner au Vide.
Au sein paisible de l'unité,
cette dualité disparaît d'elle-même.

Renoncer à l'activité pour retrouver la passivité,
ce renoncement est encore activité.
Seule obstrue la dualité,
mieux vaut connaître l'Unité.

Quand l'Unité est obstruée,
une double perte est encourue.
Nier l'existence, c'est s'y plonger,
s'en tenir au Vide, c'est lui tourner le dos.

Parler beaucoup, beaucoup cogiter
détournent de la vérité.
Rompre le discours, cesser l'intellection,
aucun lien qu'on ne pénètre.

Retourner à la racine : atteindre l'essence
Suivre les apparences : s'éloigner de l'origine.
A l'instant de l'Éveil,
on transcende ce vide-ci.

Les transformations de ce vide-ci
proviennent toutes de l'ignorance.
Inutile de rechercher la vérité,
abandonner toute opinion suffit.

On ne demeurera pas dans le dualisme ;
on évitera soigneusement de le poursuivre.
Dès qu'apparaissent bien et mal, l'esprit erre dans la confusion.
Deux prend source dans l'un,
on ne s'agrippera cependant pas à cet un.

Un esprit où rien ne naît
ne trouve aucune faute aux dix mille dharmas.

Aucune faute : aucun dharma,
aucune naissance : aucun esprit.

Quand l'effet prend fin, la cause aussi,
quand la cause disparaît, l'effet la suit.
L'effet est effet en vertu de la cause,
la cause est cause en vertu de l'effet.

Sache que l'un et l'autre
proviennent d'un seul vide.
Un Vide aux moitiés identiques,
contenant chacune les dix mille formes.

Ne pas distinguer la fin du grossier
vaut mieux qu'être enclin à la partialité.
La grande Voie est essentiellement libérale,
ni facile ni difficile.

Les vues mesquines renardent,
elles tournent en rond de la hâte à la lenteur.
L'opiniâtreté mène à perdre balance,
pousse infailliblement à la perversité.

Lâcher prise : en-soi
l'essence ne part ni ne demeure.
On suivra son inclinaison naturelle selon la Voie,
vaguant à loisir, libre d'inquiétude.

L'anxiété obscurcit la nature bouddhique propre à chaque être,
sombrer dans la confusion est malsain.
Malsain l'esprit troublé
à quoi bon antipathie ou sympathie.

Afin de progresser sur le Sentier Unique (le Grand Véhicule : Mahâyâna),
on ne méprisera pas les six poussières des sens.
Ne pas mépriser les six poussières des sens
revient à s'identifier au véritable Éveil.

Le sage : non actif.
L'insensé : se ligote.
Le Dharma est sans dharmas distinctifs
convoiter c'est se leurrer.

Saisir l'esprit à l'aide de l'esprit,
n'est-ce pas là errer grandement ?
De l'illusion naissent calme et agitation.
L'Éveil est sans goûts ni dégoûts.

Toutes les dualités :
autodéception délibérée,
rêves, jongleries, fleurs fantomatiques !
pourquoi se soucier de s'en saisir ?

Gain/perte, vrai/faux,
sont à bannir totalement sur-le-champ.
Si l'œil ne dort pas,
tous les rêves s'éloignent d'eux-mêmes.

Si l'esprit ne différencie pas entre
les dix mille dharmas, il n'est qu'une Ainsité.
Une Ainsité, essentiel mystère
la causalité y est tout simplement oubliée.

Voir l'unité des dix mille dharmas :
redécouvrir, retourner à l'en-soi.
Mets fin à la causalité,
en rejetant la comparaison.

Inactive activité : non activité.
Active inactivité : non-inactivité.
« Un et un » (lis : deux) n'existant plus,
quel « un » existerait-il ?

En sa finalité, l'Ultime
ne maintient pas de lois.
L'esprit en unisson avec cette équanimité,
toute activité cesse.

Lavée de tout doute et suspicion,
la confiance originelle est restaurée.
Rien n'étant retenu,
il n'est rien à se souvenir.

L'esprit en unisson demeure, vide, lucide, auto-illuminé,
sans que son énergie s'épuise
en vues fausses,
sentiments discriminatoires et conjonctions biscornues.
En son Ainsité, le Dharma est
sans « autre », sans « soi ».

En vue de s'y accorder spontanément,
il n'y a qu'à s'écrier : « Pas Deux. »
« Pas Deux » : complète équivalence
dont rien n'est exclu.

Les sages des dix quartiers
pénètrent tous cette Origine.
L'Origine n'est ni pressée ni prolongée,
le temps d'une pensée y est tout le Temps (lis : dix mille ans).

Sans « être » ni « n'être pas »,
les dix quartiers sont devant nos yeux.
L'infiniment petit est pareil à l'infiniment grand
si on ne pense pas aux frontières qui les séparent.

L'infiniment grand est pareil à l'infiniment petit
si on ne voit pas signe de frontière.
Ce qui est par conséquent n'est pas,
ce qui n'est pas par conséquent est.

Un état de choses autre
ne saurait se maintenir un instant.
Un, soit Tout
Tout, soit Un.

Si on comprend ceci,
pourquoi s'inquiéter de l'imperfection ?
Authentique esprit : pas deux
Pas deux : authentique Esprit
Tout discours cesse.

Plus d'allées et venues maintenant.

*

13.
LE SÛTRA DU CŒUR

Le Sûtra du cœur est l'un des plus importants Sûtras Mahâyâna, parce qu'il traite du thème essentiel de la vacuité (Shûnyatâ), et ce, avec une précision et une clarté extraordinaires. Il s'agit du plus court des quarante Sûtras qui forment le Prajnâpâramitâ-Sûtra *(« sagesse transcendantale »). Son nom exact est « le Sûtra du cœur de la grande sagesse transcendantale » ou* Mahâprajnâpâramitâ-hridaya-Sûtra.

Dans la scène décrite ici, le Bouddha entre dans un état de profonde méditation, mais c'est son disciple, le Bodhisattva Avalokiteshvara, *qui a la vision de la vacuité et qui dit le Sûtra, en réponse à l'interrogation d'un autre grand disciple, le Bouddha Shâriputra. A la fin du Sûtra, le Bouddha se contente d'approuver. Puis tous louent les paroles du Bienheureux, le Bouddha. On comprend ainsi que cette révélation a été engendrée par la puissance même de la méditation du Bouddha.*

La phrase clé du Sûtra du cœur issu de la méditation du Bouddha est la formule : « La forme n'est que vide. Le vide n'est que forme. » « La forme n'est que vide » signifie que tous les phénomènes — les arbres, les crayons, les cris, les humeurs, etc. — sont vides de tous les concepts qui nous permettent de les saisir et de les intégrer dans notre monde, vides de tout ce que nous projetons en eux. Ainsi, il n'y a « ni forme, ni sensation... ni nez, ni langue, ni corps », etc. Les choses auxquelles nous conférons une existence en leur donnant ces noms ne sont que vide, parce qu'elles sont vides des significations de ces noms et des entités qu'impliquent ces significations.

Dans ce Sûtra, la liste des négations va jusqu'à inclure toutes sortes de choses généralement affirmées par la doctrine bouddhiste. Il nie même les Quatre Nobles Vérités (« ni douleur, ni apparition de la douleur, ni cessation de la douleur, ni voie »). Le vide englobe tout. C'est la grande délivrance, parce que ce qui nous retient prisonniers n'est autre que le monde des significations dans lequel nous baignons. Une fois que l'on s'en est dépouillé, on peut entrer dans la dimension pure du vide, complètement libre et infini. D'où le mantra Gate Gate..., « O bodhi, parti, parti, parti vers l'autre rive, débarqué sur l'autre rive — l'esprit éveillé, qu'il en soit ainsi ».

Mais cette explication nous donne seulement une idée un peu simpliste de l'orientation générale du Sûtra. Tel que nous l'avons décrit, le vide en soi devient un concept, une projection qui efface toutes distinctions, comme l'éclat d'une ampoule peut éblouir au point de troubler la vision. Toutefois, la sagesse transcendantale ne se réduit pas à cette vacuité conceptuelle grossière. La phrase clé du début du Sûtra continuait · « Le vide est aussi forme. » Le véritable vide prend la forme des formes telles qu'elles sont — sans le revêtement conceptuel d'être ceci ou cela, également vide de vide. Ayant ajouté cette dimension supplémentaire à la compréhension du vide, peut-être serait-il intéressant de revenir au début du Sûtra et de refaire le voyage.

*

D. T. Suzuki, *Essais sur le Bouddhisme Zen*,
Paris, Albin Michel,
« Spiritualités vivantes », 1972, p. 217-221.

Ainsi ai-je entendu. A un moment, l'Honoré du Monde s'établit à Râjagriha, dans le mont du Vautour, en même temps qu'un grand nombre de Bhikshus et un grand nombre de Bodhisattvas. A ce moment, l'Honoré du Monde était absorbé dans le Samâdhi nommé Éveil profond. Et au même moment le grand Bodhisattva Avalokiteshvara exerçait lui-même à la profonde Prajnâ-pâramitâ.

Quand le Bodhisattva Avalokiteshvara se fut engagé dans la pratique de la profonde Prajnâ-pâramitâ, il perçut : il y a les cinq skandhas ; et il les vit dans leur nature propre être vides.

« O Shâriputra, ici la forme est vide, le vide est forme ; la forme n'est rien autre que vide ; le vide n'est rien autre que forme ; ce qui est forme, cela est vide, ce qui est vide, cela est forme. On peut dire la même chose de la sensation, de la pensée, de la formation et de la conscience.

« O Shâriputra, toutes choses ici-bas ont pour caractère le vide : elles ne sont point nées, elles ne sont point anéanties, elles ne sont point souillées, elles ne sont point immaculées, elles ne croissent point, elles ne décroissent point. Par conséquent, ô Shâriputra, dans le vide il n'est point de forme, point de sensation, point de pensée, point de formation, point de conscience, point d'œil, d'oreilles, de nez, de langue, de corps, d'esprit, point de forme, de son, d'odeur, de goût, de contact, d'objets, point de dhâtu de la vision, jusqu'à ce que nous parvenions au non-dhâtu de la conscience ; il n'est point de connaissance, point d'ignorance, point d'extinction de connaissance, point d'extinction d'ignorance jusqu'à ce que nous parvenions là où il n'est point de vieillesse et point de mort ; là où il n'est point d'extinction de la vieillesse et de la mort, il n'est point de souffrance, d'accumulation, d'anéantissement, de sentier, il n'est point de connaissance, point d'acquisition, point de réalisation, puisqu'il n'est point d'acquisition. Dans l'esprit du Bodhisattva qui demeure appuyé sur la Prajnâ-pâramitâ, il n'est point d'obstacles ; et parce qu'il n'est point d'obstacles dans son esprit, il n'a point de crainte et, allant au-delà des vues faussées, il atteint le nirvâna final. Tous les Bouddhas du passé, du présent et de l'avenir, se reposant sur la Prajnâ-pâramitâ, parviennent à l'Éveil suprême et parfait.

« Par conséquent, on devrait savoir que la Prajnâ-pâramitâ est le grand mantra, le mantra de la profonde sagesse, le plus haut mantra, le mantra sans pareil, qui peut apaiser toute douleur ; cela est la vérité parce que cela n'est point mensonge : cela est le mantra proclamé dans la Prajnâ-pâramitâ. C'est " Gate, gate, pâragate, pârasamgate, bodhi, svahâ ! " (O bodhi, parti, parti, parti vers l'autre rive, débarqué sur l'autre rive, svahâ.)

« O Shâriputra, ainsi le Bodhisattva devrait s'entraîner lui-même à la profonde Prajnâ-pâramitâ. »

A ce moment, l'Honoré du Monde sortit du Samâdhi et donna son approbation au grand Bodhisattva Avalokiteshvara, disant : « Bien, bien, noble fils, c'est bien ainsi. Ainsi s'exerce la pratique de la profonde Prajnâ-pâramitâ. Comme vous l'avez dit, elle est applaudie par les Tathâgatas et les Arhats. » Ainsi parla d'un cœur plein de joie l'Honoré du Monde ; le vénérable Shâriputra et le grand Bodhisattva Avalokiteshvara en même temps que l'assemblée entière, et les mondes des dieux, des hommes, des asuras et des gandharvas louèrent tous les discours de l'Honoré du Monde.

*

14.
L'ÉCHANGE DE SOI POUR AUTRUI
par Gyalwa Gendün Gyatso deuxième Dalaï-Lama

Gendün Gyatso, le deuxième Dalaï-Lama (1475-1542) et le premier à être reconnu comme incarnation de la lignée des Dalaï-Lamas, a passé une grande partie de sa vie à voyager et à enseigner au Tibet. Il a également trouvé le temps d'écrire des commentaires sur un grand nombre de sujets bouddhistes, qu'ils concernent la philosophie ou la pratique. Dans ce texte, il donne une description vivante de la pratique de « donner et accepter », élément essentiel de l'enseignement lo-jong *(« entraînement de l'esprit ») introduit au Tibet par le grand pandit indien Atîsha Dipamkara (980/90-1055), à qui Gendün Gyatso rend hommage en préambule. Atîsha fonda l'école Kadampa, dont le but était de former l'esprit afin de susciter une authentique compassion pour autrui à un niveau réaliste et sincère. La lignée d'Atîsha fut en partie absorbée par l'ordre Gelugpa du bouddhisme tibétain. Ainsi les Dalaï-Lamas, chefs de l'ordre Gelugpa, sont ses héritiers directs, et en l'occurrence le deuxième Dalaï-Lama donne l'impression de s'exprimer avec la voix même du grand Bodhisattva de la compassion, Atîsha.*

Le contexte de la pratique de « donner et accepter » décrite ici en détail est la doctrine Mahâyâna centrale du bodhichitta *(« esprit d'Éveil ») relatif et absolu. Le* bodhichitta relatif est lié à l'aspiration à la vérité évoquée dans le commentaire du chapitre 1. C'est l'aspiration, nourrie par une compassion infinie, à atteindre l'Éveil pour aider autrui, ainsi que la volonté de s'engager dans la formation qui permettra d'atteindre ce résultat. L'esprit d'Éveil absolu est une perception directe de la vraie nature des phénomènes, qui est le vide.

L'objet de la pratique du « donner et accepter » (qui est en fait ici accepter et donner) est de susciter une authentique compassion. Cette pratique, qui comporte plusieurs étapes, peut ne durer que quelques minutes ou aussi longtemps qu'il est nécessaire. On commence par méditer brièvement sur son aspiration à atteindre l'Éveil. Ensuite, s'inspirant du Mettâ-Sutta (voir chapitre 11) qui décrit un parangon de maternité, on visualise et on contemple sa propre mère d'une manière particulière, décrite très brillamment dans le texte. On décide alors de prendre son bien-être en charge, et ainsi on entre dans la pratique « accepter et donner ». Accepter correspond à l'inspiration. Donner correspond à l'expiration. A chaque inspiration et expiration, on s'efforce de trouver l'attitude décrite.

On comprend alors que, au cours d'innombrables renaissances, chacun a été la mère de tout le monde dans une vie ou une autre. Cela permet d'étendre à autrui la compassion que l'on a suscitée en soi vis-à-vis de sa propre mère. Cette pratique « accepter et donner » se poursuit alors en relation avec d'autres au cours de plusieurs phases successives : avec une personne que l'on déteste, un ami et un inconnu. Ensuite on étend la pratique pour inclure non pas un seul individu mais une multitude — tous les êtres. Enfin, on applique cette pratique à ses ennemis.

Une fois la logistique et la séquence des phases de la pratique comprises, la personne qui médite n'a plus qu'à *se laisser guider par les descriptions claires et simples de Gendün Gyatso. Il faut néanmoins préciser que la discipline acquise grâce à d'autres pratiques fondamentales de méditation (voir chapitres 8, 9 et 11), telle la conscience du souffle, est une base nécessaire si l'on veut réussir des pratiques telles que donner et accepter. Sans cette discipline, l'esprit de la personne qui médite risque de vagabonder d'une manière incontrôlable vers les associations savoureuses que donner et accepter peut évoquer.*

La seconde partie du texte explique la méditation sur le bodhichitta absolu (ou esprit d'Éveil). C'est une approche concrète et pratique de ce que le Mahâyâna appelle « le double non-soi ». Le premier est l'absence d'un vrai « Moi », le non-soi ordinaire. Le second est le non-soi (ou absence d'essence individuelle) de tous les dharmas, c'est-à-dire de tous les phénomènes. On l'appelle le double non-soi, parce que la projection d'entités distinctes et déterminées dans le monde et la projection d'un Moi sont inextricablement liées.

Hommage aux pieds de lotus d'Atîsha.
Qui est un avec l'incomparable Tsongkhapa.

Je propose ici une guirlande de mots aisés à comprendre, qui expliquent brièvement comment méditer sur les deux aspects de l'esprit d'Éveil, le relatif et l'absolu — l'essence de tous leurs enseignements.

Comment méditer sur l'esprit d'Éveil relatif

La méditation sur l'esprit d'Éveil relatif — l'aspiration à atteindre l'état du bouddha comme meilleur moyen de faire du bien à tous les êtres sensibles — commence par une méditation sur l'amour et la compassion. L'amour et la compassion forment la base de la méditation dite du

« donner et accepter », la principale technique utilisée (dans la tradition d'Atîsha) pour produire l'esprit d'Éveil relatif.

Installez-vous confortablement sur votre siège de méditation et visualisez votre mère assise devant vous. Pensez à la manière dont elle vous a porté dans son ventre pendant près de dix mois, ainsi qu'à la souffrance et aux désagréments qu'elle a endurés pour vous pendant ce temps-là. A votre naissance, elle a ressenti une douleur aussi intense que si on lui écrasait le corps. Pourtant elle n'a pas hésité à subir toutes ces souffrances pour vous, aussi grandes fussent-elles ; et quand vous êtes enfin sorti de son ventre, pareil à un ver nu et impuissant, couvert de sang et de mucus, elle vous a tendrement pris dans ses bras et vous a placé contre son corps doux pour vous réchauffer ; elle vous a allaité, vous a préparé à manger, a nettoyé les sécrétions de votre nez et les excréments de votre corps, vous a contemplé avec le sourire et, la nuit, a sacrifié son bien-être et son sommeil pour vous. Durant toute votre enfance, elle aurait préféré tomber malade plutôt que de vous voir malade et aurait préféré mourir plutôt que de vous voir souffrir. Quand vous avez grandi, les choses auxquelles elle attachait trop de valeur pour s'en servir elle-même ou les donner à d'autres, elle vous les a offertes : ses meilleurs aliments, de même que des vêtements chauds et doux. Elle était prête à tout pour vous, même à se déshonorer publiquement. Ignorant son propre bonheur dans cette vie et les causes de son bonheur pour des vies futures (c'est-à-dire un bon karma), elle n'a songé qu'à assurer votre bonheur et votre bien-être. Mais sa bonté ne s'arrêta pas là : si vous avez rencontré les guides spirituels (Lamas) et avez à présent l'occasion d'étudier et de pratiquer le Dharma — et de trouver ainsi la paix et le bonheur dans cette vie et au-delà — c'est purement un effet de sa bonté.

Méditez dans ce sens jusqu'à ce que vous lui soyez infiniment reconnaissant, jusqu'à ce que votre cœur s'ouvre à elle avec amour et que le seul fait de penser à elle emplisse votre esprit de joie. Puis songez aux douleurs de l'enfantement, de la vieillesse, de la maladie et de la mort qui pèsent sur le corps et l'esprit de votre mère et rappelez-vous qu'à sa mort elle sera condamnée à errer désespérément dans l'au-delà, voire dans les royaumes inférieurs de l'existence (enfer, monde des fantômes ou des animaux). Si vous méditez dans ce sens suffisamment longtemps et avec suffisamment de concentration, vous susciterez spontanément en vous un sentiment de compassion pour elle aussi grand que celui qui emplit des parents voyant leur enfant unique subir la torture des flammes.

Pensez alors : « Si moi, je n'accepte pas la responsabilité d'engendrer ce qui est favorable à ma propre mère et de supprimer ce qui lui est nuisible, qui l'acceptera ? Si je n'agis pas, qui le fera ? »

Mais quelle est exactement la source du mal pour elle ? La souffrance et les choses négatives. La souffrance en est la cause immédiate, tandis que les choses négatives en sont les causes indirectes. Pensez : « Voilà donc ce dont je devrais la délivrer. »

Méditez ainsi et, en inspirant, visualisez qu'avec votre inspiration vous inhalez toutes ses souffrances présentes et raisons d'insatisfaction, de même que le karma négatif et les déformations de l'esprit (attachements, aversions, etc.) qui sont les causes de toutes ses souffrances à venir. Celles-là se détachent de son corps et de son esprit pour entrer dans votre cœur sous la forme d'un nuage noir, attiré par votre souffle. Générez la conviction qu'elle est ainsi libérée de la douleur et de ses causes.

Qu'est-ce qui est positif pour elle ? Le bonheur et la bonté (un karma positif). Le bonheur est la cause immédiate de son bien-être, la bonté la cause indirecte.

Pensez :« Voilà donc ce que je devrais lui donner. » Méditez ainsi et, en expirant, visualisez qu'en même temps que votre souffle vous exhalez un nuage blanc de bonheur et de bonté, qui pénètre dans son cœur, la rassasie d'une masse prodigieuse de bonheur, de vertu et de bonté, et l'aide à progresser vers la bouddhéité.

Puis, comme vous venez de le faire avec votre mère comme objet de méditation, pensez que tous vos amis et parents, ayant été vos mères à maintes reprises dans des vies antérieures, vous ont prodigué la même bienveillance que votre mère actuelle. Dans chacune des vies antérieures, comme votre mère (dans cette vie), ils vous ont prodigué toute la bienveillance d'une mère et, à cet égard, méritent autant votre amour et votre reconnaissance que votre mère dans cette vie. Songez à quel point ils furent de bonnes mères pour vous, jusqu'à ce que la seule vue de l'un d'eux emplisse votre cœur de joie et de reconnaissance.

Puis songez combien, prisonniers de la douleur, ils sont privés d'un vrai bonheur. Continuez à méditer dans ce sens jusqu'à ce que la compassion s'éveille, incapable de supporter leur état pitoyable. Une fois que vous avez généré l'amour et la compassion, engagez-vous dans la technique de méditation appelée « donner et accepter », telle qu'elle vient de vous être expliquée.

Une fois que cela est fait, visualisez devant vous une personne que vous détestez, un ami ou un inconnu (c'est-à-dire quelqu'un qui n'éveille pas d'émotions en vous). Même si vos souvenirs sont peut-être troublés par les expériences continues de la mort, de l'état intermédiaire (entre la mort et la renaissance) et de la renaissance, en réalité chacun d'entre eux a été votre mère au cours d'innombrables vies antérieures et, à ces occasions, vous a prodigué la même bienveillance que votre mère dans cette vie, vous faisant du bien d'innombrables manières et vous protégeant de ce qui pouvait menacer votre bien-être.

Générez de l'amour et de la compassion pour eux comme précédemment, puis utilisez-les comme objets de méditation dans la pratique du « donner et accepter ».

Ensuite méditez sur la façon dont tous les êtres des six royaumes ont à maintes reprises été votre mère, vie après vie. Générez amour et compassion pour eux, puis engagez-vous dans la pratique du « donner et accepter ». En inhalant, absorbez toutes leurs souffrances — la chaleur des enfers brûlants ; le froid des enfers glacés ; la faim des fantômes affamés ; l'impitoyable sauvagerie du monde animal ; les douleurs de l'enfantement, de la maladie et de la vieillesse, etc., de l'humanité ; la violence des anti-dieux ; et la souffrance subtile, omniprésente des dieux supérieurs. Puis, en exhalant, méditez sur la manière de leur donner tout ce qui pourrait les rendre heureux — une brise fraîche sur les enfers brûlants, de la chaleur sur les enfers glacés, de la nourriture pour les fantômes, etc.

Enfin, visualisez tous les ennemis ou gens qui vous ont fait du mal. Songez comment, aveuglés par l'ignorance et les effets des naissances, des morts et des transmigrations répétées, ils ne savent pas voir qu'ils ont été votre mère et vous la leur de nombreuses fois ; comprenez que, dominés qu'ils sont par des forces karmiques et l'aveuglement mental, ils sont poussés à vous faire du mal dans cette vie. Toutefois, si votre douce mère dans cette vie succombait soudain à la folie, vous insultait et vous attaquait physiquement, vous réagiriez avec compassion, à moins d'être complètement indifférent. De même, la compassion est la seule réaction à avoir face à ceux qui vous font du mal ou vous maltraitent dans cette vie.

Méditez ainsi jusqu'à ce que l'amour et la compassion

s'éveillent, puis méditez sur « donner et accepter » — comment accepter les causes immédiates et indirectes de leur colère, de leur altération et de leur mal-être, et leur donner des causes de s'apaiser et de se réjouir.

En bref, à l'exception des Bouddhas et de ses propres maîtres (les Lamas), chacun devrait méditer sur « donner et accepter » pour tous les êtres, même pour des Bodhisattvas parvenus à la dixième étape, des Shrâvaka Arhat et des Pratyeka-Buddha qui doivent encore se libérer de légères souillures dues à une perception déformée et limitée. En revanche, il ne sert à rien de visualiser « donner et accepter » avec les Bouddhas, car, ayant atteint la perfection, ils n'ont pas de défauts à effacer ni de qualités à acquérir. Quant à ses propres maîtres, il est inconvenant d'utiliser la méditation « donner et accepter » en les prenant comme objets, car il est incorrect pour un disciple de trouver des défauts à son maître. Même si l'un de ses maîtres semble effectivement avoir des défauts, le disciple ne devrait pas visualiser leur effacement. Aux Bouddhas et à ses propres maîtres, chacun ne peut que faire l'offrande de sa bonté et de sa joie.

A ce point de la méditation, vous devriez vous demander :

Toutefois, ai-je vraiment la capacité de satisfaire complètement les besoins de tous les êtres vivants ?

Réponse : Non seulement un être ordinaire n'a pas cette capacité, mais même un Bodhisattva de la dixième étape ne l'a pas non plus.

Question : Alors qui l'a ?

Réponse : Seul un être complètement et parfaitement éveillé, un Bouddha.

Méditez profondément cela jusqu'à ce que vous aspiriez sincèrement à atteindre la bouddhéité, méthode suprême pour faire du bien à tous les êtres vivants.

Comment méditer sur l'esprit d'Éveil absolu

Parfois, la pensée du « Soi-sujet » se manifeste soudain avec une grande puissance. Si on observe alors attentivement comment il se manifeste, on sera capable de comprendre que, bien que ce « Soi-sujet » évident semble exister de façon inhérente dans l'ensemble corps et esprit, en réalité il n'existe pas du tout comme l'apparence voudrait le faire croire, parce que c'est une pure conjecture mentale.

Imaginez la silhouette d'un rocher ou d'un arbre se détachant au sommet d'une colline à l'horizon : de loin on peut le prendre à tort pour un être humain. Toutefois la présence d'un humain dans ce rocher ou cet arbre n'est qu'une illusion. Un examen plus attentif permettra de comprendre qu'il n'y a d'être humain dans aucune partie de l'entité saillante, ni dans l'ensemble de ses parties, ni dans aucun de ses aspects. Rien dans cette entité saillante ne peut servir de base valable au nom d'« être humain ».

De même, le « Soi-sujet » solide qui semble exister quelque part dans le corps et l'esprit n'est que pure conjecture. Le corps et l'esprit ne sont pas plus représentés par le sentiment de « Soi-sujet » que le rocher saillant n'est représenté par le mot « humain ». On ne peut situer ce « Soi-sujet » dans aucune partie du corps et de l'esprit, ni du corps et de l'esprit formant un tout, ni dans un endroit extérieur à ce tout, qui pourrait être considéré comme une base valable de l'objet que l'on appelle « Soi-sujet ».

Méditez dans ce sens jusqu'à ce qu'il devienne évident que le « Soi-sujet » n'existe pas comme voudraient le faire croire les apparences.

De même, tous les Dharmas à l'intérieur de l'existence cyclique et au-delà sont simplement des conjectures, des projections mentales. Ils n'ont pas d'essence établie en dehors de ce mode d'existence.

Méditez longuement sur ce concept de vide. Puis, entre deux méditations, restez conscient de la dimension d'illusion et de rêve qu'ont le Moi, le Samsâra et le Nirvâna : même s'ils apparaissent dans l'esprit, ils sont vides d'existence inhérente.

C'est cette non-existence inhérente qui permet aux activités créatrices et destructrices de se manifester. Celui qui comprend cela devient un sage habité de la connaissance de la nature inséparable, le lieu où se côtoient le vide et l'interdépendance.

« Voilà donc une explication aisée à comprendre
des glorieuses pratiques de l'être supérieur
qui portent la marque des deux Bouddhakayas.
Je vous exhorte donc à pratiquer
la pure essence du grand Mahâyâna. »

15.

LA BIENVEILLANCE

par Pema Chödrön

Pema Chödrön est une nonne américaine de l'école Kagyûpa du Bouddhisme tibétain, une disciple de feu Chögyam Trungpa Rinpoché, le maître de méditation tibétain. Elle dirige un monastère bouddhiste en Nouvelle-Écosse et voyage et enseigne beaucoup. Dans ce texte bref, elle propose une explication de la nature de Maitrî *(voir chapitre 11) et donne d'excellents et sages conseils sur l'approche bouddhiste de la voie spirituelle.*

Une erreur courante chez tous les êtres humains nés sur cette terre est de croire que vivre consiste à éviter les souffrances et rechercher le plus grand bien-être possible. On voit cela même chez les insectes, les animaux et les oiseaux. Nous sommes tous pareils.

Notre vie devient bien plus intéressante, généreuse, aventureuse et joyeuse, dès que nous cherchons à développer notre curiosité sans nous préoccuper de savoir si son objet est amer ou doux. Si nous voulons dépasser les mesquineries, les préjugés et cette manie de toujours vouloir s'assurer que tout marche selon nos propres désirs, si nous voulons mener une vie plus passionnante, plus remplie et plus savoureuse, il faut admettre que nous n'apprendrons à nous connaître et à connaître le monde qui nous entoure, à comprendre comment nous fonctionnons et comment il fonctionne, qu'au prix d'un mélange de souffrances et de satisfactions. A rechercher le confort à tout prix, nous nous condamnons à nous enfuir en courant dès que nous rencontrerons la moindre douleur ; nous ne saurons jamais ce qui se trouve derrière cet obstacle, ce mur ou cet événement effrayant.

Quand on commence à méditer ou à travailler à l'acquisition d'une discipline spirituelle, on croit souvent s'améliorer, ce qui est une sorte d'agression subtile contre la personne que l'on est. C'est un peu comme si l'on disait : « Si je fais du jogging, je serai quelqu'un de bien meilleur... Si je pouvais avoir une maison plus agréable, je serais quelqu'un de bien meilleur... » Parfois, on prend les autres pour cibles, ce sont eux qui ont tous les défauts : « Sans mon mari, mon mariage serait parfait... Sans la mésentente entre mon patron et moi, mon travail serait formidable. » On en vient à se dire : « Avec un esprit différent, je méditerais à la perfection. »

Mais avoir de la bienveillance — *Maitrî* — vis-à-vis de nous-mêmes ne signifie pas qu'il faille se débarrasser de quoi que ce soit. La Maitrî signifie que nous pouvons encore nous permettre d'être fous au bout de toutes ces années, ou encore en colère. Nous pouvons encore être timorés ou jaloux ou persuadés de ne rien valoir. L'important n'est pas d'essayer de nous changer. Pratiquer la méditation ne signifie pas nous jeter au panier pour devenir meilleurs. On médite pour apprendre à s'accepter tel que l'on est. Le terrain est vous ou moi ou ce que nous sommes à ce moment précis, tels que nous sommes. Voilà le terrain à étudier, voilà ce que nous apprendrons à connaître si nous faisons appel à toute l'étendue de notre curiosité et de notre intérêt.

Il arrive que, chez certains bouddhistes, le mot *ego* prenne un sens péjoratif, ait une connotation différente du terme freudien. En tant que bouddhistes, nous pourrions dire : « Mon ego me cause bien des problèmes. » Puis conclure : « Soit ! Mais nous sommes censés nous en débarrasser, n'est-ce pas ? Alors les problèmes disparaîtront. » Au contraire, l'idée n'est pas de nous débarrasser de notre ego mais de nous intéresser à nous-mêmes, de chercher à nous comprendre, de nous interroger sur nous-mêmes.

La voie de notre méditation et la voie de notre vie passent par la curiosité. Le terrain d'investigation, c'est nous-mêmes. Nous sommes ici pour nous étudier et apprendre à nous connaître ici et maintenant, il n'est pas question de remettre cela à plus tard.

16.

LA VOIE DU BODHISATTVA

par Chögyam Trungpa

Chögyam Trungpa, bouddhiste tibétain, est le représentant d'une tradition qui fait du Vajrayâna le véhicule suprême, mais il a souligné que le Hînayâna, le Mahâyâna et le Vajrayâna étaient les phases successives indispensables de la voie bouddhiste. Il s'est attaché à enseigner le Ilo-jong*, ainsi que d'autres aspects de la voie du Bodhisattva du Mahâyâna. Les six* Pâramitâs *ou vertus transcendantales que Trungpa évoque ici sont l'essence de la pratique et de l'action du Bodhisattva. Au lieu de présenter ces Pâramitâs de la manière conventionnelle, Trungpa décrit l'expérience psychologique intérieure de ces vertus, qui sont selon lui des aspects du rapport spontané du Bodhisattva aux situations. Par exemple, la description orthodoxe du Pâramitâ de la générosité dresse la liste des divers cadeaux et offrandes à faire aux représentants du Dharma du Bouddha et explique quelle doit en être la motivation sous-jacente. Selon Trungpa, la générosité est essentiellement une disposition à s'ouvrir (aux situations et à autrui) qui transcende l'irritation.*

*

Pratique de la voie tibétaine.
Au-delà du matérialisme spirituel,
Chögyam Trungpa.
« Points Sagesses », Seuil, 1976.

[...] Le sentier du Bodhisattva est destiné aux êtres qui sont braves et convaincus de la puissante réalité de la nature de Tathâgata qui existe en eux-mêmes. [...] Le mot *Bodhisattva* signifie « celui qui est assez brave pour marcher sur le chemin de la bodhi ». *Bodhi* veut dire « éveil », « l'état éveillé ». Cela ne signifie pas pour autant que le Bodhisattva doit être déjà pleinement éveillé ; mais il veut marcher sur le sentier des éveillés.

Ce sentier consiste en six activités transcendantales qui prennent place spontanément. Ce sont : la générosité, la discipline, la patience, l'énergie, la méditation et la connaissance transcendantales. Ces vertus sont nommées « les six *Pâramitâs* », parce que *pâram* signifie « l'autre côté » ou « l'autre rive », « l'autre rive du fleuve », et *itâ* signifie « arrivé ». *Pâramitâ* signifie « en train d'arriver de l'autre côté, ou sur l'autre rive », ce qui veut dire que les activités du Bodhisattva doivent contenir la vision, la compréhension qui transcendent les notions centralisées de l'ego. Le Bodhisattva n'essaie pas d'être bon ou gentil, il est spontanément compatissant.

La générosité

La générosité transcendantale est généralement mal comprise dans l'étude des Écritures bouddhistes comme signifiant la gentillesse envers un être inférieur. Des êtres souffrent ; vous êtes en position supérieure et vous pouvez les sauver — ce qui est une façon trop simplette de regarder quelqu'un d'en haut. Mais, dans le cas du

Bodhisattva, la générosité n'est pas aussi dépourvue de cœur. C'est quelque chose de très fort et puissant : c'est la communication.

La communication doit transcender l'irritation, sinon c'est comme essayer de faire un lit douillet dans une haie de ronces. Les qualités pénétrantes de la couleur, de l'énergie et de la lumière externes viendront à nous, pénétrant nos tentatives de communication comme des épines dans notre chair. Nous essaierons de dominer cette irritation intense, et notre communication sera bloquée.

La communication est émission et réception, échange. Chaque fois que l'irritation est impliquée, nous sommes incapables de voir correctement, pleinement et clairement la qualité spacieuse de ce qui vient à nous, de ce qui se présente comme communication. Le monde extérieur est immédiatement rejeté par notre irritation, qui dit : « Non, non, cela m'irrite, je n'en veux pas. Dehors ! » Une telle attitude est en complète opposition avec la générosité transcendantale.

Aussi le Bodhisattva doit-il faire l'expérience de la communication complète, de la générosité, transcendant l'irritation et la défensive. Sinon, lorsque les épines menacent de nous piquer, nous nous sentons attaqués, et nous devons nous défendre. Nous nous échappons en courant de la formidable occasion de communiquer qui nous est offerte, et nous n'avons même pas eu le courage de jeter un regard vers l'autre rive du fleuve. Nous regardons en arrière et nous essayons de fuir.

La générosité est volonté de donner, de s'ouvrir sans motifs philosophiques, religieux ou pieux, en faisant simplement ce que requiert chaque instant dans chaque situation, sans avoir peur de recevoir chaque chose. L'ouverture peut survenir alors que nous roulons sur une route. Ni le brouillard, ni la poussière, ni les haines et les passions des gens qui nous envahissent ne sauraient nous effrayer : nous nous ouvrons, simplement, nous lâchons complètement prise, nous donnons. Cela signifie que nous ne jugeons pas, n'évaluons pas. Si nous tentons de juger ou d'évaluer notre expérience, si nous essayons de décider dans quelle mesure il convient de nous ouvrir, dans quelle mesure nous devons rester fermés, alors l'ouverture n'aura aucun sens, et la notion de pâramitâ, de générosité transcendantale, sera vaine. Notre action ne transcendera rien, cessera d'être l'action d'un Bodhisattva.

L'idée de transcendance implique que l'on voie au travers et au-delà des notions limitées, des conceptions limitées de la mentalité belliqueuse du *ceci* opposé au *cela*. Généralement, lorsque nous regardons un objet, nous ne nous permettons pas de le voir correctement. Automatiquement, nous voyons notre version de l'objet au lieu de voir véritablement cet objet tel qu'il est. Nous sommes alors très satisfaits, parce que nous avons fabriqué en nous-mêmes notre propre version de la chose. Nous pouvons la commenter, la juger, la prendre ou la rejeter ; plus rien ne passe, il n'y a plus aucune communication réelle.

Aussi la générosité transcendantale consiste-t-elle à donner tout ce que l'on a. Notre action doit être complètement ouverte, complètement nue. Nous n'avons pas à porter de jugements ; c'est aux receveurs de faire le geste de l'accueil. Si les receveurs ne sont pas prêts pour notre générosité, ils ne l'accueilleront pas. S'ils sont prêts à la recevoir, ils viendront la prendre. Telle est l'action désintéressée du Bodhisattva. Il ne se demande pas : « Est-ce que je me trompe ? », « Suis-je prudent ? », « A qui devrais-je m'ouvrir ? » Il ne prend jamais parti. D'une façon imagée, le Bodhisattva restera immobile comme un cadavre. Vous laisserez les gens le regarder et vous examiner. Vous êtes à leur disposition. Une telle action noble, complète, est dépourvue d'hypocrisie et de tout jugement philosophique ou religieux. C'est pourquoi elle est transcendantale. C'est pourquoi elle est pâramitâ. Elle est belle.

La discipline

Si nous allons plus loin et que nous examinions la pâramitâ de « moralité » ou « discipline », la *shîla* pâramitâ, nous voyons les mêmes principes à l'œuvre. C'est-à-dire que Shîla ou la discipline ne consiste pas à se lier à un ensemble fixé de lois ou de règles. Car, si un Bodhisattva est complètement désintéressé, complètement ouvert, il agira selon cette ouverture, il n'aura pas à suivre de règles ; il entrera simplement dans la danse. Il est impossible au Bodhisattva de détruire les gens ou de leur faire du mal, parce qu'il incarne la générosité transcendantale. Il s'est ouvert complètement, aussi ne fait-il pas la différence entre *ceci* et *cela*. Il agit simplement en harmonie avec ce qui *est*. Du point de vue de quelqu'un d'autre — qui observerait le Bodhisattva — il semble toujours agir correctement, il semble toujours faire la chose juste au moment juste. Mais si l'on essayait de l'imiter, ce serait impossible, parce que son esprit est tellement précis, tellement aigu, qu'il ne commet jamais d'erreur. Il ne tombe jamais sur des problèmes inattendus, ne crée jamais de chaos destructeur. Simplement, il entre dans la danse. Même si la vie paraît chaotique, il s'y insère, participe au chaos et, en quelque sorte, les choses s'arrangent d'elles-mêmes. Le Bodhisattva est capable de traverser la rivière, pour ainsi dire, sans se laisser emporter par les tourbillons.

Si nous sommes complètement ouverts, sans nullement nous observer, mais si nous nous ouvrons complètement et communiquons avec les situations, telles qu'elles sont, alors l'action est pure, absolue, supérieure. Toutefois, si nous nous efforçons d'atteindre un comportement juste, notre action sera maladroite. Quelque pure qu'elle puisse être, elle sera empreinte de maladresse et de rigidité. Toute l'action du Bodhisattva, en revanche, est fluide, absolument pas rigide. Chaque chose trouve sa place, comme si quelqu'un avait calculé la situation durant des années entières. Le Bodhisattva n'agit pas de façon préméditée ; il communique simplement. Il part de la générosité de l'ouverture et tombe dans le mouvement de la situation. Une métaphore fréquemment utilisée dit que la conduite du Bodhisattva est semblable à la marche d'un éléphant. Les éléphants ne se pressent pas ; simplement ils marchent lentement et sûrement à travers la jungle, un pas après l'autre. Ils avancent. Ils ne trébuchent ni ne commettent d'erreur. Chaque pas qu'ils font est solide et précis.

La patience

L'activité suivante du Bodhisattva est la patience. A vrai dire, il n'est guère possible de diviser réellement les six activités du Bodhisattva en pratiques strictement séparées. L'une conduit dans l'autre, elle l'incarne. Ainsi, dans le cas de la pâramitâ de la patience, il ne s'agit pas d'essayer de se contrôler, d'essayer de travailler dur, d'essayer d'être une personne extrêmement endurante, au mépris de notre faiblesse physique ou mentale, de continuer sans trêve jusqu'à tomber raide mort. Car la patience implique des moyens habiles, comme la discipline et la générosité.

La patience transcendantale n'attend jamais rien. N'attendant rien, nous ne devenons pas impatients. En général, dans nos vies, nous attendons beaucoup, nous faisons des efforts, et ce type d'action est largement fondé sur l'impulsion. Nous découvrons quelque chose d'excitant et de beau, nous nous lançons très fort vers cette chose et, tôt ou tard, nous sommes repoussés, parce que l'impulsion est une force extrêmement puissante qui nous dirige sans sagesse. L'action impulsive est semblable à celle d'une personne qui court sans rien voir, ou d'un aveugle qui tente d'arriver à destination. L'action du Bodhisattva, en revanche, ne provoque jamais de réaction. Le Bodhisattva peu s'harmoniser avec n'importe quelle situation parce qu'il ne désire rien, n'est fasciné par rien. La force qui est derrière la patience transcendantale n'est pas dirigée par une impulsion prématurée ou quelque chose de cette nature. Elle est très lente, sûre et continue, comme la marche d'un éléphant.

La patience ressent aussi l'espace. Les situations nouvelles ne l'effraient jamais, parce que rien ne peut surprendre le Bodhisattva — rien. Rien de ce qui survient — que ce soit destructeur, chaotique, créateur, accueillant, ou séducteur — ne perturbe ou ne choque le Bodhisattva, parce qu'il est conscient de l'espace régnant entre la situation et lui-même. Une fois qu'il en est conscient, tout peut se produire dans cet espace. Tout ce qui survient le fait au sein de l'espace. Rien ne prend place « ici » ou « là », en termes de relation ou de combat. Dès lors, la patience transcendantale signifie que nous entretenons une relation fluide avec le monde, que nous ne combattons rien.

L'énergie

Nous pouvons alors parvenir au stade suivant, la pâramitâ de l'énergie, *vîrya*. Ce type d'énergie nous conduit immédiatement dans les situations de telle sorte que nous ne manquons jamais aucune chance, aucune possibilité. En d'autres termes, c'est la joie, l'énergie joyeuse, comme le souligne Shantideva dans son *Bodhicharyavatara*. Cette énergie est la joie, et non le type d'énergie avec laquelle on travaille dur parce qu'on s'y sent obligé. C'est une énergie joyeuse parce que nous sommes complètement intéressés par les rythmes créateurs de nos vies. Toute notre vie, ouverte par la générosité, activée par la moralité, fortifiée par la patience, parvient maintenant à l'étape suivante, l'étape de la joie. Les situations ne sont jamais, à nos yeux, le moins du monde inintéressantes ou stagnantes, parce que la vision de la vie qu'a le Bodhisattva est celle d'un esprit extrêmement ouvert, intensément intéressé. Il n'évalue jamais ; cela ne signifie pas pour autant qu'il soit complètement éthéré. Cela ne veut pas dire qu'il soit absorbé dans une « conscience plus haute », le « plus haut degré du samâdhi », de telle sorte qu'il ne peut plus distinguer le jour de la nuit, ou le déjeuner du dîner. Il n'a pas l'esprit vague ou cotonneux. Il voit plutôt les valeurs verbalisées et conceptualisées pour ce qu'elles sont, il voit au-delà du concept et de la valeur. Il perçoit l'identité de ces petites distinctions que nous faisons. Il voit les situations d'un point de vue panoramique, et, dès lors, prend le plus grand intérêt à la vie telle qu'elle est. Aussi le Bodhisattva ne lutte-t-il pas le moins du monde : simplement, il vit.

Lorsqu'il s'engage dans le Sentier du Bodhisattva, il fait le vœu de ne pas atteindre l'illumination avant d'avoir aidé tous les êtres à atteindre l'état d'Éveil, ou la bouddhéité, avant lui. Commençant par un aussi noble acte de don, d'ouverture, de sacrifice, il continue sur ce chemin, porte un très grand intérêt aux situations quotidiennes, et ne se lasse jamais de travailler avec la vie. C'est vîrya, le travail intense dans la joie. Une immense énergie se libère lorsque nous réalisons que nous avons abandonné le désir de devenir Bouddha, que nous avons maintenant le temps de vivre réellement la vie, que nous avons dépassé l'agitation névrotique.

Il est intéressant de constater que, bien que le Bodhisattva ait prononcé le vœu de ne pas atteindre l'illumination, il ne perd pas une seconde, tellement son action est empreinte de précision et d'acuité. Il vit toujours la vie profondément et pleinement, et, pour résultat, avant de réaliser où il est, il atteint l'illumination. Mais, assez étrangement, une fois devenu Bouddha, il continue de ne pas vouloir atteindre l'illumination. Alors, la compassion et la sagesse jaillissent littéralement, renforçant son énergie et sa conviction. Si nous ne nous lassons jamais des situations, notre énergie est joyeuse. Si nous sommes complètement ouverts, pleinement éveillés à la vie, nous ne nous ennuyons jamais. Telle est vîrya.

La méditation

La pâramitâ suivante est *dhyâna*, ou la méditation. Il y a deux espèces de dhyâna. La première est celle du Bodhisattva : à cause de son énergie de compassion, il fait continuellement l'expérience de la conscience panoramique. Dhyâna signifie littéralement « conscience éveillée », être dans un état d'« Éveil ». Mais cela ne recouvre pas seulement la pratique de la méditation dans un sens formel. Le Bodhisattva ne recherche jamais un état de transe, de béatitude ou d'absorption. Il est simplement conscient des situations de la vie telles qu'elles sont. Il est particulièrement conscient de la continuité qui lie la méditation à la générosité, la moralité, la patience et l'énergie. Il se sent constamment « éveillé ».

L'autre type de dhyâna est la pratique de la concentration du monde divin. La principale différence entre cette méditation et celle du Bodhisattva est que le Bodhisattva ne se repose sur rien, bien qu'il traite des situations de la vraie vie physique. Dans sa méditation, il ne pose pas une autorité centrale, il ne s'observe pas en train d'agir ou de méditer, de telle sorte que son action est toujours une méditation et sa méditation toujours une action.

La connaissance

La pâramitâ suivante est *prajnâ* ou la connaissance. Prajnâ est traditionnellement symbolisée par une épée aiguisée, à double tranchant, qui pourfend la confusion. Même si le Bodhisattva a réalisé la perfection des cinq autres pâramitâs, s'il manque de prajnâ ses autres actions sont incomplètes. Il est dit dans les sûtras que les cinq pâramitâs sont comme cinq fleuves qui se déversent dans l'océan de prajnâ. Il est aussi dit que le *Chakravartin*, ou empereur de l'univers, part en guerre à la tête de quatre armées différentes. Sans empereur pour les conduire, les armées ne sont pas dirigées. En d'autres termes, prajnâ est l'intelligence, le modèle fondamental auquel conduisent toutes les autres vertus, et dans lequel elles se dissolvent. Elle est ce qui pourfend les versions conceptualisées de l'action bodhisattvique — la générosité, la discipline, et tout le reste. Le Bodhisattva accomplit-il ses actions méthodiquement et correctement, mais sans la connaissance, sans l'épée qui pourfend le doute et l'hésitation, que son action n'est pas du tout réellement transcendante. Ainsi prajnâ est-elle l'intelligence, l'œil qui voit tout, le contraire de l'introspection constante de l'ego.

Le Bodhisattva transmute l'observateur, ou l'ego, en connaissance discriminante, prajnâ pâramitâ. *Pra* signifie « super », et *jnâ,* « connaissance » : super-connaissance, connaissance complète, aiguisée, qui voit tout. La conscience fixée sur « ceci » ou « cela » a été pourfendue, ce qui produit les deux faces de la connaissance, la prajnâ de la connaissance et la prajnâ de la vision.

La prajnâ de la connaissance œuvre sur les émotions. Elle pourfend les émotions conflictuelles — les attitudes que l'on a envers soi-même —, révélant dès lors ce que l'on est. La prajnâ de la vision transcende les idées préconçues et primitives du monde. Elle consiste à voir les situations telles qu'elles sont. Aussi la prajnâ de la vision permet-elle d'aborder des situations de la façon la plus équilibrée possible. Prajnâ pourfend complètement toute espèce de conscience éveillée qui incline, serait-ce très légèrement, à séparer « ceci » et « cela ». C'est la raison pour laquelle la lame est à double tranchant. Elle ne frappe pas seulement dans cette direction-ci, mais aussi bien dans celle-là. Le Bodhisattva cesse de faire l'expérience de l'irritation qui provient de la distinction entre *ceci* et *cela*. Il vogue simplement au travers des situations sans avoir besoin de vérifier. Ainsi les six pâramitâs sont-elles interdépendantes. [...]

*

17.
REGARD SUR LES ÊTRES VIVANTS

Voici le septième chapitre du Vimalakîrti-nirdesha-Sûtra *(Sûtra du sermon de Vimalakîrti), un texte important du Mahâyâna vraisemblablement écrit au IIe siècle, au début du développement de la doctrine. Un riche disciple laïc* (upâsaka) *du Bouddha, Vimalakîrti, qui suit la voie Mahâyâna des Bodhisattvas, est alité. Le Bouddha demande à ses disciples monastiques d'aller prendre des nouvelles du malade. Ils refusent tous parce qu'ils sont intimidés par la supériorité de la sagesse spirituelle de Vimalakîrti. Finalement, Manjushrî, le grand disciple du Bouddha, consent à y aller, et les autres le suivent. Même les plus grands de ces disciples, attachés qu'ils sont encore à la voie de l'Arhat, se sentent comme des enfants devant la sagesse Mahâyâna du grand Bodhisattva.*

Au début de ce chapitre, Vimalakîrti recourt à de nombreuses métaphores pour expliquer à Manjushrî qu'on devrait voir les êtres vivants comme des illusions. Manjushrî demande alors comment on doit pratiquer la bonté à l'égard des êtres vivants. On pourrait se dire qu'il n'est pas nécessaire d'être bon à l'égard d'illusions, mais Vimalakîrti énumère les nombreux aspects possibles de la bonté à l'égard d'êtres vivants illusoires. D'autres enseignements se révèlent à mesure que Man-

jushrî interroge le maître de maison sur les fondements de chacun de ses dires. Enfin, il pose la question sur la cause de l'inversion de la pensée. Vimalakîrti répond « non-fondement », entendant par là que, n'étant pas dans la connaissance transcendantale de la vacuité, on entre dans la dualité.

C'est alors qu'une déesse apparaît. Un autre grand disciple monastique du Bouddha, Shâriputra, connu pour son intellect invincible et qui se retrouve ici dans la position du disciple, engage la conversation avec elle. Dans ce passage, on voit le contraste entre la vision transcendantale du Bodhisattva et l'approche du Shrâvaka *(disciple qui suit la voie Hînayâna de l'Arhat). Bien que tenant le Moi pour irréel, l'approche du Shrâvaka considère comme réel le reste de la réalité conventionnelle (tels le temps et l'espace). Du fait de la sagesse de son auteur et de sa présentation du concept de vacuité, le* Vimalakîrti-nirdesha-Sûtra *a fait date dans l'évolution du Mahâyâna.*

Si les Sûtras Mahâyâna défendent la vision absolue du Vide, ils ne recommandent jamais de mépriser la réalité conventionnelle ou relative. Le Bodhisattva souhaite libérer tous les êtres sensibles, qui sont innombrables à être encore prisonniers de la vision quotidienne conventionnelle. Afin de travailler avec ces êtres, aussi claire que soit sa conception de la vision absolue du Vide, le Bodhisattva doit continuer à entretenir, le plus habilement possible, des rapports avec le monde relatif. De fait, grâce à la pureté de sa vision et à son approche non dualiste totale, le Bodhisattva parvient extraordinairement bien à ce résultat.

Manjushrî demanda à Vimalakîrti : « Quel regard un Bodhisattva devrait-il porter sur les êtres vivants ? »

Vimalakîrti répondit : « Un Bodhisattva devrait regarder les êtres vivants comme un illusionniste les hommes illusoires (qu'il a créés) ; comme un sage regarde le reflet de la lune dans l'eau ; son propre visage dans un miroir ; la flamme d'un feu ; l'écho d'une voix ; des nuages dans le ciel ; la mousse dans un liquide ; les bulles sur l'eau ; le cœur (vide) d'un bananier ; un éclair ; le cinquième élément (non existant, outre les quatre qui constituent le corps humain) ; le sixième agrégat (outre les cinq qui forment un être sensible) ; les données du septième sens (outre les six objets du sens) ; la treizième entrée (outre les douze impliquant les données des six organes et des six sens) ; le dix-neuvième royaume du sens (outre les dix-huit dhâtu ou éléments de sens) ; la forme dans un monde sans formes ; le germe (non existant) d'un grain de riz carbonisé ; un corps vu par un shrota-âpanna (qui s'est débarrassé du corps illusoire pour entrer dans le fleuve sacré) ; l'entrée d'un Anâgâmin (ou un Shrâvaka qui ne revient jamais) dans le ventre d'une femme (pour renaître) ; un Arhat conservant encore les trois souillures (la convoitise, la colère et l'ignorance qu'il a éliminées à jamais) ; un Bodhisattva qui, ayant compris la patiente endurance du non-créé, reste cupide, plein de ressentiment et irrespectueux des interdits ; un Bouddha encore soumis aux klesha (fléaux) ; un aveugle qui voit ; un adepte qui continue à respirer en état d'impassibilité nirvânique ; les traces d'oiseaux dans l'azur ; la progéniture d'une femme stérile ; la souffrance d'un homme illusoire ; un homme endormi se voyant éveillé dans un rêve ; un dévot atteignant le Nirvâna qui prend une forme corporelle pour se réincarner (de nouveau) ; et un feu sans fumée.

« Voilà comment un Bodhisattva devrait regarder les êtres vivants. »

Alors Manjushrî demanda à Vimalakîrti : « Une fois qu'un Bodhisattva a médité ainsi, comment devrait-il pratiquer la bonté *(Maitrî)* ? »

Vimalakîrti répondit : « Une fois qu'un Bodhisattva a

fait cette méditation, il devrait se dire qu'il lui faut enseigner aux êtres vivants à méditer de la même manière ; voilà la véritable bonté. Il devrait pratiquer la bonté sans causes (nirvânique) qui empêche la créativité ; la bonté sans chaleur qui met fin aux klesha (fléaux et sources de fléaux) ; la bonté immuable qui couvre les trois ères (ce qui signifie qu'elle est éternelle puisqu'elle comprend passé, futur et présent) ; la bonté sans passion qui balaie les conflits ; la bonté non dualiste qui est au-delà des organes des sens à l'intérieur et des données des sens à l'extérieur ; la bonté indestructible qui supprime toute faiblesse devant la corruption[1*] ; la bonté stable caractéristique de l'esprit en soi qui ne meurt pas ; la bonté pure et propre, qui est sans taches comme la dharmatâ ; la bonté infinie qui est omniprésente comme l'espace ; la bonté de l'étape d'Arhat qui détruit tout attachement ; la bonté Bodhisattva qui réconforte les êtres vivants ; la bonté Tathâgata qui conduit à l'état d'Absolu ; la bonté du Bouddha qui illumine tous les êtres vivants ; la bonté spontanée qui est sans causes ; la bonté bodhi qui est une quintessence (sagesse uniforme et sans mélange) ; la bonté insurpassée qui élimine tout désir ; la bonté miséricordieuse qui mène à la voie Mahâyâna ; la bonté inlassable parce qu'elle voit le soi vide et non existant ; la bonté conférant le dharma (dâna) qui est libre de regrets et de repentir ; la bonté respectant des préceptes (shîla) pour convertir ceux qui ont rompu les commandements ; la bonté patiente (kshânti) qui protège à la fois soi et les autres ; la bonté zélée (vîrya) pour libérer tous les êtres vivants ; la bonté sereine (dhyâna) qui n'est pas affectée par les cinq sens ; la bonté sage (prajnâ) qui est toujours opportune ; la bonté habile

---

* Les notes sont regroupées à la fin des chapitres.

(upâya) qui se manifeste à tout moment pour convertir les êtres vivants ; la bonté non dissimulée à cause de la pureté et de la propreté de l'esprit honnête ; la bonté de l'esprit profond qui est libre de toute discrimination ; la bonté non illusoire, qui est sans défauts ; et la bonté joyeuse qui apporte la joie du Bouddha (dans le Nirvâna).

« Telles sont les caractéristiques de la bonté Bodhisattva. »

Manjushrî demanda alors à Vimalakîrti : « Que devrait être sa compassion (karunâ) ? »

Vimalakîrti répondit : « Sa compassion devrait inclure le partage avec tous les êtres vivants de tous les bienfaits qu'il a obtenus. »

Manjushrî demanda : « Que devrait être sa joie (muditâ) ? »

Vimalakîrti répondit : « Il devrait être empli d'une joie sans mélange en voyant les autres atteindre les fruits du dharma. »

Manjushrî demanda : « A quoi devrait-il renoncer (upekshâ) ? »

Vimalakîrti répondit : « Dans son travail de salut, il ne devrait rien attendre en retour (ni gratitude ni récompense). »

Manjushrî demanda : « Sur quoi devrait-il compter dans sa peur de la naissance et de la mort ? »

Vimalakîrti répondit : « Il devrait compter sur la puissance des mérites moraux du Tathâgata. »

Manjushrî demanda : « Que devrait-il faire pour bénéficier de la puissance des mérites moraux du Tathâgata ? »

Vimalakîrti répondit : « Il devrait libérer tous les êtres vivants afin de bénéficier de la puissance des mérites moraux du Tathâgata. »

Manjushrî demanda : « Que devrait-il éliminer pour libérer les êtres vivants ? »

Vimalakîrti répondit : « Pour libérer les êtres vivants, il devrait éliminer leurs klesha (fléaux et causes de fléaux). »

Manjushrî demanda : « Que devrait-il faire pour éliminer le klesha ? »

Vimalakîrti répondit : « Il devrait[2] conserver la plénitude de l'esprit droit. »

Manjushrî demanda : « Que devrait-il faire pour conserver la plénitude de l'esprit ? »

Vimalakîrti répondit : « Il devrait se prononcer pour le non-né et le non-mortel. »

Manjushrî demanda : « Qu'est-ce que le non-né et le non-mortel ? »

Vimalakîrti répondit : « Le non-né est le mal qui ne se manifeste pas et le non-mortel est le bien qui ne connaît pas de fin. »

Manjushrî demanda : « Quelle est la racine du bien et du mal ? »

Vimalakîrti répondit : « Le corps est la racine du bien et du mal. »

Manjushrî demanda : « Quelle est la racine du corps ? »

Vimalakîrti répondit : « L'attachement insatiable est la racine du corps. »

Manjushrî demanda : « Quelle est la racine de l'attachement ? »

Vimalakîrti répondit : « Une préférence sans fondement est la racine de l'attachement. »

Manjushrî demanda : « Quelle est la racine de la préférence sans fondement ? »

Vimalakîrti répondit : « La pensée fausse est la racine de la préférence. »

Manjushrî demanda : « Quelle est la racine de la pensée fausse ? »

Vimalakîrti répondit : « Le non-permanent est la racine de la pensée fausse. »

Manjushrî demanda : « Quelle est la racine du non-permanent ? »

Vimalakîrti répondit : « Le non-permanent est sans racine. Manjushrî, toutes les choses naissent de ce non-permanent. »

Une déesse qui avait observé les dieux à l'écoute du Dharma dans la chambre de Vimalakîrti apparut et fit pleuvoir des fleurs sur les Bodhisattvas et les principaux disciples du Bouddha pour les honorer. Quand les fleurs tombèrent sur les Bodhisattvas, elles glissèrent par terre, mais quand elles se posèrent sur les principaux disciples, elles restèrent collées à leur corps malgré tous leurs efforts pour s'en débarrasser.

Alors la déesse demanda à Shâriputra pourquoi il s'efforçait de faire tomber les fleurs.

Shâriputra répondit : « Je veux me débarrasser de ces fleurs qui ne participent pas de l'Immuable*. »

La déesse dit : « Ne dis pas que ces fleurs ne participent pas de l'Immuable. Pourquoi ? Parce qu'elles ne font pas de discrimination, et c'est toi seul qui fais apparaître la discrimination. Si tu pratiques encore des discriminations après être parti de chez toi dans ta quête du Dharma, tu n'es pas dans un état d'Immuabilité, mais si tu ne fais plus de discrimination, tu seras dans un état d'Immuabilité. Regarde les Bodhisattvas dont les corps ne retiennent pas les fleurs ; c'est parce qu'ils ont aboli la discrimination. Un homme apeuré est une proie facile pour les mauvaises gens. De même, si un disciple redoute la naissance et la mort, alors la forme, l'ouïe, l'odorat, le goût et le toucher peuvent le troubler, mais, s'il ne craint rien, il est immunisé contre les données des cinq sens. Pour toi, c'est parce que la force de l'habitude

---

* Ou Tathatâ, « ainsité ». Pour mieux comprendre ce concept central du Mahâyâna, voir le mot Tathatâ dans le glossaire.

subsiste encore que ces fleurs adhèrent à ton corps, mais si tu élimines l'habitude, elles ne colleront pas. »

Shâriputra demanda : « Depuis combien de temps te trouves-tu dans cette pièce ? »

La déesse répondit : « Ma présence dans cette pièce est comparable à la délivrance des vénérables vieillards[3]. »

Shâriputra demanda : « Veux-tu dire par là que tu es ici depuis longtemps ? »

La déesse rétorqua : « Est-ce que ta délivrance fait aussi appel au temps[4] ? »

Shâriputra garda le silence. La déesse lui demanda alors : « Pourquoi le vieux sage reste-t-il silencieux ? »

Shâriputra répondit : « Celui qui parvient à la délivrance ne l'exprime pas en mots ; je ne sais donc pas quoi dire[5]. »

La déesse dit : « Les mots parlés et écrits révèlent la délivrance. Pourquoi ? Car la délivrance n'est ni à l'intérieur, ni à l'extérieur, ni entre les deux, et les mots ne sont ni à l'intérieur, ni à l'extérieur, ni entre les deux. Ainsi, Shâriputra, on ne peut pas prêcher la délivrance sans se servir de mots. Pourquoi ? Parce que toutes les choses tendent vers la délivrance[6]. »

Shâriputra demanda : « Veux-tu dire par là qu'il n'est pas nécessaire d'éviter la sensualité, la haine et l'ignorance pour parvenir à la délivrance ? »

La déesse répondit : « En présence de ceux qui étaient fiers (de leur sagesse supérieure), le Bouddha a dit qu'il fallait éviter la sensualité, la haine et l'ignorance dans la quête de la délivrance ; mais, en leur absence, il a dit que la nature sous-jacente de la sensualité, de la haine et de l'ignorance (la nature en soi) était identique à la délivrance[7]. »

Shâriputra s'exclama : « Excellent, déesse, excellent ! Qu'as-tu donc appris et éprouvé pour avoir une telle éloquence ? »

La déesse répondit : « Le fait que je n'apprenne ni n'éprouve rien me donne cette éloquence. Pourquoi ? Parce que celui qui prétend avoir appris et éprouvé (quelque chose) est arrogant aux yeux du Dharma de Bouddha. »

Shâriputra demanda : « Lequel des trois Véhicules[8] cherches-tu ? »

La déesse répondit : « Quand je prêche le Shrâvaka Dharma pour convertir les gens, j'apparais comme un Shrâvaka ; quand j'explique les (douze) liens dans la chaîne de l'existence, j'apparais comme un Pratyeka-Buddha ; et quand j'enseigne la grande compassion pour les convertir, j'apparais comme un (maître) du Mahâyâna. Shâriputra, tels ceux qui pénètrent dans un bosquet de campas[9] et qui ne sentent que le parfum des campas à l'exclusion de toutes les autres odeurs, ceux qui entrent dans cette chambre ne sentent que le parfum des mérites de Bouddha et n'apprécient plus l'arôme des exploits des Shrâvakas et des Pratyeka-Buddhas.

« Shâriputra, quand Indra, Brahmâ, les quatre rois Deva des quatre cieux (les gardiens du monde), les dragons célestes, les fantômes et les esprits, etc., sont entrés dans la pièce et ont entendu cet upâsaka (Vimalakirtî) expliquer le bon Dharma, ils se délectèrent tous de sentir le parfum des mérites du Bouddha et acquirent l'esprit Mahâyâna avant de retourner dans leurs mondes.

« Shâriputra, je suis restée ici douze ans pendant lesquelles je n'ai jamais entendu les Dharmas de Shrâvaka et de Pratyeka-Buddhas mais seulement la doctrine de la grande bonté (Maitrî) et de la grande compassion (Karunâ) des Bodhisattvas et de l'inconcevable Dharma du Bouddha.

« Shâriputra, dans cette chambre se manifestent toujours huit phénomènes inhabituels :

« Premièrement, baignée d'une lumière dorée qui est

la même jour et nuit, cette chambre n'a besoin ni du soleil ni de la lune pour être éclairée ;

« Deuxièmement, celui qui y entre est immunisé contre tous les soucis provoqués par les souillures ;

« Troisièmement, cette chambre est habitée par Indra, Brahmâ, les quatre rois Deva des quatre cieux, et des Bodhisattvas d'autres royaumes ;

« Quatrièmement, le toujours présent Dharma des Six Pâramitâs y est toujours expliqué ;

« Cinquièmement, on y entend la musique céleste la plus mélodieuse célébrant les innombrables portes du Dharma (vers l'Éveil) ;

« Sixièmement, cette chambre contient les quatre canons (de Sûtras, de Shrastras, et diverses Écritures) pleins de précieux trésors inépuisables pour les (spirituellement) pauvres ;

« Septièmement, quand le vénérable upâsaka pense au Bouddha Shâkyamuni, au Bouddha Amitâbha, au Bouddha Akshobhya, au Bouddha des précieuses vertus, au Bouddha de la précieuse flamme, au Bouddha du précieux clair de lune, au Bouddha de la précieuse majesté, à l'invincible Bouddha, au Bouddha du rugissement du lion, au Bouddha de la perfection, et aux innombrables autres bouddhas dans les dix directions, tous viennent expliquer les secrets de l'ésotérique Dharma du Bouddha, après quoi ils regagnent leurs royaumes.

« Huitièmement, tous les palaces célestes et toutes les terres pures du Bouddha apparaissent dans cette chambre.

« Shâriputra, après avoir vu ces huit phénomènes remarquables dans cette chambre, qui cherche encore le Dharma du Shrâvaka ? »

Shâriputra demanda : « Pourquoi ne changes-tu pas ta forme corporelle féminine ? »

La déesse répondit : « Au cours des douze dernières

années, j'ai cherché en vain une forme féminine, pourquoi voudrais-tu que je change ? C'est comme un illusionniste qui crée une femme illusoire ; faut-il lui demander de changer cette femme irréelle ? »

Shâriputra dit : « Non, parce que ce n'est pas un corps réel ; en quoi alors peut-il être changé ? »

La déesse répondit : « Tous les phénomènes (dont les formes) sont également irréels. Alors pourquoi m'as-tu demandé de changer mon corps féminin irréel ? »

Là-dessus, elle recourut à ses pouvoirs surnaturels pour changer Shâriputra en une déesse céleste et elle-même en un homme semblable à Shâriputra, et lui demanda : « Pourquoi ne changes-tu pas ta forme féminine ? »

Shâriputra répondit : « Je ne sais pas pourquoi je me suis transformé en déesse. »

La déesse dit : « Shâriputra, si tu peux changer ton corps féminin, toutes les femmes devraient aussi être capables de se changer en hommes. Comme Shâriputra qui n'est pas une femme mais apparaît sous une forme féminine, toutes les femmes sont pareilles et, même si elles apparaissent sous une forme féminine, fondamentalement elles ne sont pas des femmes. C'est pourquoi le Bouddha a dit : “ Toutes les choses ne sont ni mâles ni femelles. ” »

Là-dessus, la déesse se servit de nouveau de ses pouvoirs surnaturels pour redonner à Shâriputra son corps masculin (initial) et demanda : « Où est ta forme féminine maintenant ? »

Shâriputra répondit : « La forme d'une femme n'est ni existante ni non existante. »

La déesse déclara alors : « De même, toutes les choses sont fondamentalement ni existantes ni non existantes et ce qui n'existe pas et n'est pas non plus non existant est proclamé par le Bouddha[10]. »

Shâriputra demanda : « Quand partiras-tu (mourras-tu) ici et quand renaîtras-tu ? »

La déesse répondit : « Je renaîtrai comme un Bouddha par transformation. »

Shâriputra dit : « La transformation du Bouddha n'implique ni la naissance ni la mort. »

La déesse dit : « Comme tous les êtres vivants (fondamentalement) ne sont sujets ni à la mort ni à la naissance [11]. »

Shâriputra demanda : « Quand parviendras-tu à l'Éveil suprême ? »

La déesse répondit : « Je parviendrai à l'Éveil suprême quand Shâriputra reviendra au mode de vie terrestre [12]. »

Shâriputra rétorqua : « Il n'est pas question que, moi (homme saint au stade Shrâvaka), je revienne au mode de vie terrestre. »

La déesse dit : « Il n'est pas question que je parvienne à l'Éveil suprême. Pourquoi ? Parce que le bodhi (l'Éveil) n'est pas un objectif qui peut être atteint [13]. »

Shâriputra rétorqua : « Il y a autant de Bouddhas que de grains de sable dans le Gange qui ont connu et qui atteindront l'Éveil suprême ; que fais-tu d'eux ? »

La déesse dit : « On dit (au profane) que les trois ères (le passé, le futur et le présent) sont du domaine terrestre, mais cela ne signifie pas que le bodhi (qui est détaché du temps ou éternel) soit lié au passé, au futur et au présent. (Elle demanda alors à Shâriputra :) Shâriputra, as-tu atteint l'état d'Arhat ? »

Shâriputra répondit : « Je l'ai atteint parce que je ne cherche pas à atteindre quoi que ce soit. »

La déesse dit : « De même, tous les Bouddhas et Bodhisattvas atteignent leurs buts parce qu'ils sont libres de l'idée d'accéder à l'Éveil suprême. »

Là-dessus, Vimalakîrti dit à Shâriputra : « Cette déesse a fait des offrandes à quatre-vingt-douze Bouddhas. Elle peut jouer avec les pouvoirs transcendantaux des Bodhisattvas, a réalisé tous ses vœux, a trouvé la patiente endurance du non-créé et est parvenue à l'étape Bodhisattva sans retour. Pour réaliser un vœu, elle apparaît à volonté (partout) pour enseigner aux êtres vivants et les convertir. »

NOTES

1. La bonté indestructible est une caractéristique du soi, qui est incorruptible.

2. La plénitude de l'esprit droit sait faire la différence entre le vrai et le faux.

3. Shâriputra, surpris par l'éloquence de la déesse, pensa qu'elle devait écouter depuis quelque temps l'enseignement de Vimalakîrti, impliquant ainsi l'élément temps dans sa question. La déesse lui apprit à se débarrasser de l'élément temps dans sa quête du Mahâyâna et dit que sa présence à elle dans l'état absolu était exactement ce que devrait être sa délivrance, c'est-à-dire au-delà du temps et de l'espace.

4. Shâriputra a mal compris l'enseignement de la déesse et lui a demandé si elle était restée dans cet état très longtemps, comme sa propre délivrance à l'étape Shrâvaka réalisée depuis longtemps. Alors la déesse rétorque en lui demandant si sa propre délivrance implique le temps qui est attachement et non délivrance. La déesse balaye ainsi l'élément temps.

5. On appelait Shâriputra « Shâriputra le sage » parce qu'il avait accédé à une grande sagesse, ce qui le distinguait des autres principaux disciples du Bouddha à l'étape Shrâvaka.

6. Dans les lignes précédentes, on a aboli le temps ; ici on abolit aussi l'espace pour révéler l'absolu.

Les trois dogmes de l'école du milieu, ou Mâdhyamika, sont : le noumène immatériel, le phénomène matériel, et le « milieu » ou principe unificateur qui place chacun dans l'autre et tout dans tout. La doctrine s'oppose aux catégories rigides de l'existence (le matériel) et de la non-existence (l'immatériel) et nie les deux entrêmes au profit d'une voie du milieu ou suprême qui est un être absolu au-dessus et au-delà de toutes dualités, relativités et contraires.

Shâriputra parlait du noumène immatériel selon lequel la délivrance est au-delà des mots parlés ou écrits, d'où son silence. La déesse prêchait le « milieu » selon lequel on ne peut trouver ni la délivrance ni les mots à l'intérieur, à l'extérieur ou entre les deux. Néanmoins, la « délivrance » est également un mot que l'on ne peut éviter, quand on parle de délivrance. Elle voulait dire que l'immatériel ne peut être révélé sans l'utilisation du matériel car ni l'un ni l'autre ne sont ni unité ni diversité, dirigés qu'ils sont vers le « milieu » qui est la vraie délivrance.

7. Selon le sûtra du Lotus, cinq mille disciples pensèrent à tort être parvenus à la délivrance et refusèrent donc d'écouter cet important sermon. Mais, en l'absence de ces arrogants, le Bouddha révéla que la nature sous-jacente des péchés n'est autre que la délivrance.

8. Les trois véhicules grâce auxquels les Shrâvakas, Pratyeka-Buddhas et Bodhisattvas atteignent leurs buts.

9. Campa : une fleur jaune odorante de l'Inde.

10. La réalité, ou l'absolu tel que le définit le Bouddha, n'est ni existante ni non existante parce qu'elle est absolue et au-delà de toutes les dualités, relativités et contraires.

11. Cela révèle la nature sous-jacente immuable de tous les êtres vivants.

12. Pour démontrer qu'il n'y a fondamentalement aucune différence entre le sacré et le terrestre, c'est-à-dire pour supprimer toute discrimination.

13. Pour balayer le dualisme sujet/objet.

18.

L'ILLUMINATION DE HUI-NENG

L'autobiographie de Hui-neng renferme le premier chapitre du Sûtra de Hui-neng, *aussi connu sous le nom de « Sûtra de l'Estrade sur le trésor du Dharma » ou Sûtra de l'Estrade. Ce Sûtra comprend certains des passages les plus profonds de la littérature zen. Au chapitre 15, nous avons évoqué Seng-ts'an, le deuxième patriarche du Ch'an (Zen) ou titulaire de la lignée. Hui-neng (638-713) est le sixième patriarche de cette lignée, et il explique ici comment il l'est devenu. Son récit nous offre une précieuse vision intime de la transmission de l'Éveil du maître au disciple dans un éclair de compréhension. La* Prajnâ *dont on parle ici n'est autre que la* Prajnâ-pâramitâ *rencontrée au chapitre 16, la sagesse transcendantale qui perçoit la nature du Vide. La description qu'en donne le Ch'an évoque toujours le parfum particulier de l'expérience immédiate.*

*

AUTOBIOGRAPHIE

Extrait de *Discours et sermons de Houei-nêng, sixième patriarche zen*,
Albin Michel,
« Spiritualités vivantes », 1984.
(2e édition.)

Un jour que le patriarche était venu au monastère de Pao-lin, le préfet Wei, de Chao-tchou, accompagné d'autres fonctionnaires, s'y rendit pour lui demander de faire, dans la salle du temple de Ta-fen, dans la cité, des conférences publiques sur la loi du Bouddha.

Dans cette salle de conférences se trouvaient assemblés le préfet Wei, des fonctionnaires du gouvernement et des lettrés confucianistes, environ trente de chaque catégorie, en outre des bhikshus, des bhikshunis, des taoïstes et des laïcs au nombre de mille environ.

Quand le patriarche eut prit place, l'assemblée tout entière lui rendit hommage et lui demanda de prêcher les lois fondamentales du Bouddhisme. Sur quoi, Sa Sainteté prononça le discours suivant :

Érudit auditoire,

L'Essence de notre esprit[1], qui est le germe ou noyau de l'Illumination (*bodhi*), est de nature pure et c'est uniquement en utilisant cette nature pure[2] que nous pouvons atteindre, directement, la bouddhéité.

Je vais maintenant vous conter certains détails de ma propre vie et comment je suis arrivé à entrer en possession de l'enseignement ésotérique de l'École de méditation ou École Zen.

Mon père, natif de Fan-yang, congédié de son poste officiel, fut exilé à Kwang-tung où il devint simple particulier dans la commune de Sin-tchou.

J'eus le malheur de le perdre quand j'étais très jeune

et il laissa ma mère dans la pauvreté et la misère. Nous allâmes à Kwang-tchou [3], où nous nous trouvâmes dans des conditions très difficiles.

Un jour que je vendais du bois au marché, un de mes clients ordonna qu'on lui en fît porter une certaine quantité dans son magasin. Après lui avoir fait la livraison et en avoir reçu le paiement, je quittai la boutique à l'extérieur de laquelle se tenait un homme récitant un sûtra.

Dès que j'en entendis le texte, mon esprit s'en trouva aussitôt illuminé. Je m'enquis du titre du livre qu'il récitait et appris que c'était le Diamant coupeur (*Vajracchedikâ*).

Ensuite, je lui demandai d'où il venait et pourquoi il récitait spécialement ce sûtra. Il me répondit qu'il venait du monastère de Tung-tch'an, à Huang-mei, district de Sin-tchou ; que le supérieur de ce temple était Houng-jen, le cinquième patriarche, qu'il y avait là environ mille disciples sous ses ordres et, lorsqu'il allait à ce temple pour rendre hommage au patriarche, il assistait à des conférences sur ce sûtra. Il me conta aussi que Sa Sainteté avait l'habitude d'encourager le clergé et les laïcs à le réciter car, ce faisant, ils pouvaient acquérir la connaissance de leur propre nature et, par là, arriver directement à la bouddhéité.

De bonnes affinités de mes vies passées durent être cause qu'il me fut donné d'entendre parler de tout cela et qu'un homme me fit don de dix taels pour l'entretien de ma mère et me conseilla d'aller à Huang-mei pour avoir une entrevue avec le cinquième patriarche.

Après avoir pris toutes dispositions utiles pour ma mère, je partis pour Huang-mei, que j'atteignis en moins de trente jours.

Je me rendis alors auprès du patriarche pour lui rendre hommage. Il me demanda d'où je venais et ce que j'espérais obtenir de lui. Je lui répondis :

« Je fais partie de la commune de Sin-tchou de Kwang-tung, je suis venu de loin pour vous présenter mes respects et je ne demande rien d'autre que de devenir Bouddha.

— Vous êtes, me dit-il, un natif de Kwang-tung, de plus vous êtes un aborigène ; comment pouvez-vous espérer devenir un Bouddha ? »

Je répondis : « Bien qu'il y ait des hommes du Nord et des hommes du Sud, le Nord et le Sud ne font aucune différence dans leur nature bouddhique. Un aborigène est physiquement différent de Votre Sainteté, mais il n'y a aucune différence dans notre nature bouddhique. »

Il allait continuer à me parler, mais la présence de quelques disciples l'arrêta net et il m'ordonna de me joindre aux autres dans le travail...

« Puis-je dire à Votre Sainteté, continuai-je, que la Sagesse suprême[4] surgit constamment dans mon esprit. Quand on ne s'écarte pas de sa propre nature, on a droit à l'appellation " Champ de mérite ". J'ignore quel travail Votre Sainteté désire que je fasse.

— Cet aborigène a trop d'esprit, remarqua-t-il, puis il me dit : Rends-toi à l'écurie et ne parle plus. »

Plus de huit mois après, le patriarche m'aperçut un jour et me dit :

« Je sais que ta connaissance est utile, mais je dois m'abstenir de te parler, de peur que des méchants ne te fassent du mal. Comprends-tu ?

— Oui, Seigneur, je comprends. Pour éviter d'attirer l'attention, je ne dois pas approcher de votre salle de réunions. »

Un jour, le patriarche rassembla tous ses disciples et leur dit : « La question des renaissances incessantes est, en vérité, de la plus haute importance, mais jour après jour, au lieu de chercher la libération de l'amer océan de la vie et de la mort, vous ne cherchez qu'à gagner des *Champs du bonheur*, c'est-à-dire des mérites qui vous conduisent aux renaissances dans l'un des mondes. Les mérites ne sont d'aucune aide si votre nature propre est obscurcie. Allez et cherchez la Sagesse suprême (*prajnâ*) dans votre propre cœur, et écrivez-moi une stance sur ce sujet. A celui d'entre vous qui aura une idée d'ensemble de ce qu'est la nature propre, sera donnée la robe, insigne du Patriarcat, et je lui communiquerai le dharma[5]. Je ferai de lui le sixième patriarche. Retirez-vous promptement, ne tardez pas à écrire la stance puisqu'un examen minutieux est tout à fait inutile. L'homme qui s'est rendu compte de ce qu'est sa nature propre peut, subitement, la reconnaître dès que l'on en parle et, ce faisant, ne peut plus l'ignorer même s'il se trouve engagé dans une bataille. »

Ayant reçu cette instruction, les disciples se retirèrent en se disant les uns aux autres : « Il n'est d'aucune utilité, pour nous, de concentrer notre esprit et d'écrire une stance pour la soumettre à Sa Sainteté, puisque le Patriarcat ne peut être gagné que par notre Ancien, Shen-hsiu, notre instructeur. Si nous écrivons par acquit de conscience, ce ne sera qu'une perte inutile d'énergie. »

Tous s'entendirent, alors, pour ne rien écrire, disant : « Pourquoi en prendrions-nous la peine ? A l'avenir nous suivrons simplement notre instructeur Shen-hsiu, où qu'il nous mène, et le considérerons comme notre guide. »

En lui-même, Shen-hsiu raisonna : « Me considérant comme leur instructeur, aucun d'entre eux ne voudra prendre part à cette compétition. Je me demande si je dois écrire une stance et la soumettre à Sa Sainteté ? Si je ne le fais pas, comment le patriarche pourra-t-il savoir si ma connaissance est profonde ou superficielle ? Si mon but est d'obtenir le dharma, mon motif est pur. Par contre, si je recherchais le Patriarcat, ce serait mal. En ce cas, mon esprit ne vaudrait guère mieux que celui d'un homme attaché au monde et mon acte ne serait qu'un rapt du Saint Siège patriarcat. Cependant, si je ne lui soumets pas ma stance, j'aurai perdu toute chance de recevoir le dharma. C'est vraiment un point délicat à décider. »

En face de la salle du patriarche se trouvaient trois corridors. Pour l'instruction et l'édification du public, les murs de ces corridors devaient être décorés du *Lankâvatâra*[6] par un artiste de la Cour nommé Lou-tchen. La « Transfiguration de l'assemblée » ainsi que des scènes donnant la généalogie des cinq patriarches devaient y être représentées.

Quand Shen-hsiu eut composé sa stance, il fit plusieurs tentatives pour la soumettre au patriarche, mais dès qu'il s'approchait de la salle son esprit était si bouleversé que tout son corps se couvrait de sueur. En l'espace de quatre jours, ne pouvant rassembler son courage, il fit treize tentatives sans pouvoir lui en soumettre aucune. Alors, une idée lui vint : « Mieux vaudrait écrire ma stance sur le mur du corridor afin que le patriarche puisse la voir. S'il l'approuve, je lui dirai que j'en suis l'auteur et je lui en ferai hommage. S'il la désapprouve, j'aurai perdu plusieurs années sur cette montagne, à recevoir des hommages que je n'aurai pas mérités. En ce cas, quels auront été mes progrès dans l'étude du Bouddhisme ? »

Cette nuit-là, à minuit, s'éclairant d'une lampe, il alla en secret écrire sa stance sur le mur du corridor sud pour que le patriarche, en la lisant, puisse juger du degré de discernement qu'il avait atteint.

Voici cette stance :

Ce corps est l'arbre bodhi,
Ce cœur est comme un miroir brillant.
Sans cesse nous les époussetons et essuyons
Afin de ne pas y laisser s'attacher la poussière.

Dès qu'il eut fini d'écrire, il rentra dans sa chambre et personne ne se douta de ce qu'il avait fait. Dans sa chambre, il réfléchit de nouveau : « Quand le patriarche aura lu ma stance, s'il l'approuve, je serai en bonne affinité avec le dharma ; s'il dit qu'elle est mal faite, ce sera évidemment dû à des méfaits commis dans mes vies antérieures, ou bien encore à une épaisse obscurité karmique, voilant mon esprit. Il est difficile, en vérité, d'imaginer ce qu'en dira le patriarche. » Et, dans cet état, il continua de penser jusqu'à l'aube, ne pouvant dormir ni se reposer.

Le patriarche savait déjà que Shen-hsiu n'avait pas franchi la porte de l'Illumination et ne connaissait pas sa nature propre.

Dans la matinée, le patriarche envoya chercher M. Lou, l'artiste de la Cour, et alla avec lui vers le corridor sud pour y faire peindre des tableaux sur les murs. Par hasard, il vit la stance et dit à l'artiste : « Je regrette de vous avoir dérangé et fait venir de si loin. Maintenant, ces murs ne doivent pas être peints puisque le sûtra dit : “ Toutes formes et phénomènes ne sont que des illusions. ” Mieux vaut laisser là la stance pour que tout le monde puisse l'étudier et la réciter. Si les gens mettent en pratique ce qu'elle enseigne, ils seront sauvés de la misère des renaissances dans les royaumes du mal. Le mérite acquis par celui qui la met en pratique est grand en vérité. »

Il fit brûler de l'encens devant cette stance, ordonna à tous ses disciples de lui rendre hommage et de la réciter afin qu'ils puissent atteindre la connaissance de la nature de soi. Après qu'ils l'eurent récitée, tous s'écrièrent : « C'est parfait ! »

A minuit, le patriarche fit venir Shen-hsiu dans la salle et lui demanda si c'était ou non lui qui avait écrit la stance.

« C'est moi, Seigneur, répondit Shen-hsiu, mais je ne suis pas assez vain pour espérer obtenir le Patriarcat ; je souhaite que Votre Sainteté ait la bonté de me dire si ma stance témoigne de la plus petite parcelle de sagesse ?

— Votre stance, répliqua le patriarche, dénote que vous n'avez pas encore vu ce qu'est votre propre nature (*svabhâva*). Jusqu'à présent vous n'avez atteint que le seuil de la porte de l'Illumination, mais vous ne l'avez pas encore franchi. Avec une compréhension telle que la vôtre, il n'y a guère de chance de succès dans la recherche de la suprême illumination (*an-uttara-samyak-sambodhi*). Pour atteindre cette suprême illumination, il faut être capable de connaître spontanément votre propre cœur et votre propre nature, lesquels n'étant pas produits ne peuvent être annihilés. Il faut être à même de voir, à tout moment, par soi-même. Tous les phénomènes[7] sont alors sans attachement. Une fois qu'est connu le Vrai (*bhûla ou tchen*[8]), alors tout est tchen et en toutes circonstances l'esprit demeure dans un état immuablement identique (*jou-jou*). Cet état identique[9], c'est le Vrai, le Non-faux (*bhûla*). Dans une telle disposition de vue, vous arrivez à connaître la propre nature qu'est le suprême Bodhisattva.

« Vous feriez mieux de vous retirer et d'y réfléchir une couple de jours et de me soumettre alors une nouvelle stance. Au cas où cette stance démontrerait que vous avez franchi la porte de l'Illumination, je vous transmettrais la robe et le dharma. »

Shen-hsiu rendit hommage au patriarche et s'en fut. Pendant plusieurs jours il essaya, en vain, d'écrire une autre stance. Cela bouleversa tellement son esprit qu'il fut mal à l'aise comme dans un cauchemar, ne trouvant de soulagement ni assis ni en marchant.

Deux jours plus tard, il arriva qu'un jeune garçon qui passait devant la pièce où le riz était broyé récita à haute voix la stance écrite par Shen-hsiu. Dès que je l'entendis, je sus que son auteur n'avait pas encore réalisé ce qu'était la nature de soi. Bien qu'à cette époque personne ne me l'eût enseignée, j'en avais déjà une idée générale.

« Qu'est-ce que cette stance ? demandai-je au garçon.

— Vous, aborigène, répliqua-t-il, ne le savez-vous pas ? Le patriarche a dit à ses disciples que la question des transmigrations des vies (samsâra) est très importante et que ceux qui désirent hériter de la robe et du dharma doivent lui écrire une stance ; que celui d'entre eux qui aurait une idée générale de la nature propre (svabhâva) obtiendrait robe et dharma et serait fait sixième patriarche. Notre ancien, Shen-hsiu, a écrit cette stance abstraite sur le mur du corridor sud et le patriarche nous a ordonné de la réciter. Il a dit aussi que ceux qui mettraient en pratique cet enseignement obtiendraient un grand mérite et seraient sauvés de la misère de renaître dans les mauvaises régions de l'existence. »

Je dis alors au garçon que moi aussi je désirais la réciter, de manière à me trouver en affinité avec son enseignement dans une vie future. J'ajoutai que, bien que durant huit mois j'eusse broyé ici du riz, je n'avais jamais pénétré dans la salle et qu'il devait me montrer où se trouvait la stance afin que je m'inclinasse devant elle.

Le garçon m'y conduisit et je lui demandai de me la lire puisque j'étais illettré.

Un sous-officier du district de Tsian-tchou, nommé Chang Ieh-Jông, qui se trouvait là, lut la stance à haute voix. Quand il eut terminé, je lui dis que, moi aussi, j'avais composé une stance et lui demandai de l'écrire pour moi.

« C'est vraiment extraordinaire de voir que vous sachiez aussi composer une stance ! s'écria-t-il.

— Si vous êtes un chercheur de l'Illumination

suprême, lui dis-je, ne méprisez pas un débutant. Vous devriez savoir que les gens des classes très inférieures peuvent avoir l'esprit le plus subtil, tandis que les gens les plus élevés peuvent manquer d'intelligence. En méprisant les autres vous commettez un grand péché.

— Dictez-moi votre stance, je vous prie, dit-il. Je l'inscrirai pour vous, mais n'oubliez pas de me libérer au cas où vous réussiriez à obtenir le dharma. »

Voici ma stance :

> Il n'y a pas d'arbre d'Illumination (bodhi),
> Ni cadre de miroir brillant.
> Puisque, intrinsèquement, tout est vide,
> Où la poussière peut-elle s'attacher ?

Quand il eut écrit cela, tous les disciples et autres gens qui se trouvaient présents furent très surpris. Remplis d'admiration, ils disaient entre eux : « C'est merveilleux, aucun doute, nous ne devons juger personne d'après les apparences. Comment se peut-il que, si longtemps, nous ayons fait travailler, pour nous, un Bodhisattva incarné ? »

En voyant la foule bouleversée d'étonnement, le patriarche effaça la stance avec sa chaussure par crainte qu'un jaloux ne me fasse du mal. Il émit aussi l'opinion, admise par tous, que l'auteur de cette stance n'était pas encore arrivé à comprendre sa propre nature.

Le jour suivant, le patriarche vint secrètement dans la pièce où le riz était broyé. En me voyant travailler avec un pilon de pierre, il me dit :

« Celui qui cherche la voie risque sa vie pour le dharma, n'est-il pas vrai ? »

Puis il me demanda :

« Le riz est-il prêt ?

— Il est prêt depuis longtemps et n'attend plus que le tamis », répliquai-je.

Alors le patriarche frappa trois fois le mortier de son bâton, puis il s'en alla.

Comprenant ce que ce message signifiait, je me rendis dans sa chambre à la troisième veille de la nuit (minuit). Se servant de la robe comme d'un écran pour que personne ne nous aperçoive, il m'interpréta le sûtra du Diamant. A l'instant même où il arriva à la sentence : « Il faut se servir de son esprit de manière à se libérer de tout attachement », je fus complètement illuminé et réalisai que tous les phénomènes ne sont que les manifestations de leur nature propre.

Je dis au patriarche : « Qui aurait pensé que la propre nature est intrinsèquement pure ? Qui aurait pensé que la propre nature est intrinsèquement libre de production et d'annihilation ? Qui aurait pensé que la propre nature est intrinsèquement suffisante à elle-même ? Qui aurait pensé que la propre nature est intrinsèquement libre de tout changement ? Qui aurait pensé que tous les phénomènes ne sont que des manifestations de cette propre nature ? »

Sachant que j'avais compris ce qu'est la propre nature, le patriarche dit : « A celui qui connaît sa propre nature, il ne lui serait d'aucune utilité d'apprendre le Bouddhisme. D'un autre côté, celui qui connaît son propre cœur et voit intuitivement sa propre nature, celui-là on l'appelle un grand homme, un instructeur des hommes et des dieux, un Bouddha. »

C'est ainsi que, sans que personne le sache, le dharma me fut transmis dans la nuit et que je devins l'héritier de l'enseignement de l'École de l'Illumination subite [10] ainsi que de la robe et du bol de mendiant.

« Vous êtes le sixième patriarche, me dit-il. Ayez bien soin de vous-même et libérez autant d'êtres sensibles que possible ; propagez et perpétuez l'enseignement. Ne le laissez pas s'éteindre, prenez note de ma stance :

Les êtres sensibles qui sèment les germes de l'Éveil
(*bijas*) dans le champ des causes et effets
Recueilleront les fruits de la bouddhéité.
Ce qui est non sensible est aussi sans germe
Et s'il n'existe pas d'origine il n'y a pas de production. »

Il poursuivit, disant :

« Au début, quand le patriarche Bodhi-dharma vint en Chine, la plupart des Chinois n'eurent pas confiance en lui et ce fut pour cette raison et afin de porter témoignage que cette robe fut transmise d'un patriarche à un autre. Quand au dharma, il est de règle de le transmettre de cœur à cœur et le récipiendaire est censé le comprendre et le réaliser au moyen de ses propres efforts.

« Depuis un temps immémorial, la règle d'un bouddha a été de transmettre à son successeur la quintessence du dharma, tout comme un patriarche transmet à un autre patriarche, d'esprit à esprit, l'enseignement ésotérique. Comme la robe peut être une cause de disputes, vous êtes le dernier à en hériter. Si vous la remettiez à votre successeur, votre vie serait en danger imminent. Il vous faut quitter ce lien aussi promptement que possible afin que personne ne vous fasse du mal.

— Où dois-je aller ? » demandai-je.

Il répondit :

« Arrêtez-vous à Hoai et à Hui où vous vous cloîtrerez. »

Dans le milieu de la nuit, après avoir reçu la robe et le bol de mendiant, je dis au patriarche que j'étais du Sud, que je ne connaissais pas les sentiers de la montagne et qu'il m'était impossible d'atteindre l'embouchure de la rivière pour prendre une barque.

« Ne vous inquiétez de rien, dit-il, je vous escorterai. »

Il m'accompagna jusqu'à la station de Kiukiang ; là il me donna l'ordre de monter dans une barque. Comme il ramait lui-même, je lui demandai de m'asseoir et de me laisser manier la rame.

« Il n'est que juste que je vous passe[11]. »

A cela je répondis :

« Quand j'étais dans l'illusion, c'est vous qui me faisiez traverser[12], après mon éveil[13], je dois traverser moi-même. Il est vrai que le terme *traverser* est, dans chaque cas, employé dans un sens différent. Comme je suis né sur la frontière, même ma prononciation est incorrecte[14], malgré cela, grâce à vous, j'ai eu l'honneur d'hériter du dharma. Puisqu'à présent je suis éveillé, il est juste que je traverse par moi-même, en réalisant ma propre nature.

— Parfaitement, parfaitement, confirma-t-il. A partir de vous, la Loi du Bouddha[15] sera largement répandue.

« Trois ans après votre départ, je quitterai ce monde. A présent vous pouvez partir. Allez aussi vite que vous pourrez vers le sud. Ne prêchez pas trop tôt la Loi du Bouddha car elle n'est pas facile à répandre. »

Après lui avoir dit adieu, je le quittai et me dirigeai vers le sud. Au bout de deux mois environ, j'atteignis la montagne Ta-yu. Là, je m'aperçus que plusieurs centaines d'hommes étaient à ma poursuite dans l'intention de me voler ma robe et le bol de mendiant.

Parmi eux se trouvait un moine du nom de Huci-ming, dont le surnom laïque était Tchen. Dans la vie laïque il avait été général de quatrième rang. Ses manières étaient rudes, son caractère impétueux. De tous, il était le plus ardent à ma poursuite. Quand il me rattrapa, je jetai la robe et le bol sur un rocher, disant : « Cette robe n'est qu'un insigne, à quoi bon la prendre de force ? »

Quand il arriva au rocher, il essaya de les prendre mais se rendit compte qu'il ne le pouvait pas. Il s'écria alors :

« Frère laïc[16], frère laïc, je viens pour le dharma, je ne viens pas pour la robe. »

Là-dessus, je sortis de ma cachette et, croisant les jambes, m'assis sur le rocher.

Il s'inclina devant moi et dit :

« Frère laïc, instruisez-moi, je vous prie.

— Puisque votre but est le dharma, lui dis-je, abstenez-vous de penser à quoi que ce soit et maintenez seulement votre esprit dans un état neutre, alors je prêcherai. »

Quand il fut resté ainsi pendant très longtemps, je lui dis :

« Vénérable seigneur, quand vous ne pensez ni au bien ni au mal, à ce moment précis, quelle est votre vraie nature[17] ? »

Dès qu'il eut entendu ces paroles, il devint illuminé puis demanda :

« Outre ces sentences et ces idées ésotériques, transmises de génération en génération par les patriarches, y a-t-il encore d'autres enseignements ésotériques ?

— Ce que je puis vous dire n'est pas ésotérique, répliquai-je. Si vous tournez votre lumière vers l'intérieur, vous découvrirez, au fond de vous-même, ce qui est ésotérique.

— Malgré mon séjour à Huan-mei, dit-il, je n'étais pas arrivé à comprendre ma propre nature. Maintenant, grâce à votre direction, je la connais tout comme le buveur d'eau connaît si l'eau qu'il boit est froide ou chaude. Frère laïc, vous êtes maintenant mon instructeur. »

Je répliquai :

« S'il en est ainsi, nous sommes tous deux des compagnons-disciples du cinquième patriarche. Prenez bien soin de vous-même. »

Répondant à sa question : « Où aller à présent ? » je lui dis de s'arrêter à Yuen et de résider à Mong. Il s'inclina et partit.

Un peu plus tard, j'arrivai à Tsao-hsi. Là, de nouveau,

des malfaisants me persécutèrent et je dus me réfugier à Sze-hui où je restai, pendant une longue période de quinze ans, dans une colonie de chasseurs.

Parfois je les instruisais en me mettant à la portée de leur compréhension. Ils avaient l'habitude de me faire veiller sur leurs filets, mais chaque fois que je trouvais des animaux vivants, je leur rendais la liberté.

Au moment des repas, je mettais des légumes dans la casserole où ils cuisaient leur viande. Quelques-uns me questionnèrent à ce sujet et je leur expliquai qu'après leur cuisson je ne mangeais que les légumes mais pas la viande.

Un jour, je m'avisai que je ne devais pas continuer à vivre en reclus et qu'il était grand temps, pour moi, de propager la Loi. Je partis donc et allai à Canton dans le temple de Fa-hsing.

A cette époque, le bhikshu Yin-tchong, maître du dharma, prêchait dans ce temple le Mahâ-parinirvâna-sûtra.

Il arriva, un jour, qu'un fanion flottant au vent, deux bhikshus se prirent de querelle à ce sujet.

Qu'est-ce qui se mouvait ? Était-ce le fanion ou le vent ?

Comme ils n'arrivaient pas à régler leur désaccord, je leur fis observer que ce n'était ni l'un ni l'autre, qu'en réalité ce qui se mouvait, c'était leur propre esprit.

Ce que je venais de dire stupéfia toute l'assemblée et le bhikshu Yin-tchong m'invita à prendre la place d'honneur et me questionna sur les points épineux des sûtras.

En constatant que mes réponses étaient si précises, si judicieuses, et qu'elles signifiaient quelque chose de plus que la connaissance donnée par les livres, il me dit :

« Vous êtes certainement un homme extraordinaire. Il m'a été dit, il y a longtemps, que l'héritier de la robe et du dharma du cinquième patriarche était venu dans le

Sud : il me paraît très probable que vous êtes cet homme ? »

A cela, je donnai poliment mon assentiment. Aussitôt il me rendit hommage et me demanda de montrer à l'assemblée la robe et le bol de mendiant dont j'avais hérité.

De plus, il me demanda quelles instructions m'avait données le cinquième patriarche en me transmettant le dharma.

Je répondis :

« Sauf un échange de vues sur la connaissance de la nature propre, il ne me donna aucune instruction. Il ne discuta ni sur la méditation ni sur l'émancipation (libération).

— Pourquoi cela ? » demanda-t-il.

Je répliquai :

« Parce que cela signifierait qu'il y a deux voies, et il ne peut y avoir deux voies dans la Loi du Bouddha ; il n'y a qu'une seule voie. »

Il demanda alors quel était cet unique chemin. Je répondis : « Le Mahâ-parinirvâna-sûtra est le seul chemin. » En voici un exemple. Dans ce sûtra, râja Kao-Kuei-tech, qui est un Bodhisattva, demanda au Bouddha si les hommes qui commettent les quatre très graves fautes ou les cinq crimes monstrueux et ceux qui n'ont pas de croyance ou de nature bouddhique, etc., déracinent leur élément de bonté et leur nature bouddhique.

Le Bouddha répondit : « Il y a deux sortes d'éléments de bonté, l'élément éternel et l'élément non éternel. Puisque la nature bouddhique n'est ni éternelle ni non éternelle, l'élément de bonté ne peut être déraciné. »

Or, ne peut être déraciné signifie qu'il ne faut pas diviser en deux, c'est non-deux ; il n'y a pas dualité, pas deux voies. Il y a de bonnes et de mauvaises voies, mais la nature bouddhique n'étant ni les unes ni les autres, c'est pourquoi il est connu qu'il n'y a pas deux voies. Du point de vue des gens ordinaires, les skandhas[18] et les dhâtus[19] ou éléments sont deux choses différentes, mais ceux qui sont illuminés savent et comprennent qu'il n'y a pas dualité dans leur nature. La nature de non-dualité est la nature bouddhique.

Le bhikshu Yin-tchong fut très satisfait de ma réponse. Joignant les deux mains en signe de respect, il dit : « Mon interprétation du sûtra est sans valeur, tel un tas de débris, tandis que votre discours est aussi précieux que l'or pur. » Ce fut lui qui, par la suite, présida à la cérémonie des cheveux coupés[20] puis il me pria de l'accepter comme élève.

Depuis lors, sous l'arbre de l'Illumination, j'ai prêché l'enseignement de l'École Tun-chang[21]. Depuis qu'à Tun-chang le dharma me fut transmis, j'ai passé beaucoup d'épreuves et souvent ma vie n'a tenu qu'à un fil. Aujourd'hui, dans cette assemblée, j'ai eu l'honneur de rencontrer Votre Excellence, des fonctionnaires, des bhikshus et bhikshunis, des taoïstes et des laïcs et je dois attribuer ceci à nos bonnes relations pendant de nombreux kalpas[22] ainsi qu'à nos mérites communs, dus aux offrandes faites aux divers Bouddhas dans nos incarnations passées, sans quoi nous n'aurions pas eu la chance d'entendre l'enseignement de l'École de l'Illumination subite qui vient d'être exposé et, de ce fait, d'avoir posé les fondations de notre futur succès dans la compréhension du dharma. Cet enseignement a été transmis par les patriarches du passé jusqu'à nous et n'est pas un système de mon invention. Ceux qui désirent l'écouter devraient d'abord commencer par purifier leur esprit et, après l'avoir entendu, ils devraient se débarrasser de leurs doutes de la même manière que le firent les Sages dans le passé.

A la fin du discours, l'assemblée éprouva de la joie, rendit hommage et se retira.

*

NOTES

1. Littéralement : *notre nature propre.*
2. *Sin* : cœur, idée, pensée, mental.
3. Canton.
4. *Prajnâ.*
5. C'est-à-dire l'enseignement ésotérique de l'École de méditation.
6. Écritures bouddhiques.
7. *Fa* ou dharma en tant que phénomènes.
8. En chinois, *tchen*, signifiant *tout*, implique *bhûta*, le non-faux, ce qui est vrai.
9. Cet état identique est aussi *tchen-che*, soit : le vrai, le réel, le perpétuel, le non-faux.
10. École dhyâna du sud (de la Chine)
11. Allusion à l'océan des naissances et des morts que l'on doit traverser avant de pouvoir atteindre la rive du Nirvâna.
12. Cet Océan.
13. C'est-à-dire après avoir compris ce qu'est la nature propre.
14. Ceci signifie : que je suis moins civilisé que vous.
15. Fo-Fa ou le dharma du Bouddha.
16. Il faut noter qu'à cette époque le sixième patriarche de l'École Tch'an (dhyâna) n'était pas formellement membre de l'Ordre monastique.
17. Littéralement : votre vraie physionomie.
18. Les skandhas : parties constituant la personnalité.
19. Les dhâtus : facteurs de conscience.
20. Cérémonie de l'ordination.
21. École des quatrième et cinquième patriarches qui vécurent à Tun-chang.
22. *Kalpas* : périodes cycliques.

19.

OUBLIER LE SOI

par Dôgen Zenji

Dôgen Zenji, ou Eihei Dôgen (1200-1253), grand maître du Zen, est considéré par beaucoup comme le plus grand de tous. Les Bouddhistes japonais de toutes les traditions le vénèrent comme un grand Bodhisattva. C'est lui qui a introduit la tradition de l'école Sôtô (en chinois : Ts'ao-tung-tsung) au Japon.

Après avoir étudié avec des maîtres japonais, Dôgen se rendit en Chine. Il connut l'Éveil quand son maître chinois T'ien-t'ung Juching lui dit qu'il lui fallait « abandonner le corps et l'esprit ». Il revint ensuite voir son maître qui lui confirma qu'il avait bien abandonné le corps et l'esprit et connu l'Éveil. Reconnaissant, Dôgen se prosterna devant son maître pour lui témoigner sa gratitude. « Voilà ce qu'on appelle abandonner le corps et l'esprit », dit Juching.

Le texte présent est un extrait du Shôbô-Genzô *(L'Œil du trésor du vrai Dharma). Il est tiré d'un chapitre célèbre, le* Genjô-Kôan *(« L'Éveil manifesté dans la vie quotidienne ») qui explique le rapport entre la pratique de la méditation et l'Éveil. Sa profondeur et la poésie de sa description de l'expérience non dualiste de l'esprit éveillé sont uniques.*

Voir des formes avec tout le corps et l'esprit, entendre des sons avec tout le corps et l'esprit, c'est les comprendre intimement.
Toutefois ce n'est pas comme des reflets dans un miroir, ni comme l'eau sous la lune —
on voit un côté, mais l'autre reste obscur.

Étudier la voie du Bouddha, c'est étudier le Soi.
Étudier le Soi, c'est oublier le Soi.
Oublier le Soi, c'est être illuminé par les dix mille Dharmas.
Être illuminé par les dix mille Dharmas, c'est libérer son corps et son esprit et ceux des autres.
Aucune trace d'Éveil ne subsiste, et cet Éveil sans trace est éternel.

Quand on commence la quête de la vérité, on s'abstrait de ce qui est autour de soi.
Une fois que l'on a trouvé la vérité, on devient le Soi originel, à cet instant.
A bord d'un bateau, si l'on regarde le rivage, on peut penser que le rivage bouge.
Mais si l'on regarde le bateau, on comprend que c'est lui qui bouge.
Si l'on examine les dix mille Dharmas avec un corps et un esprit en proie à l'illusion, on pense que son esprit et sa nature sont permanents.
Mais si l'on pratique intimement et que l'on revienne au vrai Soi, on comprend que les dix mille Dharmas sont sans Soi.

Le bois se transforme en cendre et ne redevient pas bois.
Mais il ne faut pas en conclure que la cendre vient après et le bois avant.
Il faut comprendre que le bois est dans l'état de bois, et l'est avant et après. Et l'étant avant et après, il en est indépendant.

La cendre est dans l'état de cendre, et l'est avant et après.
Tout comme le bois ne redevient pas bois après avoir été cendre, après la mort on ne revient pas à la vie.
Ainsi, que la vie ne devienne pas mort est un enseignement confirmé du Dharma du Bouddha ; pour cette raison, on appelle la vie, le non-né.
Que la mort ne devienne pas la vie est un enseignement confirmé du Dharma du Bouddha ; pour cette raison, on appelle la mort le non-aboli.
La vie est une période en soi.
La mort est une période en soi.
Par exemple, elles sont pareilles à l'hiver et au printemps.
On ne pense pas que l'hiver devienne le printemps, on ne dit pas non plus que le printemps devient l'été.

Recevoir l'Éveil est pareil à la lune qui se reflète dans l'eau.
La lune n'est pas mouillée, et l'eau reste étale.
Bien que sa lumière soit immense, la lune se reflète même dans une flaque minuscule.
La lune tout entière et le ciel tout entier se reflètent dans une goutte de rosée sur l'herbe, dans une goutte d'eau.
L'Éveil ne trouble pas la personne, tout comme la lune ne trouble pas l'eau.

Une personne ne gêne pas l'Éveil, tout comme une goutte de rosée ne gêne pas la lune dans le ciel.
La goutte est aussi profonde que la lune est haute dans le ciel.
Quant à la durée du reflet, elle est aussi longue que l'eau est grande ou petite.
Et il faut discerner l'éclat ou le manque de clarté de la lune céleste.

Quand la vérité n'emplit pas notre corps et notre esprit, nous croyons être satisfaits.
Quand la vérité emplit notre corps et notre esprit, nous comprenons qu'il manque quelque chose.
Par exemple, quand nous regardons les quatre points cardinaux d'un bateau au milieu de l'océan, nous ne voyons qu'un cercle et rien d'autre.
Aucun autre aspect n'est apparent.
Toutefois, cet océan n'est ni rond ni carré, et il possède une infinité de qualités. Il est pareil à un palais. Il est pareil à un joyau. Il ne paraît circulaire que jusqu'où notre regard peut porter.
Les dix mille Dharmas sont pareils.
Bien que la vie ordinaire et la vie éveillée prennent divers aspects, nous ne reconnaissons et comprenons que par la pratique ce que peut atteindre la puissance pénétrante de notre vision.
Afin d'apprécier les dix mille Dharmas, nous devrions savoir que, même s'ils paraissent ronds ou carrés, les océans et les montagnes ont une infinité d'autres qualités ; en outre, d'autres univers existent ailleurs.
Il en est ainsi non seulement autour de nous, mais aussi ici même et dans une unique goutte d'eau.

Quand un poisson nage dans l'océan, l'eau n'a pas de limites, aussi loin que nage le poisson.
Quand un oiseau vole dans le ciel, l'air n'a pas de limites, aussi loin que vole l'oiseau.
Toutefois, ni le poisson ni l'oiseau n'a jamais quitté son élément depuis le commencement.
Quand le besoin est grand, il est utilisé grandement.
Quand le besoin est petit, il est utilisé petitement.
Ainsi, aucune créature ne dépasse jamais sa propre nature.
Où qu'elle se tienne, elle a les pieds sur terre.
Si un oiseau quitte l'air, il meurt aussitôt.

Si un poisson quitte l'eau, il meurt aussitôt.
Sache alors que l'eau est la vie.
Sache que l'air est la vie.
La vie est l'oiseau et la vie est le poisson.
Au-delà, il y a d'autres implications et ramifications.
Ainsi, il y a pratique et Éveil, mortalité et immortalité.

Maintenant si un oiseau ou un poisson essaie d'atteindre la limite de son élément avant de s'y mouvoir, cet oiseau ou ce poisson ne trouvera ni son chemin ni sa place.
Quand on atteint sa place, la vie quotidienne est la réalisation de la réalité absolue [Genjô-Kôan]. Quand on trouve son chemin, la vie quotidienne est la réalisation de la réalité absolue [Genjô-Kôan].
Comme cette place et ce chemin ne sont ni grands ni petits, ni soi ni autre, ni existant antérieurement ni se manifestant juste maintenant, ils existent donc en tant que tels.
Ainsi, si l'on pratique et trouve la voie du Bouddha, quand on reçoit un dharma, on pénètre un dharma ; quand on rencontre une action, on pratique une action.

Puisque la place est ici et que le chemin mène partout ; la raison pour laquelle les limites du connaissable sont inconnaissables est simplement que notre connaissance se manifeste et se pratique avec la perfection absolue du Dharma du Bouddha.

Ne pratique pas en pensant que la réalisation doive devenir l'objet de la connaissance et de la vision et être comprise conceptuellement. Mais s'il est immédiatement évident que l'on a atteint la réalisation, sa nature intime n'est pas nécessairement comprise. Certains peuvent la comprendre et d'autres non.

Le prêtre Pao-ch'e de Ma-ku s'éventait. Un moine s'approcha et demanda :

« Monsieur, la nature du vent est permanente, et il n'y a aucun lieu qu'il n'atteigne pas. Alors pourquoi devez-vous tout de même vous éventer ?

— Même si tu comprends que la nature du vent est permanente, répondit le maître, tu ne comprends pas la signification de sa présence partout.

— Quelle est la signification de sa présence partout ? » demanda le moine.

Le maître se contenta de s'éventer. Le moine s'inclina avec un profond respect.

Ceci est l'Éveil du Dharma du Bouddha et la voie vitale de sa transmission correcte. Ceux qui disent que l'on ne devrait pas utiliser d'éventail parce que le vent est permanent et que l'on devrait connaître l'existence du vent sans utiliser un éventail ne connaissent ni la permanence ni la nature du vent.

Parce que la nature du vent est éternellement présente, le vent du Bouddhisme fait jaillir l'or de la terre et mûrir le fruit du long fleuve.

20.
LES DIX TAUREAUX
par Kakouan

L'Éveil que recherche le Zen, qui justifie le Zen, vient de lui-même. Comme la conscience, l'instant d'avant, il n'existe pas et, l'instant d'après, il existe. Mais physiquement nous marchons dans l'élément temps même si nous foulons de la boue, traînant les pieds, alourdis que nous sommes par notre vraie nature.

Ainsi même le Zen doit transiger et admettre que le chemin menant à l'Éveil est fait d'étapes progressives de prise de conscience.

C'est le propos de ce texte. Au XII*e siècle, le maître chinoïs Kakouan dessina les dix taureaux, en s'inspirant de taureaux taoïstes antérieurs, et rédigea les commentaires en prose et en vers qui les accompagnent. Sa version était du Zen pur, allant plus loin que les précédentes, qui s'étaient arrêtées au rien de la huitième image. Cette œuvre est une source d'inspiration constante pour les disciples et les peintres.*

1. La quête du taureau

Dans les pâturages de ce monde, je ne cesse d'écarter les hautes herbes à la recherche du taureau.
Suivant des rivières sans nom, perdu dans le dédale des sentiers de montagnes lointaines,

Ma force faiblissant et ma vitalité épuisée,
Je ne peux trouver le taureau.
Je n'entends que le chant nocturne des locustes dans la forêt.

Commentaire : Le taureau n'a jamais été perdu. Pourquoi le chercher ? C'est seulement parce que je suis séparé de ma vraie nature que je ne parviens pas à le trouver. Dans la confusion des sens, je perds jusqu'à ses traces. Loin de mon foyer, je rencontre beaucoup de chemins, mais j'ignore quel est le bon. La cupidité et la peur, le bien et le mal m'emprisonnent.

2. *Où l'on découvre ses traces*

Le long de la rive sous les arbres, je trouve des traces !
Même dans l'herbe odorante, je vois ces traces.
Au plus profond des montagnes lointaines, on les voit.
Ces traces sont aussi visibles que le nez au milieu de la figure.

Commentaire : Comprenant l'enseignement, je vois les traces du taureau. Puis j'apprends que, comme beaucoup d'ustensiles sont faits d'un seul métal, il existe aussi des myriades d'entités faites de la matière du soi. Si je ne fais pas de distinction, comment ferai-je la différence entre le vrai et le non-vrai ? N'ayant pas encore franchi la porte, j'ai néanmoins su trouver la voie.

3. *Où l'on perçoit le taureau*

J'entends le chant du rossignol.
Le soleil est chaud, le vent est doux, les saules sont verts sur la rive,

Ici aucun taureau ne peut se cacher !
Quel artiste peut dessiner cette tête massive, ces cornes majestueuses ?

Commentaire : Quand on entend la voix, on peut sentir sa source. Dès que les six sens font un, on a franchi la porte. Où qu'on la franchisse, on voit la tête du taureau ! Cette unité est pareille au sel dans la mer, à la couleur dans un colorant. La moindre chose fait partie du Soi.

4. Où l'on attrape le taureau

Je m'en empare au prix d'une terrible lutte.
Sa volonté et sa puissance immenses sont inépuisables.
Il s'élance vers le haut plateau loin au-dessus de la nappe de nuages.
Ou dans une ravine impénétrable, il se tient.

Commentaire : Il a longtemps vécu dans la forêt mais, aujourd'hui, je l'ai attrapé ! Il va là où l'appelle le paysage. Avide d'herbe plus tendre, il s'éloigne. Son esprit reste têtu et déchaîné. Si je veux le soumettre, je dois lever mon fouet.

5. Où l'on apprivoise le taureau

Le fouet et la corde sont nécessaires,
Sinon il irait peut-être se perdre sur quelque chemin poussiéreux.
Bien dressé, il devient doux.
Puis, libéré de ses entraves, il obéit à son maître.

Commentaire : Quand une pensée surgit, une autre suit. Quand la première pensée jaillit de l'Éveil, toutes les pensées suivantes sont vraies. Sous l'emprise de l'illusion, on rend tout non-vrai. L'illusion n'est pas causée par l'objectivité ; elle est le résultat de la subjectivité. Tiens bon l'anneau du nez et n'autorise pas le moindre doute.

6. *Où l'on rentre chez soi sur le dos du taureau*

Sur le dos du taureau, je reprends lentement le chemin de la maison.
Le son de ma flûte s'élève dans le soir.
Mesurant de mes doigts l'harmonie palpitante, je dirige le rythme sans fin.
Quiconque entendra cette mélodie joindra ses pas aux miens.

Commentaire : La lutte est terminée ; gain et perte sont pareils. J'entonne le chant du bûcheron du village et je joue les airs des enfants. Sur le dos du taureau, j'observe les nuages. J'avance, même si l'on cherche à me faire rebrousser chemin.

7. *Le taureau transcendé*

Sur le dos du taureau, j'arrive chez moi.
Je suis serein. Le taureau aussi peut se reposer.
L'aube s'est levée. Apaisé,
A l'intérieur de ma chaumière, j'ai abandonné
Le fouet et la corde.

Commentaire : Il n'y a qu'une loi, pas deux. Le taureau n'est qu'un sujet temporaire. C'est comme le rapport du lapin et du piège, du poisson et du filet. Comme l'or et les scories, la lune émergeant d'un nuage.

Un chemin baigné d'une pure lumière s'étend vers l'infini.

8. *Le taureau et le Soi transcendés*

Fouet, corde, personne et taureau — tous fusionnent dans le rien.
Ces cieux sont si vastes qu'aucun message ne peut les souiller.
Comment un flocon de neige peut-il exister dans un feu déchaîné ?
Voilà les traces des patriarches.

Commentaire : La médiocrité a disparu. L'esprit est libre de toute limite. Je ne cherche pas l'Éveil. Je ne reste pas non plus là où il n'y a pas d'Éveil. Comme je ne m'attarde dans aucune condition, les yeux ne peuvent me voir. Si des centaines d'oiseaux répandaient des fleurs sur mon chemin, un tel hommage serait dénué de sens.

9. *Où l'on atteint la source*

Il a fallu faire trop de pas pour retourner à la racine et à la source.
Il aurait mieux valu être aveugle et sourd dès le début !
Habitant son vrai foyer, sans se préoccuper de ce qui existe en dehors —
Le fleuve s'écoule, tranquille, et les fleurs sont rouges.

Commentaire : Dès le début, la vérité est évidente. Silencieux, j'observe les formes d'intégration et de désintégration. Celui qui n'est pas attaché à la « forme » n'a pas besoin d'être « reformé ». L'eau est émeraude, la montagne indigo, et je vois ce qui est créateur et ce qui est destructeur.

10. Dans le monde

Pieds et torse nus, je me mêle aux gens du monde.
Mes habits sont des haillons couverts de poussière, et je suis heureux.
Nul besoin de magie pour prolonger ma vie ;
Maintenant, devant moi, les arbres morts prennent vie.

Commentaire : Derrière ma porte, un millier de sages ne me connaissent pas. La beauté de mon jardin est invisible. Pourquoi rechercher les traces des patriarches ? Je vais au marché avec ma bouteille de vin et je rentre à la maison en m'aidant de mon bâton. Je vais au magasin de vin et au marché, et tous ceux que je regarde reçoivent l'Éveil.

21.
UN ESPRIT SANS ENTRAVES
par Takuan Sôhô

Takuan Sôhô (1573-1645) fut un maître éminent de l'école Rinzai (Lin-chi en chinois) du Zen. Le nom de Takuan qu'il se donna signifie « radis séché ». Ce n'était pas seulement un maître de la méditation, mais il appliqua également le Zen à la poésie, à la peinture, au Shôdô (Voie de l'écriture) et au Chadô (Voie du thé). Le plus important à noter par rapport au texte choisi, un extrait de Mystères de la sagesse immobile, *est que Takuan Sôhô fut le maître du fameux escrimeur Yagyu Munenori. Takuan explique ici à l'escrimeur ce qu'il entend quand il dit que « l'esprit qui ne s'arrête jamais est appelé la sagesse immobile ».*

*

Extrait de *Mystères de la Sagesse immobile*
du Maître Takuan,
présenté et traduit par
Maryse et Masumi Shibata,
coll. « Spiritualités vivantes »,
Albin Michel, 1987.

1. Inscience, tenir l'esprit quelque part et passions

L'inscience désigne ce qui n'est « pas clair », c'est-à-dire l'égarement. « Tenir l'esprit quelque part » s'exprime en japonais par le mot *jûji*. *Jû* signifie « habiter ou demeurer » et *ji* « la terre, l'étape ou le niveau ». Le bouddhisme divise l'exercice en cinquante-deux étapes. Parmi ces étapes, celle où l'on fixe son esprit sur chaque chose est appelée *jûji*. Habiter ou demeurer signifie fixer son esprit sur une chose, quelle qu'elle soit. Prenons comme exemple l'escrime, votre spécialité. Si, à la vue du sabre de votre adversaire qui tente de vous pourfendre, vous voulez parer le coup, à ce moment-là votre esprit sera figé, tel quel, par le sabre adverse et vous manquerez d'activité. Ainsi vous serez pourfendu par votre adversaire. C'est ce que j'appelle « tenir l'esprit quelque part ». Bien que vous voyiez le sabre s'avancer, n'y fixez pas votre esprit. Conformez-vous au rythme du sabre de votre adversaire, ne pensez pas à le frapper, ne réfléchissez ni ne conjecturez. Aussitôt que vous voyez le sabre que votre adversaire lève, profitez de la situation, telle quelle, sans y tenir du tout votre esprit, et accrochez-vous au sabre adverse. Alors vous pourrez arracher le sabre de votre adversaire qui s'apprête à vous pourfendre et, au contraire, vous allez pouvoir l'en pourfendre.

Dans l'école du Zen on qualifie cela : « Prendre le fer de lance d'un adversaire pour le transpercer lui-même ».

Cela signifie qu'on arrache à l'adversaire sa lance, sa hallebarde ou son sabre, et qu'on l'en frappe en retour. C'est ce que vous appelez « sans sabre ».

Si vous fixez votre esprit, même un petit peu, sur l'attaque de votre adversaire, sur l'attaque de votre côté, sur l'homme attaquant, sur le sabre attaquant, sur la distance ou sur le rythme, votre travail sera sans aucun effet et vous serez pourfendu par votre adversaire. Si vous vous opposez à votre adversaire, votre esprit sera occupé par lui. Vous ne devez donc pas placer votre esprit sur votre corps. Maintenir l'attention sur le mouvement de notre corps n'est adapté qu'à la période des premières leçons, alors que nous ne sommes que des novices. Si nous agissons ainsi, notre esprit sera accaparé par notre sabre. Si nous tenons notre esprit sur notre sabre, notre esprit sera accaparé par notre sabre. Dans tous ces cas l'esprit est tenu quelque part et nous-mêmes sommes devenus une dépouille. Certainement, vous avez dû faire vous-même cette expérience. J'ai expliqué votre escrime en l'adaptant à la Loi (Vérité) du Bouddha. Dans la Loi (Vérité) du Bouddha on appelle cet esprit fixé « égarement ». Voilà pourquoi on dit : « Inscience = esprit fixé quelque part et passions ».

2. *Sagesse immobile des Bouddhas*

Je dis « immobile », mais cela ne signifie pas qu'on est une nature inerte comme la pierre ou le bois. Bien que l'esprit agisse, comme il veut, devant, à gauche, à droite, dans toutes les directions, il n'est jamais fixé, même un instant. On nomme cet esprit « Sagesse immobile ». [...]

Donc, bien que l'on dise « Génie immobile », en réalité il s'agit d'un état immobile de l'esprit unique de l'homme, autrement dit rester « sans se bouleverser ». « Sans se bouleverser » signifie « ne pas s'arrêter à chaque chose ». A la vue d'une chose ne pas y fixer l'esprit, c'est ça l'« immobile ». Car, si l'esprit est fixé sur une chose, à cause de toutes sortes de différenciations dans l'esprit on imagine des tas de choses et l'esprit est troublé. Mais, même si l'esprit fixé se meut, au fond il ne se meut pas.

Par exemple, supposons que dix personnes essaient de vous frapper tour à tour avec un sabre ; si vous parez le premier coup de sabre, si vous n'en restez pas là, si vous l'oubliez et si vous vous occupez du suivant, alors vous ne manquerez pas de réagir à chacune des dix personnes. Bien que votre esprit réagisse dix fois à ces dix personnes, si vous ne laissez pas votre esprit se fixer sur quelqu'un, vous pourrez vous occuper de chacun et vous ne manquerez pas d'agir. Si vous fixez votre esprit sur une personne, bien que vous ayez pu parer le coup de sabre de la première personne, vous ne pourrez pas réagir au coup de la deuxième personne.

Voyez Avalokiteshvara (en japonais Kannon, « Seigneur qui a regardé en bas ») aux mille bras. Que signifient ces mille bras ? S'il fixe son esprit sur le bras qui tient l'arc, les neuf cent quatre-vingt-dix-neuf autres bras deviendront tous inutiles pour lui. Par contre tous les bras seront utiles s'il ne fixe pas son esprit sur un seul endroit. Même à Avalokiteshvara, pourquoi faut-il mille bras malgré son corps unique ? Ses représentations sont destinées à enseigner aux gens que, lorsque l'on atteint la « Sagesse immobile », mille bras sont tous utiles à un corps.

Par exemple, supposons que nous soyons face à un arbre. Si on fixe une seule feuille rouge, on ne voit aucune des autres feuilles, mais si l'on ne fixe pas une seule feuille et que l'on regarde tout l'arbre sans intention, alors toutes les feuilles entrent dans notre vue. Si l'on fixe une seule feuille, on ne peut pas voir les autres feuilles. Si l'on n'en fixe pas une seule, on peut voir tous les milliers de feuilles. Celui qui a compris cette Vérité est l'Avalokiteshvara aux mille bras ou aux mille yeux.

Cependant, les profanes totalement ignorants croient indubitablement qu'il possède réellement mille bras ou mille yeux et ils le vénèrent. Et les connaisseurs superficiels s'en moquent en disant : « A quoi servent mille yeux pour un corps : ce n'est que mensonge. » Si on connaît un peu mieux le bouddhisme, on dépassera les niveaux des profanes crédules et des connaisseurs superficiels moqueurs. On le vénérera et la raison nous portera à y croire. La Vérité du Bouddha s'exprime totalement dans un objet. [...]

*

22.

ESPRIT ZEN, ESPRIT NEUF

par Shunryû Suzuki

Shunryû Suzuki (1905-1971), maître japonais du Zen de l'école Sôtô, s'est installé aux États-Unis en 1958. Il fonda le Zen Center de San Francisco et le Zen Mountain Center de Tassajara, en Californie, premier monastère Sôtô en Occident. Le Rôshi Suzuki avait une conscience pure et sans tache. Tout lecteur, familier ou non avec le Zen, peut acquérir une expérience lumineuse de cette conscience sans tache en lisant simplement quelques pages de ses discours à ses étudiants. La sélection proposée ici porte sur la pratique correcte du Zazen, ou recueillement assis. C'est un voyage direct et lucide au cœur de la pratique réelle, commencement et conclusion du Zen.

*

Extrait de *Esprit zen, Esprit neuf*,
Shunryu Suzuki,
coll. « Points Sagesses », Seuil, 1977.

Esprit neuf de débutant

[...] On dit que pratiquer le Zen est difficile, mais il y a malentendu sur la raison. Ce n'est pas parce qu'il est dur de s'asseoir en tailleur ou d'atteindre l'illumination que c'est difficile. C'est difficile parce qu'il est dur de garder l'esprit pur et la pratique pure dans le sens fondamental. L'école Zen s'est développée de plusieurs manières après son établissement en Chine, mais en même temps elle est devenue de plus en plus impure. Mais je ne veux pas parler du Zen chinois ou de l'histoire du Zen. Ce qui m'intéresse, c'est de vous aider à ne pas laisser votre pratique devenir impure.

Au Japon, nous avons l'expression *shoshin*, qui signifie « esprit de débutant ». Le but de la pratique est de garder toujours notre esprit de débutant. Supposez que vous récitiez la Prajnâpâramitâ. Ce sera pareil dans vos autres pratiques zen. Pendant un certain temps, vous garderez votre esprit de débutant ; or, si vous continuez à pratiquer un, deux, trois ans ou plus, vous pourrez peut-être faire des progrès, mais vous risquez de perdre la signification illimitée de l'esprit originel.

Pour les disciples zen, le plus important est de ne pas être dualiste. Notre « esprit originel » embrasse tout en lui-même. Il est toujours riche et se suffit à lui-même. Vous ne devriez pas perdre votre état d'esprit qui se suffit à lui-même. Ce qui ne veut pas dire un esprit fermé, mais en fait un esprit vide et un esprit prêt. Si votre esprit est vide, il est toujours prêt pour quoi que ce soit ; il est ouvert à tout. L'esprit du débutant contient beaucoup de possibilités ; l'esprit de l'expert en contient peu.

Si vous faites trop de distinctions, vous vous limitez. Si vous êtes trop exigeant ou trop avide, votre esprit n'est pas riche et ne se suffit pas à lui-même. Si nous perdons notre esprit originel qui se suffit à lui-même, nous perdrons tous les préceptes. Quand votre esprit devient exigeant, quand vous désirez fortement quelque chose, vous finissez par violer vos propres préceptes : ne pas mentir, ne pas voler, ne pas tuer, ne pas être immoral, etc. Si vous gardez votre esprit originel, les préceptes se garderont eux-mêmes.

Dans l'esprit du débutant n'existe pas la pensée : « J'ai atteint quelque chose. » Toutes les pensées égocentriques limitent notre vaste esprit. Lorsque nous n'avons pas l'idée de réalisation, pas l'idée de soi, nous sommes de vrais débutants. Alors nous pouvons réellement apprendre quelque chose. L'esprit de débutant est l'esprit de compassion. Lorsque notre esprit est compatissant, il est illimité. Dogen-zenji, le fondateur de notre école, insistait beaucoup sur l'importance de retrouver notre esprit originel illimité. Nous sommes alors toujours sincères envers nous-mêmes, en harmonie avec tous les êtres, et nous pouvons vraiment pratiquer.

Le plus difficile est donc de garder toujours votre esprit de débutant. Il n'est pas nécessaire d'avoir une profonde compréhension du Zen. Même si vous lisez beaucoup de livres sur le Zen, vous devez lire chaque phrase avec un esprit neuf. Vous ne devriez pas dire : « Je sais ce qu'est le Zen », ou « j'ai atteint l'illumination ». C'est aussi le vrai secret des arts : soyez toujours un débutant. Faites très, très attention à ce point. Si vous commencez à pratiquer Zazen, vous commencerez à apprécier votre esprit de débutant. C'est le secret de la pratique zen.

Posture

Ces formes ne sont pas des moyens d'obtenir le juste état d'esprit. Être dans cette posture, c'est cela même avoir le juste état d'esprit. Il n'y a pas besoin d'obtenir quelque état d'esprit spécial.

J'aimerais maintenant parler de notre position en Zazen. Lorsque vous vous asseyez en lotus, le pied gauche repose sur la cuisse droite, et le pied droit repose sur la cuisse gauche. Lorsque nous croisons nos jambes de cette manière, nous avons bien une jambe droite et une jambe gauche, mais elles font maintenant un. Cette position exprime l'unité de la dualité : ni deux ni un. C'est l'enseignement le plus important : ni deux ni un. Notre corps et notre esprit ne sont ni deux ni un. Si vous pensez que votre corps et votre esprit font deux, c'est faux ; si vous pensez qu'ils font un, c'est faux aussi. Notre corps et notre esprit font en même temps deux et un. Nous pensons d'habitude que, si quelque chose ne fait pas un, cela fait plus qu'un ; si ce n'est pas singulier, c'est pluriel. Mais, en fait, nous constatons tous les jours que notre vie n'est pas seulement plurielle, elle est aussi singulier. Chacun de nous est à la fois dépendant et indépendant.

Au bout d'un certain nombre d'années nous mourrons. Si nous pensons seulement que c'est la fin de notre vie, ce sera une compréhension erronée. Mais si, d'autre part, nous pensons que nous ne mourrons pas, c'est faux également. Nous mourons, et nous ne mourons pas. Voilà la compréhension juste. Certains diront que notre esprit ou notre âme existe éternellement, et que c'est seulement notre corps physique qui meurt. Mais cela n'est pas tout à fait exact, car le corps et l'esprit finissent tous deux. Mais, en même temps, il est vrai aussi qu'ils existent éternellement. Et, même si nous parlons du corps et de l'esprit, ce sont en fait les deux côtés d'une seule pièce. Voilà la compréhension juste. Quand nous prenons la posture Zazen, elle symbolise donc cette vérité. Quand j'ai le pied gauche sur le côté droit de mon corps, et le pied droit sur le côté gauche, je ne distingue plus le droit du gauche. L'un ou l'autre peut tout aussi bien être le droit que le gauche.

Dans la posture Zazen, le plus important est de garder la colonne vertébrale droite. Vos oreilles et vos épaules doivent être sur une même ligne. Relâchez les épaules et, avec l'arrière de la tête, poussez vers le plafond. Et rentrez le menton. Lorsque vous avez le menton en l'air, vous n'avez pas de force dans cette position ; vous êtes sans doute en train de rêver. Aussi, pour acquérir de la force dans cette position, faites descendre le diaphragme vers le *hara*, c'est-à-dire vers le bassin. Cela vous aidera à maintenir votre équilibre physique et mental. Il se peut que vous éprouviez au début une certaine difficulté à respirer naturellement tout en essayant de garder cette position, mais avec l'habitude vous arriverez à respirer naturellement et profondément.

Vos mains forment le « mudrâ cosmique ». Si vous mettez la main gauche sur la droite en superposant les médius à la jointure du milieu, et les pouces se touchant légèrement (comme s'ils tenaient entre eux une feuille de papier), vos mains formeront un bel ovale. Vous devriez faire ce mudrâ universel avec grand soin, comme si vous teniez dans votre main quelque chose de très précieux. Vos mains sont contre le corps, les pouces environ à la hauteur du nombril. Laissez les bras souples et relâchés, à peine éloignés du corps, comme si vous teniez sans le briser un œuf sous chaque bras.

Vous ne devriez pas être penché de côté, en arrière, ou en avant. Soyez assis droit comme si votre tête soutenait le ciel. Il ne s'agit pas là simplement de forme ou de respiration ; cela est la clef du bouddhisme. C'est une expression parfaite de votre nature de Bouddha. Si vous voulez vraiment comprendre le bouddhisme, vous devriez pratiquer ainsi. Ces formes ne sont pas des moyens d'obtenir le juste état d'esprit. Être dans cette posture même est le but de notre pratique. Quand vous avez cette posture, vous avez le juste état d'esprit ; aussi n'est-il pas besoin d'essayer d'atteindre quelque état d'esprit spécial. Quand vous essayez d'atteindre quelque chose, votre esprit commence à vagabonder ailleurs. Quand vous n'essayez pas d'atteindre quelque chose, votre corps et votre esprit sont ici même. Un maître zen dirait : « Tuez le Bouddha ! » Tuez le Bouddha si le Bouddha existe ailleurs. Tuez le Bouddha, parce que vous devriez retrouver votre propre nature de Bouddha.

Faire quelque chose, c'est exprimer notre propre nature. Nous n'existons pas pour autre chose. Nous existons pour nous-mêmes. Tel est l'enseignement fondamental exprimé dans les formes que nous observons. Tout comme pour être assis en méditation, nous avons aussi des règles pour être debout dans le zendo. Mais le but de ces règles n'est pas d'uniformiser tout le monde, c'est de permettre à chacun d'exprimer son propre être le plus librement. Par exemple, chacun de nous a sa propre manière de se tenir debout, notre posture debout dépend des proportions de notre corps. Lorsque vous êtes debout, l'espace entre vos talons doit être égal à la largeur de votre poing, et les orteils sur la même ligne que le centre de vos seins. Comme pendant Zazen, placez votre force dans le bassin. Ici aussi vos mains doivent exprimer votre être. Placez la main gauche, paume en dessous, contre votre poitrine, les doigts refermés sur le pouce, et la paume de la main droite dessus. Le pouce gauche pointé vers le sol, et les avant-bras parallèles au sol, vous avez l'impression de tenir un pilier rond — un grand pilier rond de temple —, vous ne pouvez donc pas être voûté ou penché de côté.

Le plus important est de posséder votre propre corps. Si vous êtes voûté, vous vous perdrez. Votre esprit vagabondera ailleurs, vous ne serez pas dans votre corps. Ce n'est pas ainsi. Nous devons exister ici même, maintenant même ! C'est la clef. Vous devez avoir votre propre corps et votre propre esprit. Tout doit exister juste là où il faut, juste comme il faut. Alors il n'y a pas de problème. Si le microphone que j'utilise en ce moment n'était pas là, à quoi nous serait-il bon ? Quand notre corps et notre esprit seront en ordre, tout le reste existera juste là où il faut, juste comme il faut.

Or, d'habitude, sans en avoir conscience, nous essayons de changer autre chose que nous-mêmes, nous essayons de mettre en ordre ce qui est en dehors de nous. Mais il est impossible d'organiser les choses si vous-même n'êtes pas en ordre. Lorsque vous agirez juste comme il faut, juste quand il faut, tout le reste sera organisé. Vous êtes le « chef ». Quand le chef dort, tout le monde dort. Quand le chef fera quelque chose de bien, tout le monde fera tout bien et au bon moment. Voilà le secret du bouddhisme.

Aussi, essayez toujours de garder la bonne position, pas seulement lorsque vous pratiquez Zazen, mais dans toutes vos activités. Pour conduire, pour lire, prenez la bonne position. Si vous lisez dans une position voûtée, vous ne pouvez rester longtemps lucide. Essayez. Vous découvrirez combien il est important de garder la bonne position. Voilà le véritable enseignement. L'enseignement écrit sur du papier n'est pas le véritable enseignement. L'enseignement écrit est une sorte de nourriture cérébrale. Il est évidemment nécessaire de prendre quelque nourriture cérébrale, mais il est plus important d'être vous-même en pratiquant le juste mode de vie.

C'est pourquoi Bouddha ne put accepter les religions qui existaient à son époque. Il étudia de nombreuses religions, mais leurs pratiques ne le satisfaisaient pas. Il ne pouvait trouver la réponse dans l'ascétisme ou les philosophies. Il ne s'intéressait pas à quelque existence métaphysique, mais à son propre corps et à son propre esprit, ici et maintenant. Et quand il s'est trouvé lui-même, il a trouvé que tout ce qui existe a la nature de Bouddha. C'était cela son illumination. L'illumination n'est pas une certaine sorte d'agréable sensation ou un état d'esprit particulier. L'état d'esprit qui existe quand vous êtes assis dans la bonne position est, lui-même, illumination. Si l'état d'esprit que vous avez pendant Zazen ne suffit pas à vous satisfaire, c'est que votre esprit vagabonde encore. Notre corps et notre esprit ne devraient pas vaciller ni vagabonder. Dans cette position, nul besoin de parler du juste état d'esprit. Vous l'avez déjà. Cela est la conclusion du bouddhisme.

Respiration

[...] Lorsque nous pratiquons Zazen, notre esprit suit toujours notre respiration. Quand nous respirons, l'air vient dans le monde intérieur. Quand nous expirons, l'air va dans le monde extérieur. Le monde intérieur est illimité, et le monde extérieur est illimité aussi. Nous disons « monde intérieur » ou « monde extérieur », mais, en fait, il n'y a qu'un seul monde total. Dans ce monde illimité, notre gorge est comme une porte battante. L'air entre et sort comme quelqu'un qui franchit une porte battante. Si vous pensez : « Je respire », le « je » est en trop. Il n'existe pas de vous pour dire « je ». Ce que nous appelons « je » n'est qu'une porte battante qui va et vient quand nous inspirons et quand nous expirons. Elle bat ; c'est tout. Lorsque votre esprit est assez calme et pur pour suivre ce mouvement, il n'y a rien : pas de « je », pas de monde, pas d'esprit ni de corps, rien qu'une porte battante.

Ainsi, quand nous faisons Zazen, rien d'autre n'existe que le mouvement de la respiration, mais nous sommes conscients de ce mouvement. Vous ne devriez pas être distrait. Cependant, être conscient du mouvement ne signifie pas être conscient de votre petit Moi, mais plutôt de votre nature universelle, ou nature de Bouddha. Cette sorte de conscience est très importante, tellement notre perception habituelle est subjective. Notre compréhension habituelle de la vie est dualiste : vous et Moi, ceci et cela, bien et mal. Mais, en fait, ces discriminations sont elles-mêmes la conscience de l'existence universelle.

« Vous » signifie être conscient de l'univers sous la forme objective vous, et « je » signifie en être conscient sous la forme subjective je. Vous et je ne sont que des portes battantes. Cette compréhension est nécessaire. Cela ne devrait même pas être appelé compréhension ; c'est en fait la véritable expérience de la vie à travers la pratique zen.

Ainsi, quand vous faites Zazen, l'idée de temps ou d'espace n'existe pas. Vous pouvez dire : « Nous avons commencé à être assis à six heures moins le quart dans cette pièce. » Vous avez ainsi une certaine idée de temps (six heures moins le quart), et une certaine idée d'espace (dans cette pièce). Mais vraiment, ce que vous faites, c'est seulement être assis et conscient de l'activité universelle. C'est tout. A tel moment, la porte battante s'ouvre dans une direction, et, le moment suivant, la porte battante s'ouvrira dans la direction opposée. D'instant en instant, chacun de nous répète cette activité. Ici n'existe pas d'idée de temps ou d'espace. Espace et temps font un. Vous pouvez dire : « Je dois faire quelque chose cet après-midi », mais en fait « cet après-midi » n'existe pas. Nous faisons des choses les unes après les autres. C'est tout. Il n'existe pas de moment tel que « cet après-midi », ou « une heure », ou « deux heures ». A une heure, vous déjeunerez. L'acte même de déjeuner est « une heure ». Vous serez quelque part, mais cet endroit ne peut être dissocié de « une heure ». Pour qui apprécie vraiment sa vie, c'est la même chose. Mais lorsque nous commençons à nous lasser de notre vie, nous disons peut-être : « Je n'aurais pas dû venir ici. Cela aurait sans doute été bien mieux d'aller déjeuner ailleurs. Ce n'est pas tellement bien ici. » Vous créez dans votre esprit une idée d'endroit séparée du vrai moment présent.

Ou bien vous pouvez dire : « Ceci est mal, je ne devrais donc pas le faire. » Mais vraiment, lorsque vous dites : « Je ne devrais pas faire ceci », vous faites à ce moment ne-pas-faire. Ainsi vous n'avez pas le choix ! Quand vous séparez l'idée de temps et d'espace, vous avez l'impression de pouvoir choisir, mais, en réalité, vous devez faire quelque chose, ou vous devez faire ne-pas-faire. Ne-pas-faire quelque chose est faire quelque chose. Bien et mal n'existent que dans votre esprit. Vous ne devriez donc pas dire : « Ceci est bien », ou « ceci est mal ». Au lieu de dire « mal », vous devriez dire « ne-pas-faire » ! Penser : « Ceci est mal », créera en vous une certaine confusion. Dans le domaine de la religion pure, il n'y a pas de confusion née de temps et d'espace, de bien ou mal. Tout ce que nous avons à faire, c'est seulement faire quelque chose comme cela se présente. *Faire* quelque chose ! Quoi que ce soit, nous devrions le faire, même si c'est ne-pas-faire quelque chose. Nous devrions vivre dans l'instant présent. Quand nous nous asseyons en Zazen, nous nous concentrons donc sur notre respiration, et nous devenons une porte battante, et nous faisons quelque chose que nous devrions faire, quelque chose que nous devons faire. C'est la pratique zen. Cette pratique est sans confusion. Si vous menez cette sorte de vie, vous ne rencontrez vraiment nulle confusion.

Tozan, célèbre maître zen, dit : « La montagne bleue est le père du nuage blanc. Le nuage blanc est le fils de la montagne bleue. Toute la journée, ils dépendent l'un de l'autre, sans être dépendants l'un de l'autre. Le nuage blanc est toujours le nuage blanc. La montagne bleue est toujours la montagne bleue. Cela est une interprétation pure, claire, de la vie. Bien des choses peuvent être pareilles au nuage blanc et à la montagne bleue : l'homme et la femme, le maître et le disciple. Ils dépendent l'un de l'autre. Mais le nuage blanc ne devrait pas être gêné par la montagne bleue. La montagne bleue ne devrait pas être gênée par le nuage blanc. Ils sont tout à fait indépendants, et pourtant dépendants. C'est ainsi que nous vivons, et que nous pratiquons Zazen. »

Quand nous devenons vraiment nous-mêmes, nous devenons juste une porte battante, et nous sommes purement indépendants, et en même temps dépendants, de tout. Sans air, nous ne pouvons respirer. Chacun de nous est au centre de myriades de mondes. Nous sommes toujours au centre du monde, d'instant en instant. Nous sommes donc complètement dépendants et indépendants. Si telle est votre expérience, votre existence, vous avez une indépendance absolue ; rien ne vous gênera. Quand vous pratiquez Zazen, votre esprit devrait donc se concentrer sur votre respiration. Cette activité est l'activité fondamentale de l'être universel. Sans cette expérience, cette pratique, il est impossible d'atteindre la liberté absolue.

Contrôle

[...] Vivre dans le domaine de la nature de Bouddha signifie mourir en tant que petit être, d'instant en instant. Quand nous perdons notre équilibre, nous mourons, mais, en même temps, nous nous développons, nous croissons. Tout ce que nous voyons change, perd son équilibre. Si tout semble beau, c'est parce que tout est en déséquilibre, mais que le fond est toujours en parfaite harmonie. C'est ainsi que tout existe dans le domaine de la nature de Bouddha, perdant l'équilibre sur un fond de parfait équilibre. Si vous voyez les choses sans saisir ce fond de nature de Bouddha, tout apparaît alors sous forme de souffrance. Mais, si vous comprenez le fond de l'existence, vous saisissez que la souffrance elle-même est notre manière de vivre et de prolonger notre existence. Aussi, dans le Zen, nous soulignons parfois le déséquilibre ou le désordre de la vie.

La peinture japonaise traditionnelle est à présent devenue plutôt conformiste et manque de vie. C'est ce qui a fait se développer l'art moderne. Les peintres anciens s'exerçaient à faire sur du papier des taches en désordre artistique. C'est assez difficile. Vous avez beau essayer, le résultat se trouve généralement disposé dans un certain ordre. Vous croyez pouvoir contrôler le processus, mais vous ne le pouvez pas ; disposer vos points en désordre est presque impossible. De même dans votre vie courante, vous aurez beau essayer d'exercer un certain contrôle sur les gens, c'est impossible. Vous ne pouvez pas le faire. Le meilleur moyen d'avoir un contrôle sur les gens est de les encourager à être insupportables. Alors ils seront sous contrôle dans le sens le plus large. Donner à votre vache ou à votre mouton une prairie vaste et spacieuse, c'est le moyen d'en avoir le contrôle. Et pour les gens, c'est pareil : laissez-les d'abord faire ce qu'ils veulent, et observez-les. C'est le meilleur système. Il n'est pas bon de les ignorer ; c'est le pire des systèmes. Le pire qui soit ensuite est d'essayer de les tenir sous contrôle. Le meilleur est de les observer, simplement les observer, sans essayer de les tenir sous contrôle.

Cette méthode est bonne pour vous aussi. Si vous

voulez obtenir le calme parfait pendant votre Zazen, vous ne devriez pas être gêné par les différentes images que vous trouvez dans votre esprit. Laissez-les venir, et laissez-les partir. Alors vous en aurez le contrôle. Mais ce système n'est pas si facile. Il a l'air facile, mais il demande un effort spécial. Comment faire cette sorte d'effort — c'est tout le secret de la pratique. Supposez que vous êtes assis en Zazen dans certaines circonstances extraordinaires. Si vous essayez de calmer votre esprit, vous serez incapable de faire Zazen, et si vous essayez de ne pas être dérangé, votre effort ne sera pas le bon effort. Le seul effort qui puisse vous aider est de compter votre respiration, ou de vous concentrer sur l'inspiration et l'expiration. Nous disons concentration, mais concentrer votre esprit sur quelque chose n'est pas le véritable objet du Zen. Le véritable objet est de voir les choses telles qu'elles sont, d'observer les choses telles qu'elles sont, et de laisser passer toute chose comme elle passe. Et cela, c'est avoir sur tout un contrôle, dans son sens le plus large. La pratique zen consiste à ouvrir notre esprit petit. La concentration est donc seulement une aide pour réaliser l'« esprit vaste », ou l'esprit qui est tout. Si vous voulez découvrir la vraie signification du Zen dans votre vie quotidienne, il vous faut comprendre ce que signifie garder votre esprit concentré sur la respiration et votre corps dans la bonne position Zazen. Suivez les règles de pratique et que votre étude devienne plus subtile et plus attentive. C'est seulement de cette manière que vous pouvez faire l'expérience de l'essentielle liberté du Zen.

Dogen-zenji dit : « Le temps va du présent au passé. » Cela est absurde, mais dans votre pratique c'est parfois vrai. Au lieu de progresser du passé au présent, le temps remonte du présent au passé. Yoshitsuné était un célèbre guerrier du Japon médiéval. A cause de la situation du pays à cette époque, il fut envoyé dans les provinces du Nord, où il fut tué. Avant de partir, il dit adieu à son épouse, et, peu après, elle écrivit dans un poème : « Comme on déroule le fil d'une bobine, je veux voir le passé devenir présent. » Par ces mots, elle rendit effectivement le passé présent. Dans son esprit, le passé devenait vivant et était bien le présent. Ainsi, comme disait Dogen : « Le temps va du présent au passé. » Dans notre esprit logique, cela n'est pas vrai, mais cela l'est dans l'effective expérience de transformation du passé en présent. Là nous avons la poésie, et là nous avons la vie humaine.

Quand nous faisons l'expérience de cette sorte de vérité, cela veut dire que nous avons trouvé la vraie signification du temps. Le temps passe constamment du passé au présent et du présent à l'avenir. Cela est vrai, mais il est vrai aussi que le temps va de l'avenir au présent et du présent au passé. Un maître zen dit autrefois : « Faire un kilomètre à l'est, c'est faire un kilomètre à l'ouest. » Cela est la liberté essentielle. Nous devrions acquérir cette liberté parfaite.

Mais la liberté parfaite ne se trouve pas sans quelques règles. Les gens, surtout les jeunes, pensent que la liberté consiste à ne faire que ce qu'ils veulent, que dans le Zen les règles sont inutiles. Mais il nous est absolument nécessaire d'avoir quelques règles. Cependant, cela ne signifie pas être toujours sous contrôle. Tant que vous avez des règles, vous avez une chance d'être libre. Essayer d'obtenir la liberté en ignorant les règles ne veut rien dire. C'est pour acquérir la liberté parfaite que nous pratiquons Zazen.

Les ondes de l'esprit

[...] Quand vous faites Zazen, n'essayez pas d'arrêter votre pensée. Laissez-la s'arrêter toute seule. Si quelque chose entre dans votre esprit, laissez entrer, et laissez sortir. Cela ne restera pas longtemps. Quand vous essayez d'arrêter votre pensée, cela veut dire qu'elle vous gêne. Ne soyez gêné par rien. Il semble que quelque chose vienne d'en dehors de votre esprit, mais, en fait, ce sont seulement les ondes de votre esprit, et, si vous n'êtes pas gêné par ces ondes, elles se feront progressivement de plus en plus calmes. En cinq ou dix minutes au plus, votre esprit sera totalement calme et serein. A ce moment, votre respiration deviendra assez lente, et votre pouls un peu plus rapide.

Trouver pendant votre pratique cet esprit calme et serein vous demandera un certain temps. Bien des sensations surgissent, bien des pensées, des images s'élèvent, mais elles ne sont que des ondes de votre propre esprit. Rien ne vient de l'extérieur de votre esprit. Nous pensons d'habitude que notre esprit reçoit des impressions et des données d'expérience de l'extérieur, mais cela n'est pas la vraie compréhension de notre esprit. La vraie compréhension, c'est que l'esprit embrasse tout. Lorsque vous pensez que quelque chose vient de l'extérieur, cela signifie seulement que quelque chose apparaît dans votre esprit. Rien à l'extérieur de vous-même ne peut vous causer d'ennui. Vous produisez vous-même les ondes de votre esprit. Si vous laissez votre esprit tel qu'il est, il deviendra calme. Cet esprit s'appelle l'« esprit vaste ».

Si votre esprit est relié à quelque chose en dehors de lui, cet esprit est un esprit petit, un esprit limité. Si votre esprit n'est pas relié à autre chose, alors son activité est exempte de compréhension dualiste. Vous comprenez l'activité simplement comme les ondes de votre esprit. L'esprit vaste fait l'expérience de tout en lui-même. Comprenez-vous la différence entre les deux esprits : l'esprit qui embrasse tout, et l'esprit relié à quelque chose ? Ils sont en fait une même chose, mais les deux compréhensions sont différentes, et votre attitude envers la vie sera différente selon votre compréhension.

Tout est inclus en votre esprit : cela est l'essence de l'esprit. En faire l'expérience, c'est avoir le sens religieux. Même si des ondes s'élèvent, l'essence de votre esprit est pure ; exactement comme de l'eau claire où se forment des ondes. En réalité, l'eau a toujours des ondes. Les ondes sont ce que fait l'eau. Parler d'ondes séparées d'eau ou d'eau séparée d'ondes est une illusion. Quand vous comprenez ainsi votre esprit, votre sensation a une certaine sûreté. Comme votre esprit n'attend rien de l'extérieur, il est toujours plein. Un esprit qui engendre des ondes n'est pas un esprit troublé, mais en fait un esprit déployé. Tout ce dont vous faites l'expérience est une expression de l'esprit vaste.

L'activité de l'esprit vaste est de se déployer à travers différentes expériences. En un sens, nos expériences, venant les unes après les autres, sont toujours neuves ; mais, par ailleurs, elles ne sont que le développement continu ou répété de l'esprit vaste unique. Par exemple, si vous avez quelque chose de bon au petit déjeuner, vous direz : « C'est bon. » « Bon » vient d'une expérience faite il y a longtemps, même si vous ne vous rappelez pas quand. Avec l'esprit vaste, nous acceptons chacune de nos expériences comme si nous reconnaissions notre propre visage et celui que nous voyons dans un miroir. Pour nous, la peur de perdre cet esprit n'existe pas. Il n'y a nulle part où aller ni venir ; il n'y a pas de peur de la mort, pas de souffrance due à la vieillesse ou à la maladie. Parce que nous jouissons de tous les aspects de la vie comme un déploiement de l'esprit vaste, nous n'aspirons pas à une joie excessive. Aussi sommes-nous d'une imperturbable sérénité, et c'est avec cette imperturbable sérénité de l'esprit vaste que nous pratiquons Zazen

Les mauvaises herbes de l'esprit

Vous devriez sentir une certaine gratitude pour la présence de mauvaises herbes dans votre esprit, car elles enrichiront finalement votre pratique.

Quand le réveil sonne au petit matin et que vous vous levez, je pense que vous ne vous sentez pas tellement bien. Ce n'est pas facile d'aller faire Zazen, et, même après être arrivé au zendo et avoir commencé Zazen, vous devez vous encourager à bien le faire. Ce sont juste des ondes de votre esprit. Dans le Zazen pur, votre esprit ne devrait avoir aucune onde. Au cours de la méditation, ces ondes s'amenuiseront de plus en plus, et votre effort se changera en une sensation subtile.

Nous disons qu'en arrachant les mauvaises herbes nous nourrissons la plante. Nous arrachons les mauvaises herbes et nous les enterrons près de la plante pour la nourrir. Ainsi, même si vous rencontrez quelque difficulté dans votre pratique, même si quelques ondes s'élèvent pendant votre méditation, ces ondes vous aideront. Ne soyez donc pas gêné par votre esprit. Vous devriez plutôt sentir une certaine gratitude pour la présence de ces mauvaises herbes, car elles enrichiront finalement votre pratique. Si vous avez quelque expérience de la manière dont les mauvaises herbes de votre esprit se transforment en nourriture mentale, votre pratique fera des progrès remarquables. Vous sentirez le progrès. Vous sentirez comment elles deviennent nourriture pour soi-même. Ce n'est naturellement pas très difficile de donner une interprétation philosophique ou psychologique de notre pratique, mais cela ne suffit pas. Nous devons réellement savoir d'expérience comment nos mauvaises herbes se transforment en nourriture.

Au sens strict, tout effort n'est pas bon pour notre pratique car il crée des ondes dans notre esprit. Il est impossible, cependant, d'atteindre le calme absolu de l'esprit sans aucun effort. Nous devons faire un certain effort, mais nous devons nous oublier dans l'effort que nous faisons. Dans ce domaine, il n'y a ni subjectivité ni objectivité. Notre esprit est simplement calme, sans même aucune conscience volontaire. Dans cette absence de conscience volontaire, tout effort, toute idée, toute pensée s'évanouira. Il nous est donc nécessaire de nous encourager et de faire un effort jusqu'au dernier moment, où tout effort disparaît. Fixez votre esprit sur votre respiration jusqu'à ce que vous ne soyez plus conscient de votre respiration.

Nous devrions essayer de toujours continuer notre effort, mais nous ne devrions pas espérer atteindre un certain stade avant d'avoir complètement oublié cet effort. Nous devrions seulement essayer de fixer notre esprit sur notre respiration. Voilà notre vraie pratique. Cet effort s'affinera de plus en plus avec votre position assise. Tout d'abord votre effort est assez grossier et impur, mais le pouvoir de la pratique le rendra de plus en plus pur. C'est ainsi que nous pratiquons le Zen. Une fois que vous comprenez quelle puissance intérieure nous possédons de nous purifier nous-mêmes et de purifier notre environnement, vous pouvez agir correctement ; et vous apprenez au contact de ceux qui vous entourent, et vous devenez ami avec les autres. Voilà le bienfait de la pratique zen. Mais la manière de pratiquer consiste seulement à vous concentrer sur la respiration, dans la bonne posture, en faisant un effort grand et pur. C'est ainsi que nous pratiquons le Zen. [...]

*

23.
LA VACUITÉ
par Dainin Katagiri

Dainin Katagiri (1928-1990) quitta le Japon en 1963 pour s'installer aux États-Unis où il devint en 1972 le premier supérieur du Minnesota Zen Meditation Center, à Minneapolis. L'extrait suivant, tiré d'un discours à ses étudiants américains, fournit un antidote nécessaire contre les tendances à considérer l'enseignement bouddhiste d'une façon nihiliste — « Puisque tout est illusion vide, pourquoi devrais-je faire un effort ? » — ou éternisante — « Tout ce que je fais est un monument au bien ou au mal qui change les choses à jamais ». C'est l'antidote à une conception selon laquelle la notion bouddhiste de vacuité, même si elle est juste, ne serait qu'une philosophie abstraite sans application réelle à la vie. Et au-delà de toute notion de maux et de remèdes, ce discours du Rôshi Katagiri sur la vacuité transmet, telles qu'elles sont, son humilité sincère et sa vision pénétrante des choses. Il ne fait jamais aucun doute qu'il parle de la vie telle qu'elle est réellement.

L'enseignement bouddhiste de la vacuité est relativement difficile à comprendre, mais ses leçons sont extrêmement importantes pour nous. La vacuité est ce qui nous permet d'ouvrir les yeux pour voir directement ce qu'est l'être. Si après avoir mûrement réfléchi nous décidons de faire quelque chose dont nous pensons que c'est la meilleure voie, du début à la fin nous devons faire de notre mieux. Nous devons respecter nos aptitudes, nos connaissances, sans nous comparer aux autres, puis utiliser nos connaissances et nos aptitudes et réfléchir à la façon d'agir. Un résultat en découlera tout naturellement. Nous devons assumer la responsabilité des résultats de ce que nous faisons, mais le but final est de ne pas être obsédés par les résultats, qu'ils soient bons, mauvais ou neutres. C'est ce qu'on appelle la « vacuité ». C'est la signification la plus importante de la vacuité.

Quand je suis devenu moine, je n'avais aucune idée des aspects pratiques du bouddhisme, ni de la vie au temple, ni de la vie de bouddhiste. Mon maître m'a souvent répété que j'étais béni par la chance. Je n'ai pas vraiment compris, mais ma vie à l'époque me faisait tout de même ressentir que j'avais de la chance. Quand les villageois venaient au temple pour nous offrir quelque chose, ils ne disaient pas : « Voici un cadeau pour le professeur. » Ils disaient toujours : « Ceci est pour Dainin Katagiri », pour moi.

Mon professeur, le Rôshi Daichô Hayashi, est devenu moine à l'âge de dix ans. Dès son enfance il a beaucoup pratiqué et étudié dans un monastère, sous la direction d'un fameux professeur de cette époque. Le Rôshi Hayashi devint un prêcheur fameux qui parcourait tout le Japon pour parler du bouddhisme. Puis on lui confia un grand temple magnifique à Nara, une charmante ville ancienne proche de Kyôto.

Le Rôshi Hayashi était très préoccupé car les fidèles avaient critiqué son professeur et lui avaient demandé de quitter le temple, l'accusant d'avoir utilisé pour ses besoins personnels de l'argent reçu pour la reconstruction du temple qui avait été détruit par un incendie. Mon maître trouva un petit temple où il installa son professeur dont il prit soin. C'est le temple dont je suis aujourd'hui le supérieur. Par chance, mon professeur retrouva au même moment sa mère qu'il n'avait pas vue depuis des années et des années. Comme il ne pouvait la laisser seule car elle était très âgée, il l'amena également au temple. Après la mort de son professeur, il se demanda avec inquiétude comment s'occuper de sa mère, désormais seule dans le petit temple. Il devait décider s'il la prenait avec lui dans le grand temple de Nara, ou s'il devait s'installer dans le petit temple pour y vivre avec elle. Il choisit finalement de quitter le grand temple, de s'installer dans le petit et d'y vivre avec sa mère. Son choix lui porta chance, car le grand temple de Nara brûla juste après son départ.

A cette époque le Rôshi Hayashi était un professeur très célèbre et beaucoup de fidèles voulaient devenir ses disciples. Quand je devins moine sous sa direction, il avait eu six disciples, mais il ne lui en restait aucun. En réalité, il lui en restait un, mais il était interné dans un hôpital psychiatrique et mourut quelques mois plus tard. Ainsi, tous ses élèves étaient partis. Certains d'entre eux étaient morts, d'autres s'étaient suicidés, d'autres encore s'étaient enfuis du temple. L'un d'eux s'était battu avec le maître et avait été jeté en prison. Il ne restait plus que moi, mais malheureusement je suis également parti, pour venir aux États-Unis. Il est ainsi mort tout seul dans son temple.

Il continua à semer de bonnes graines, en aidant les gens et en prêchant le bouddhisme, mais il n'avait pas de chance dans la vie. D'un côté il était un peu triste et pensif, mais il était tout de même content. Il me disait :

« Tu es vraiment comblé par la chance. Quelquefois, tu m'enlèves ma chance. Je suis jaloux. »

Il le disait, bien sûr, avec un sourire. J'ai demandé à mon professeur pourquoi il pratiquait le bouddhisme s'il pensait être accablé par la malchance. Même s'il faisait de bonnes actions, il était toujours malchanceux, alors pourquoi continuait-il à pratiquer ? Il me répondit :

« Les récompenses karmiques du bien et du mal se produisent à trois périodes différentes. La première est celle des récompenses durant la vie présente de l'individu, la deuxième celle des récompenses durant la vie qui suit la mort, la troisième celle des récompenses durant les vies ultérieures. »

Les récompenses karmiques se perpétuent dans le passé, le présent et l'avenir, vie après vie. Un jour, quelque part, elles se manifestent. C'est la conception bouddhiste des récompenses karmiques. Il me dit également :

« Dogen Zenji dit que, si vous arrêtez de pratiquer la Voie du Bouddha, vous perdez votre mérite. »

J'ai été très impressionné par sa réponse. C'était pour cela qu'il continuait à pratiquer la Voie du Bouddha.

La loi de causalité existe. Il ne faut pas l'oublier. Si nous faisons quelque chose de bon, il y aura une bonne conséquence. Si nous faisons quelque chose de mal, une mauvaise conséquence en découlera. C'est la loi de causalité. Mais en fait, même s'il y a la loi de causalité, la vie humaine ne semble pas suivre cette loi parce que, comme mon maître, il arrive que nous fassions de bonnes choses mais que, n'ayant pas de chance, les conséquences ne soient pas bonnes. Selon la loi de causalité, il y a ainsi apparemment deux sortes de conséquences possibles : une bonne action entraînera une conséquence positive et une bonne action n'entraînera pas une conséquence positive. Il faut comprendre les deux. Mais nous sommes toujours troublés par ces deux voies. Si nous considérons notre vie selon l'idée qu'« une bonne action n'entraînera pas une conséquence positive », il est facile de se mettre à mener une vie décadente et de n'attacher aucune importance au sens moral. Si nous voyons des gens qui ont encore de la chance alors qu'ils ont fait quelque chose de mal dans le passé, nous devenons sceptiques et ne faisons plus confiance à personne. Il est très difficile de répondre à cette façon de considérer la vie et c'est pourquoi il est indispensable de comprendre la loi de causalité dans le cadre d'ensemble de la vie humaine. Elle nous dit : « Fais attention, réfléchis bien à tes actes. »

Selon la loi de causalité, les récompenses ou conséquences karmiques se manifestent dans la vie présente, dans la vie qui suit celle-ci ou dans des vies ultérieures. Mon maître n'aimait pas sa vie malchanceuse. Il aurait aimé avoir davantage de chance. Mais ce n'était pas le cas. Il n'avait pas de chance. Tous les jours il faisait une bonne action, mais les conséquences n'étaient pas souvent bonnes. Quelque chose le conditionnait-il à subir la malchance ? C'était peut-être la conséquence de sa vie précédente, ou de ses vies antérieures. Nous ne savons pas. Mais, si nous envisageons notre vie d'une façon directe et équilibrée, nous pouvons faire quelque chose de bien tous les jours. Quoi qu'il arrive, tout ce que nous avons à faire est de continuer à semer de bonnes graines. Pour qui ? Pour quand ? Pour vous, pour tous les êtres animés, pour cette époque ou une autre, pour la vie après la vie suivante, pour les générations futures. Tout ce que nous avons à faire est de semer de bonnes graines. C'est là notre pratique.

Le point important est que nous ne devons pas être obsédés ou désorientés par les conséquences que nous voyons, ressentons et vivons. Toutes les conséquences, qu'elles soient bonnes, mauvaises ou neutres, doivent être entièrement acceptées. Tout ce que nous avons à faire est de semer de bonnes graines, jour après jour, sans que subsistent de traces des bonnes graines, et sans engendrer aucun attachement. C'est pourquoi jusqu'à sa mort mon professeur s'est contenté de continuer à pratiquer et à aider les gens. C'est la signification de la vacuité. Nous ne pouvons retenir aucune des deux conceptions de la loi de causalité, celle selon laquelle une bonne cause devrait entraîner une bonne conséquence, ou celle selon laquelle une bonne cause n'entraînera pas de bonne conséquence, parce que tout est en perpétuel changement. Dans ce cadre, la question est de savoir comment nous pouvons vivre en paix et en harmonie pour le bien des hommes et des générations futures, vie après vie.

Le vide ne signifie pas détruire notre vie, ou abandonner nos responsabilités, tout sens moral, nos connaissances ou nos capacités. Nous devons utiliser nos connaissances, nos capacités, notre carrière, tout ce que nous avons à proposer, pour faire de notre mieux afin d'accomplir ce que nous avons décidé de faire. Des conséquences apparaissent très naturellement si nous faisons de notre mieux. Elles peuvent être de bonnes indications sur ce qu'il faut faire ensuite et nous devons entièrement les accepter. C'est cela la vacuité. C'est la façon de vivre, la façon de mener notre vie humaine quotidienne.

Mais la vie quotidienne est remplie de distractions, que ce soient des critiques ou des louanges. Ce sont des distractions, car on peut facilement être hanté par elles. Si on nous admire, cette admiration nous tourne la tête. Si quelqu'un nous critique, nous sommes profondément perturbés et il est difficile de reprendre le dessus. Nous sommes en permanence hantés par quelque chose dont nous sommes prisonniers. Cela n'est pas le vide. C'est très difficile, mais c'est la vie quotidienne et nous ne pouvons lui échapper. La question est de savoir comment nous devons assumer l'admiration, les critiques et les jugements, bons ou mauvais, justes ou faux. Dans la vie quotidienne il est relativement difficile de faire de notre mieux afin d'accomplir ce que nous avons décidé de faire, parce que entre le moment où nous avons pris une décision et le moment où nous commençons à agir beaucoup d'événements se produisent. Quelquefois nous sommes déjà détournés de notre chemin avant d'avoir commencé à agir. Tout cela est donc plutôt difficile. C'est pourquoi nous devons avoir une vision globale de la vie humaine, une vie qui est embrouillée par toutes sortes de complications.

Pour cela, le Zazen est une pratique très simple. Il nous apprend comment mener notre vie quotidienne. Il faut réfléchir soigneusement au Zazen, en utilisant notre corps et notre esprit, en utilisant nos connaissances, nos perceptions, nos émotions. Tout. Puis, quand on a décidé de pratiquer le Zazen, il suffit de l'entreprendre. Si on s'efforce de le pratiquer du mieux possible, en suivant les conseils et les indications transmises par nos ancêtres, nous voyons immédiatement le résultat. Un bon Zazen, une bonne concentration, des hallucinations, le visage magnifique d'Avalokiteshvara, des Arhats en colère, beaucoup de choses se produisent. Ce sont des conséquences au royaume du Zazen. Nous devons totalement accepter ces conséquences, parce qu'elles découlent de nos décisions, de notre vie. Nous changeons jour après jour et quelles que soient les conséquences qui apparaissent nous devons en assumer la responsabilité et les accepter. Mais notre Zazen doit être vide et il ne faut pas être obsédé par ces conséquences. Il faut seulement faire de notre mieux pour accomplir notre Zazen, après avoir sérieusement réfléchi à ce qu'est le Zazen puis décidé de le pratiquer. Que cela nous plaise ou non, des conséquences apparaissent immédiatement, mais ces phénomènes sont simplement en nous. Rien n'est donné par les autres, en dehors de nous. Tout provient de nous-mêmes. Si on comprend cela, il est déjà plus facile de se concentrer, de s'asseoir sans être dérangé par ces conséquences. C'est une vie humaine limpide ; on peut voir qui on est, comment on a mené sa vie dans le passé, comment on la mène en ce moment, et comment on la mènera dans le futur. Dans le Zazen on peut voir partout. Ces visions de la vie dans le Zazen sont de bonnes indications sur la façon de mener sa vie dans la perspective du futur. Si nous voyons quelque chose que nous devons corriger, il faut le corriger. Si nous le corrigeons correctement, nous sommes tout de suite déséquilibrés à nouveau. Nous devons corriger à nouveau. Il y a toujours quelque chose qui se produit. C'est le Zazen. C'est pourquoi le Zazen est exactement la vie. La chose importante est d'accepter totalement ces événements qui se produisent. Si vous voyez quelque chose que vous devez corriger, corrigez-le. S'il n'y a rien à faire, ne faites rien. Simplement. Quoi qu'il se produise, du début à la fin, continuez seulement à faire de votre mieux dans la pratique du Zazen. C'est tout ce que vous avez à faire. Dans le Zazen il y a une régulation de l'esprit. La régulation de l'esprit signifie qu'on n'a aucune indication qu'on devient bouddha. C'est la vacuité.

Quoi qu'il se produise, ne créez pas d'attachement. « Ne créez pas d'attachement » ne signifie pas que vous devez négliger l'attachement. Il y a déjà de l'attachement. La question importante est de comprendre comment utiliser l'attachement sans créer trop de problèmes. Si vous percevez un problème, réduisez-le au minimum en comprenant ce qu'est l'attachement. Considérez soigneusement ce que vous devez faire, en utilisant vos connaissances et facultés. C'est déjà de l'attachement. Sans attachement, comment pourrions-nous faire quoi que ce soit ? L'attachement est le désir. D'une manière générale, sans désir comment pourrions-nous survivre dans ce monde ? En utilisant nos connaissances, nous réfléchissons soigneusement à ce qu'il faut faire ensuite. Et alors, quoi que nous décidions de faire, faisons-le, en nous efforçant de l'accomplir, du début à la fin. C'est tout ce que nous avons à faire. Voyez immédiatement les conséquences et acceptez-les. Contentez-vous de continuer à semer de bonnes graines, d'heure en heure. C'est cela le Zazen, qu'on appelle Shikantaza, dans lequel les hallucinations, les doutes et les distractions disparaissent. Ce genre de Zazen est exactement la foi bouddhiste.

La foi bouddhiste n'est pas une idée. C'est une action pratique, quelque chose qu'il faut remettre à jour. Même si on peut expliquer à de nombreuses reprises ce qu'est la foi bouddhiste, ce qu'est le Zazen, il subsiste toujours un petit quelque chose d'inexplicable. C'est le cœur du Zazen ou de la foi. C'est le cœur de l'être. Zazen, nez, bouche, oreilles, peu importe, il s'agit toujours de quelque chose que nous devons remettre à jour dans notre vie quotidienne, à travers notre corps et notre esprit. La foi religieuse peut devenir quelque chose de dangereux, de préjudiciable à nos semblables, aussi faut-il sans cesse améliorer nos connaissances, affiner nos perceptions. Telle est la foi bouddhiste, fondée sur la vacuité.

24.
LE BOUDDHISME ENGAGÉ
par Thich Nhat Hanh

Thich Nhat Hanh, poète, maître du Zen et président de la Délégation bouddhiste vietnamienne pour la paix pendant la guerre du Viêt-nam, vit en exil en France. Dans le texte proposé ici il explique clairement comment la pratique de la méditation individuelle est un service rendu à la société. Cette explication est fondée sur l'enseignement central de l'Avatamsaka-Sûtra (Sûtra de la guirlande de Bouddha), sur l'interpénétration de toutes choses, ce que le Sûtra appelle le « filet d'Indra », Indra étant le roi des dieux dans la mythologie indienne. L'enseignement de l'interdépendance est directement issu du récit par le Bouddha de sa propre expérience d'éveil et est connu sous le nom de Pratîtya-Samutpâda (« production dans la dépendance » ou « conditionnée ») de toutes choses.

La méditation ne consiste pas à sortir de la société, à s'échapper de la société, mais à préparer un retour dans la société. Nous appelons cela le « bouddhisme engagé ». Quand nous nous rendons dans un centre de méditation, nous avons peut-être l'impression de tout laisser derrière — famille, société et toutes les complications qui les accompagnent — et d'arriver en tant qu'individu pour pratiquer et chercher la paix. C'est déjà une illusion, car dans le bouddhisme il n'existe rien de tel qu'un individu.

De même qu'un morceau de papier est le fruit, la combinaison, de nombreux éléments qu'on peut appeler des éléments non-papier, l'individu est fait d'éléments non-individu. Si vous êtes poète, vous distinguerez clairement un nuage qui flotte dans cette feuille de papier. Sans nuage, il n'y aurait pas d'eau. Sans eau, les arbres ne pourraient pousser. Et sans arbre on ne pourrait fabriquer de papier. Le nuage est ainsi présent dans le papier. L'existence de cette page dépend de l'existence d'un nuage. Papier et nuage sont extrêmement proches l'un de l'autre. Considérons d'autres choses, comme le soleil. Le soleil est de la plus haute importance car les forêts ne peuvent vivre sans soleil et nous, les hommes, ne pouvons vivre sans soleil. Le bûcheron a besoin du soleil pour couper l'arbre, et l'arbre a besoin du soleil pour être un arbre. Par conséquent, on peut voir le soleil dans cette feuille de papier. Et si on pénètre plus profondément dans le papier, avec les yeux d'un Bodhisattva, avec les yeux de ceux qui sont conscients, on ne voit pas seulement le nuage et le soleil, mais on découvre que tout s'y trouve : la farine qui est devenue le pain que le bûcheron a mangé, le père du bûcheron — tout est dans cette feuille de papier.

L'Avatamsaka-Sûtra nous dit qu'il est impossible de trouver quelque chose qui n'ait aucun rapport avec cette feuille de papier. Aussi nous disons : « Une feuille de papier est faite d'éléments non-papier. » Un nuage est un élément non-papier. La forêt est un élément non-papier. Le soleil est un élément non-papier. Le papier est fait de tous les éléments non-papier dans la mesure où, si nous retournons tous les éléments non-papier à leur source, le nuage au ciel, la lumière au soleil, le bûcheron à son père, le papier est vide. Vide de quoi ?

Vide d'un soi séparé. Il est fait de tous les éléments non-soi, les éléments non-papier, et si tous ces éléments non-papier sont enlevés il est réellement vide, vide d'un soi indépendant. Vide, dans ce sens, signifie que le papier est rempli de toutes choses, de tout le cosmos. La présence de cette mince feuille de papier prouve la présence de l'ensemble du cosmos.

De la même façon, l'individu est fait d'éléments non-individu. Comment vous attendre à tout laisser derrière vous quand vous pénétrez dans un centre de méditation ? La souffrance que vous transportez dans votre cœur, c'est la société elle-même. Vous l'apportez avec vous, vous apportez la société avec vous. Vous nous amenez tous avec vous. Quand vous méditez, ce n'est pas seulement pour vous. Vous le faites pour toute la société. Ce n'est pas seulement pour vous que vous cherchez une solution à vos problèmes, mais pour nous tous.

On regarde habituellement les feuilles comme les enfants de l'arbre. Oui, ce sont les enfants de l'arbre, nés de l'arbre. Mais ce sont aussi les mères de l'arbre. Les feuilles combinent la sève brute, l'eau et les sels minéraux avec la lumière du soleil et des gaz et les convertissent en sève panachée qui nourrit l'arbre. De ce point de vue, les feuilles sont les mères de l'arbre. Nous sommes tous des enfants de la société, mais nous sommes aussi des mères. Nous devons nourrir la société. Si nous sommes déracinés de la société, nous ne pouvons la transformer en un lieu plus vivable pour nous et nos enfants. Les feuilles sont liées à l'arbre par une tige. La tige est très importante.

Je jardine dans notre communauté depuis de longues années et je sais qu'il est parfois difficile de planter des boutures. Pour certaines plantes qui ne bouturent pas facilement on utilise une sorte d'hormone végétale qui les aide à s'enraciner dans le sol. Je me demande s'il existe un genre de poudre, quelque chose qui pourrait être trouvé par la pratique de la méditation, qui pourrait aider les gens déracinés à s'enraciner de nouveau dans la société. La méditation n'est pas une évasion de la société. La méditation, c'est se doter soi-même de la capacité de réintégrer la société, pour que la feuille nourrisse l'arbre.

Quatrième partie

L'enseignement tantrique

Le Dharma du Bouddha se compose de l'Hînayâna, du Mahâyâna et du Vajrayâna. Le troisième véhicule majeur, le Vajrayâna, est également appelé Tantra et est associé à un ensemble d'écritures désigné du même nom, Tantra. (Il n'est pas directement apparenté à la partie de l'hindouisme aussi dénommée Tantra.) Comme les sûtras de l'Hînayâna et du Mahâyâna, les Tantra sont attribués au Bouddha, mais la tradition raconte que pour enseigner la plupart d'entre eux il prit une forme différente de celle du Bouddha historique, Shâkyamuni.

Nous avons vu que l'Hînayâna présente l'Arhat comme un idéal, tandis que le Mahâyâna aspire à l'état de Bodhisattva. Le Vajrayâna est, à son tour, inspiré par la figure du Siddha, un maître dont l'accomplissement spirituel fut si profond qu'il détenait le pouvoir sur le monde des phénomènes, tel que le pouvoir de voler ou d'arrêter le mouvement du soleil. Un autre caractère traditionnel du Siddha était qu'il malmenait souvent les conventions et la morale conventionnelle. Selon la tradition, il y eut quatre-vingt-quatre « grands Siddhas » (Mâhasiddhas) en Inde durant l'époque de la première vaste floraison de l'enseignement tantrique, du VIIIe au XIIe siècle.

Le Vajrayâna englobe tous les enseignements de

l'Hînayâna et du Mahâyâna. Il en dépend. Il dépend aussi particulièrement du fait que les pratiquants mettent parfaitement en œuvre les exercices de méditation de l'Hînayâna et du Mahâyâna. Mais le Vajrayâna va plus loin. S'il accepte par exemple toute la doctrine du vide du Mahâyâna, il ajoute une dimension plus profonde. La critique tantrique de la conception du Mahâyâna centrée sur le vide est que cette conception est trop orientée vers le royaume « au-delà » de ce monde. Le Tantra voit le pouvoir, la profondeur et l'ampleur de la vérité absolue comme entièrement et complètement manifestes dans le monde des phénomènes, le monde des sens. Il parle de l'unité des vérités absolue et relative. Et il parle ainsi de l'unité du vide et de la lumière, qui est la qualité éclatante, exacte et puissante du spectacle des phénomènes.

Vajrayâna est le véhicule ou la voie de l'« indestructible ». (En sanskrit, *vajra* signifie « inflexible » ou « indestructible ».) Ce qui est indestructible est la nature essentielle des choses telles qu'elles sont. Rien ne peut détruire la nature essentielle des choses, parce que rien ne s'en écarte. Parce qu'elle ne peut jamais rien devenir d'autre, cette nature vajra est dite non née. Et également parce qu'elle ne peut jamais rien devenir d'autre, elle est tantra, ce qui signifie « continue ».

La principale pratique méditative du Vajrayâna est celle de « la visualisation sacrée », ou « voir les apparences comme pures ». Ce qui signifie voir tous les phénomènes à nu, dans leur nature vajra. La principale technique utilisée dans le Vajrayâna pour développer cette vision consiste à s'identifier avec des dieux qui représentent la nature vajra et répéter leurs paroles sacrées, appelées mantras, et imiter leurs gestes, appelés mudrâs. Ces dieux ne sont pas considérés comme existant réellement, mais comme des expressions de la nature de ce qui est.

25.
LE PRATIQUANT DU TANTRISME
par Chögyam Trungpa

Trungpa Rimpoche fut la onzième incarnation de la lignée Trungpa de gurus tibétains. Après avoir été supérieur d'un groupe de monastères du Tibet oriental, il se rendit en Occident où il fit des études de religion comparée à Oxford et fonda des centres de méditation en Amérique du Nord et en Europe. Dans ce chapitre, après avoir insisté sur la continuité de l'Hînayâna, du Mahâyâna et du Vajrayâna, il soulève la question du point de départ du Tantra dans l'expérience du pratiquant. La confusion et l'ambiguïté sont le point de départ, la « syllabe graine ». Dans la liturgie du Vajrayâna, une syllabe graine est une syllabe sanskrite, souvent représentée par une seule lettre, qui représente l'essence d'une divinité particulière et qui donne effectivement naissance à la divinité. De façon très paradoxale, c'est une ambiguïté — c'est-à-dire précisément le genre de chose dont on pourrait espérer se débarrasser par la pratique spirituelle — et cette ambiguïté se révèle être un germe puissant de l'état d'Éveil spirituel.

Les enseignements tantriques du bouddhisme sont hautement sacrés et, d'une certaine façon, inaccessibles. Les anciens pratiquants du tantrisme dépensèrent une énergie et des efforts considérables dans l'étude du

Tantra. Notre introduction actuelle du Tantra en Amérique du Nord est une date marquante de l'histoire du bouddhisme.

Une révolution trantrique s'est déroulée en Inde voici de nombreux siècles. La sagesse de cette tradition fut transmise oralement, de génération en génération, par les grands Mâhasiddhas, ou maîtres tantriques. Le Tantra est ainsi considéré comme une continuité transmise de bouche à oreille et secrète. Mais le secret ne signifie pas que le Tantra ressemble à une langue étrangère. Ce n'est pas comme si nos parents parlaient deux langues et ne nous en apprenaient qu'une pour pouvoir utiliser le chinois ou le yiddish quand ils veulent garder un secret entre eux. Le Tantra nous introduit au contraire dans la réalité du monde des phénomènes. C'est une des perceptions les plus avancées, les plus aiguës et les plus extraordinaires jamais développées. Il est inhabituel et original. Il est puissant, magique et outrageant. Mais il est également extrêmement simple.

Pour comprendre le phénomène du Tantra, ou de la conscience tantrique, il faut bien voir que nous n'envisageons pas le Tantra comme un processus spirituel mal défini. Le Tantra, ou bouddhisme du Vajrayâna, est extrêmement précis et unique. Nous ne pouvons nous permettre d'embrouiller le Vajrayâna en une sorte de soupe spirituelle ou philosophique. Il faut discuter le Tantra techniquement, spirituellement et personnellement — dans un sens très précis — et envisager ce que le caractère unique de la tradition tantrique offre aux êtres animés.

Le futur du bouddhisme dépend de la poursuite de la découverte des expériences du Bouddha et du partage de ces expériences avec les autres. Il est ainsi indispensable de nous identifier personnellement avec l'expérience tantrique, plutôt que de voir le Tantra comme une expérience spirituelle de plus.

Le Vajrayâna résulte, fondamentalement, d'une appréhension et d'une compréhension intégrales du bouddhisme de l'Hînayâna et du Mahâyâna. Le développement des trois yâna — Hînayâna, Mahâyâna et Vajrayâna — est un processus continu. Le mot *tantra*, *gyü* en tibétain, signifie d'ailleurs « continuité ». Un fil continu suit la voie bouddhiste, notre expérience personnelle et notre dévotion envers les enseignements bouddhistes. Un fil commence, d'habitude, quelque part. Mais selon les enseignements bouddhistes ce fil n'a pas de commencement et est donc continu. En fait, un tel fil n'existe pas mais est, en même temps, continu.

Arrivé à ce point, nous ne sommes pas encore en mesure de discuter ce qu'est le Tantra. Puisque la continuité du Tantra est basée sur l'expérience personnelle, nous devons d'abord comprendre la personne qui subit l'expérience. En d'autres termes, il faut savoir qui étudie le Tantra : qui est-il, ou qu'est-il ? Ainsi, pour commencer, il faut retourner au début et découvrir qui est en train de percevoir le Tantra, qui est le tantrika, ou pratiquant du tantrisme.

On peut dire que certaines personnes sont tantriques par nature. Elles sont inspirées au cours de leur vie. Elles réalisent qu'une certaine réalité s'installe au sens vrai et elles sentent qu'elles peuvent connaître l'expérience de l'énergie. Elles se sentent peut-être menacées par l'énergie ou ressentent un manque d'énergie, mais elles ont un intérêt personnel pour le monde : le monde visuel, le monde auditif, le monde de l'ensemble des sens. Elles s'intéressent à la façon dont les choses fonctionnent et sont perçues. Cette attitude d'immense intérêt, cet intérêt pour les perceptions, est tantrique par nature. Un problème avec les futurs pratiquants tantriques inspirés est cependant qu'ils sont souvent *trop* fascinés par le monde des sens. Quelque chose manque : même s'ils sont inspirés, ils n'ont peut-être pas établi une véritable connexion avec le monde des sens, et cela pose des problèmes pour la compréhension du vrai Tantra. On peut cependant les considérer comme des fœtus tantriques, ou des membres potentiels de la famille tantrique.

Quand nous commençons à examiner qui est vraiment le pratiquant tantrique, notre recherche nous entraîne de plus en plus loin en arrière, jusqu'aux fondements de la pratique bouddhiste, les enseignements de l'Hînayâna. De ce point de vue, l'Hînayâna *est* le Tantra. L'un des aperçus ou expériences qui suscitent l'inspiration du pratiquant de l'Hînayâna est l'absence du Moi, ce qui est aussi absence de Dieu. La situation devient ouverte quand on réalise l'absence d'individu ou de personnalité qui percevrait des entités extérieures. Nous n'avons aucune raison de limiter les choses avec un être divin conceptualisé, traditionnellement appelé Dieu. Nous sommes simplement en train d'examiner qui nous sommes. En examinant qui nous sommes, nous trouvons, selon l'observation de l'Hînayâna et du Tantra, que nous ne sommes personne — plutôt un non-corps. Nous pouvons demander : « Comment est-ce possible ? J'ai un nom. J'ai un corps. Je mange. Je dors. Je mène ma vie. Je porte des vêtements. » Là est exactement la question : nous nous interprétons mal, nous interprétons mal notre Moi non existant. Parce que nous mangeons, nous dormons, nous vivons et nous portons un nom, nous présumons que quelque chose doit se trouver là. Cette erreur fréquente est apparue voici longtemps et se renouvelle constamment, à chaque instant. Que nous ayons un nom ne signifie pas que nous ayons un Moi. Comment le réaliser ? Parce que si nous n'utilisons pas de points de référence tels que notre nom ou nos vêtements, si nous arrêtons de dire : « Je mange, je dors, je fais telle et telle chose », alors s'ouvre un grand fossé.

D'une façon identique, nous utilisons souvent des points de référence pour montrer que nous n'existons pas. Nous disons que nous n'existons *pas* à cause de quelque chose d'autre. Nous disons par exemple : « Je n'existe pas parce que je n'ai pas un centime. » Cette logique est erronée, parce que nous avons toujours un centime à perdre. Cela ne signifie cependant pas qu'il faille essayer de détruire des points de référence relatifs. Un exemple extrême : pendant les années soixante, des gens ont fait des tentatives hystériques pour ne pas exister. Ils espéraient devenir invisibles en détruisant des références et des pièces d'identité comme les listes de recensement pour le service militaire et les certificats de naissance. Mais l'élimination des listes de recensement était toujours une affirmation d'individualité volontaire. Lutter pour ne pas exister était toujours une bataille sur la question de l'existence.

Dans la tradition bouddhiste la découverte de la non-existence, ou du non-Moi, n'a rien à voir avec la destruction des points de référence relatifs. Que nous essayions de maintenir ces points de référence ou de les détruire, nous sommes toujours confrontés au même problème. L'approche bouddhiste consiste à n'utiliser aucun point de référence, quel qu'il soit. Dans ces conditions nous ne découvrons pas si nous existons ou non, mais nous nous contemplons simplement directement, sans aucun point de référence — on pourrait dire sans même regarder. Cela peut être extrêmement exigeant. Acceptons-le. Venons-en maintenant au cœur de la question.

Lors des tentatives de nous voir nous-mêmes sans point de référence, nous risquons de nous trouver dans une situation où nous ne savons plus quoi faire. Nous pouvons nous sentir complètement perdus et penser que ce que nous sommes en train de tenter est vraiment très étrange : « Je n'arrive même pas à commencer. Qu'est-ce que je peux faire ? » Il nous traversera alors peut-être l'esprit de commencer par le commencement. On se rapproche de la vérité quand on doit faire face à l'égarement provoqué par l'ignorance de la façon de se comporter avec soi-même sans utiliser de point de référence. En même temps, nous n'avons pas trouvé les racines de la réalité, s'il y en a réellement une.

Il est impossible de trouver le début du fil tantrique sans parvenir à la conclusion que nous n'existons pas. Nous pourrions tenter de résoudre logiquement notre non-existence. Mais la conclusion que nous n'existons pas doit provenir de l'expérience et se situer au-delà de notre bêtise et de notre confusion. Notre confusion à cette étape est de ne pas savoir comment débuter. A partir de là, nous pouvons commencer à ressentir l'absence de début du fil, ainsi que son absence de fin. Nous avons effectué des progrès, mais nous nous sentons peut-être toujours aussi stupides qu'une méduse ou un robot. Nous avons l'impression de n'effectuer aucune découverte et toute l'expérience apparaît plutôt terne.

Selon la tradition tantrique, la seule façon de trouver une issue à cette confusion est d'aborder notre situation fâcheuse avec le sens de l'humour. Nous sommes en train d'essayer de nous découvrir, mais en sommes incapables et nous sentons énormément ternes et lourds. Quelque chose nous entrave, mais nous sommes incapables de mettre le doigt dessus. Mais quelque chose, quelque part, nous entrave. N'est-ce pas ? Si nous prenons cela avec humour, nous commençons à découvrir que même la platitude, le manque d'inspiration, la solidité et la confusion dansent constamment. Il faut développer un sens de l'exaltation et de la danse plutôt que d'essayer seulement de se sentir mieux. Quand nous nous mettons à danser avec notre humour, notre stupidité apparente s'en trouve élevée. Nous ne sommes cependant pas sûrs d'être seulement en train de nous regarder nous-mêmes avec humour pendant que notre stupidité s'alourdit constamment, ou d'être réellement capables de nous soigner. Il y a toujours quelque chose d'incertain, de totalement confus et de très ambigu.

A ce point nous pouvons enfin commencer à nous occuper de l'ambiguïté. Dans la tradition tantrique, la découverte de cette ambiguïté s'appelle « la découverte de la syllabe graine ». L'ambiguïté est une « syllabe graine » quand elle devient point de départ, au lieu d'être source de problèmes. Nous commençons à découvrir que nous n'existons pas quand nous acceptons l'incertitude comme base de travail. Nous pouvons faire l'expérience et apprécier l'ambiguïté comme source de confusion autant que comme source d'humour. La découverte de la non-existence vient de l'expérience de l'énergie de l'humour et de l'expérience de la lourde « choséité », ou forme de confusion. Mais la forme ou la choséité ne prouve pas l'existence de l'énergie, et l'énergie ne prouve pas l'existence de la forme. Il n'y a ainsi aucune confirmation, rien d'autre que l'ambiguïté, et nous sommes toujours perdus. Mais à cette étape ce sentiment d'être perdu a la qualité de la liberté plutôt que celle de la confusion.

Cette expérience de l'ambiguïté est une expérience personnelle plutôt qu'une expérience analytique. Nous commençons à réaliser qu'en réalité nous n'existons pas. Nous n'existons pas à cause de notre existence : c'est le trait final de notre ambiguïté. Et le monde existe à cause de notre non-existence. Nous n'existons pas, par conséquent le monde existe. Il y a derrière tout cela une énorme plaisanterie, une grosse plaisanterie. Nous pouvons questionner : « Qui nous fait une pareille plaisanterie ? » C'est difficile à dire. Nous ne savons pas du tout qui c'est. Nous hésitons tellement que nous ne placerons peut-être même pas un point d'interrogation à la fin de notre phrase. Quoi qu'il en soit, c'est là notre but dans l'étude du Tantra : trouver qui pose la question, qui a conçu cette question, si c'est quelqu'un.

Le point de vue du débutant est de réaliser la non-existence, de comprendre la non-existence et de faire l'expérience de la non-existence. Il est très important de réaliser que la vue, les odeurs, les couleurs, les émotions, l'absence de forme et les formes sont toutes des expressions du non-commencement, de la non-existence, de l'absence de Moi. On doit faire l'expérience de cette non-existence personnellement, plutôt qu'analytiquement ou philosophiquement. Cette expérience personnelle est capitale. Pour pénétrer le Tantra correctement, pour devenir de bons étudiants du Tantra, il faut connaître l'expérience de la non-existence, aussi frustrante, déroutante ou irritante puisse-t-elle paraître. Sans quoi ce que nous faisons ne portera aucun fruit

26.
LA TENTATRICE ET LE MOINE
par Reginald A. Ray

Dans le Vajrayâna, les Siddhas ont remplacé les Arhats de l'Himâyana et les Bodhisattvas du Mahâyâna comme exemples idéals de la voie spirituelle. L'attribut remarquable des Siddhas est leur possession des « Siddhis suprêmes et ordinaires », ou pouvoirs spirituels. Le Siddhi suprême est l'éveil lui-même, tandis que les Siddhis ordinaires sont une série de pouvoirs miraculeux qui manifestent une maîtrise du monde des phénomènes. La tradition recense quatre-vingt-quatre grands Siddhas, ou Mâhasiddhas, qui ont vécu en Inde du VIIIe au XIIe siècle. Depuis le pinacle de leur accomplissement, ces personnages farouches, hommes et femmes de toutes origines sociales, narguaient les conventions sous toutes leurs formes, notamment la spiritualité conventionnelle et pesante du monachisme officiel. L'essence de leur message et de leur exemple est que la vérité spirituelle la plus élevée est indépendante des conditions relatives et peut ainsi se manifester et se réaliser instantanément dans n'importe quelle circonstance.

Le Dr Ray, professeur d'études bouddhistes à l'Institut Naropa de Boulder, dans le Colorado, nous raconte ici l'histoire d'un Siddha débutant et peu enthousiaste, qui est arraché bon gré mal gré du nid des conventions par la force de la nature dévoilée de la vraie réalité, personnifiée par la déesse de la sagesse Vajrayoginî.

Un bouddhiste indien peut choisir entre trois modes de vie : il peut être laïc, vivre dans une communauté de moines ou de religieuses, ou encore devenir yogi méditant et vivre et pratiquer dans la solitude. A l'origine, et dans une certaine mesure tout au long de son histoire, le bouddhisme tantrique ou Vajrayâna représentait avant tout le troisième choix. C'était essentiellement une tradition non monastique, ésotérique, pratiquée par des méditants dans des retraites solitaires. Les textes décrivent les yogis tantriques comme pratiquant leurs exercices dans des grottes isolées, au sommet de montagnes inaccessibles et dans des vallées reculées. Ils pratiquaient également dans d'autres lieux éloignés de la « civilisation », les aires de crémation peuplées d'animaux de proie, d'esprits hostiles et de morts vivants. Redoutés par la population indienne, ces endroits étaient des refuges de prédilection des yogis.

Il n'existe quasiment aucune trace du Vajrayâna jusqu'à son apparition dans l'histoire indienne au VIIe siècle, quand il était en pleine transition entre une tradition extrêmement secrète et ésotérique de yogis vivant retirés et l'extension d'un mouvement de plus en plus populaire parmi les moines et les laïcs. Personne ne sait quand le Vajrayâna apparut, mais, au XVIIe siècle, l'historien tibétain Lama Taranatha développa le point de vue généralement admis au Tibet selon lequel le Vajrayâna remonte au Bouddha et que ce fut son enseignement le plus ésotérique, élevé et sacré.

Dans un certain sens, le Vajrayâna n'est pas différent des autres traditions contemplatives du bouddhisme indien — traditions du Theravâda, Mahâyâna des débuts, Dhyâna (Ch'an, Zen) — qui insistent sur la méditation intense, une relation étroite avec le guru et l'acharnement pour atteindre l'Éveil dans la vie présente. Mais les méthodes du Vajrayâna sont, sous certains aspects, différentes. La méditation entre dans le cadre d'un contexte liturgique. Au cours d'une cérémonie initiatique (abhisheka), l'élève reçoit de son guru des instructions pour la méditation et l'autorisation de pratiquer. La bouddhéité est incarnée en divers bouddhas hommes et femmes auxquels chacun essaie de s'identifier. On confère un respect particulier aux femmes, au symbolisme féminin et aux déesses (des bouddhas ou Yidam) comme Vajrayoginî, en tant qu'incarnations spéciales de la sagesse. On considère comme une grande bénédiction qu'une divinité se manifeste en personne et on dit que c'est ainsi que les plus grands saints tantriques (Siddhas) reçurent leur enseignement. Les hommes et les femmes pratiquent ensemble, notamment dans des ganachakras ou « fêtes tantriques », au cours desquelles la réalisation est atteinte et célébrée par des méditations, des chants et des danses. Parmi les traditions bouddhistes, le Vajrayâna est parfois particulièrement non conventionnel et ses saints n'hésitent pas à démontrer le caractère souvent égoïste et intéressé de la morale et de la religion conventionnelles. Le Vajrayâna a un caractère scandaleux et quelquefois choquant, incarné par ses saints, caractère qui reflète, disent ses disciples, le scandale de l'Éveil lui-même et son insulte à l'ego humain.

Au VIIIe siècle, des rois de la dynastie Pâla se sont succédé à la tête du nord-est de l'Inde. Disciples du Vajrayâna, ils ont répandu le bouddhisme tantrique et construit des monastères où on l'étudiait et le vénérait. Devenant le domaine des moines et des monastères, le Vajrayâna a connu d'inévitables transformations, dont la plus importante, en tout cas quand il était pratiqué dans les monastères, fut une tendance à devenir objet d'érudition et de commentaires et à perdre une partie de son caractère des premiers temps. Des moines érudits rassemblèrent les textes tantriques, et classifièrent et cataloguèrent le contenu croissant des écrits tantriques. De la façon académique classique, on étudia les textes, discuta leur contenu et écrivit des commentaires et observations savantes à leur propos. Mais dans de nombreux cas, cela n'alla pas plus loin et il est évident que nombre de ces érudits ne mettaient pas du tout en pratique les enseignements tantriques.

Abhayâkaragupta, un moine fameux et très savant qui vécut au XIe siècle dans le nord de l'Inde, appartenait à cette catégorie des gens qui étudiaient le Vajrayâna mais ne le pratiquaient pas. De son vivant, sa réputation de spécialiste s'étendit très loin en Inde. L'histoire suivante, racontée par le Lama Taranatha, illustre très clairement la détérioration de la spiritualité du Vajrayâna dans un cadre monacal, ainsi que le pouvoir de la tradition pour ramener ses disciples aux vraies pratiques et réalisations.

Abhayâkaragupta venait du sud de l'Inde. Son père était un membre de la caste guerrière, un shatriya, et sa mère une femme de la caste sacerdotale, une brahmine. Il manifesta très tôt une aptitude remarquable dans les études et se pencha sur toutes sortes de textes, dont les Veda, l'ensemble de la littérature védique, la logique, la grammaire et la philologie. Il maîtrisa les traditions textuelles aussi bien que les Tantra des écoles non bouddhistes. Il semble avoir été très méticuleux, comme un brahmane était supposé l'être, et respectait les règles qui recommandaient d'éviter les gens et les situations susceptibles d'entraîner des souillures, dont les membres des castes inférieures et des matières comme la viande de vache et l'alcool.

Un jour où il s'était enfermé dans un jardin pour réciter des mantras, une magnifique jeune fille apparut et lui dit :

« Je suis une chandala [paria]. Je veux pratiquer avec toi. »

Brahmane toujours pointilleux, Abhayâkaragupta répondit :

« C'est impossible. J'appartiens à la caste supérieure. Je me déshonorerais. »

Après que la jeune fille eut disparu, Abhayâkaragupta vit que toutes les portes étaient fermées de l'intérieur. Il se demanda ce qui s'était passé et s'il n'avait pas rencontré quelque jeune fille extraordinaire. Dans son trouble, il s'adressa à un yogi bouddhiste qu'il connaissait. Le yogi lui répondit :

« C'est vraiment dommage que tu n'aies pas accepté sa proposition. Il s'agissait de la divinité Vajrayoginî, la femme bouddha. Elle t'aurait conféré la réalisation [Siddhi]. »

Vajrayoginî avait invité Abhayâkaragupta à abandonner son attachement à son statut de membre de la caste supérieure et, en échange, lui avait offert l'Éveil spirituel. L'ami yogi poursuivit :

« Ton affiliation spirituelle profonde est incontestablement avec les bouddhistes. Tu devrais partir vers l'est et devenir bouddhiste. »

Abhayâkaragupta suivit les recommandations du yogi et se rendit au Bengale. Mais au lieu de suivre la voie de la méditation, il se fit ordonner moine bouddhiste (bhikshu) et choisit de se consacrer à l'étude. Il devint un spécialiste accompli de tous les Sûtras et Tantra et acquit une réputation de bhikshu d'une culture exceptionnelle. Un grand nombre de professeurs lui transmirent, en plus, de nombreux pouvoirs tantriques. Même s'il ne le pratiquait pas, il était considéré comme un expert du Vajrayâna.

Une autre fois, il se trouvait dans la cour d'un temple quand une jeune fille apparut, portant un morceau de viande de vache sanguinolente. Elle le lui tendit en lui disant :

« Je suis une chandala. J'ai tué cet animal spécialement pour toi. Mange. »

La proposition était une grave insulte pour Abhayâkaragupta, non seulement en tant que brahmane mais aussi en tant que moine. Pour un brahmane, tuer une vache est un crime abominable et manger sa chair est la pollution extrême. Qui plus est, les règles monacales bouddhistes interdisent aux moines de manger un animal tué spécialement pour eux. Aussi, Abhayâkaragupta répondit :

« Je suis un bhikshu d'une caste pure. Comment pourrais-je manger la chair d'une vache tuée pour moi ? »

La jeune chandala disparut de la cour. Taranatha dit à Abhayâkaragupta qu'il avait de nouveau décliné une invitation de Vajrayoginî et refusé la réalisation qu'elle lui avait offerte, en préférant conserver sa position sociale élevée de brahmane et de moine ordonné.

Taranatha nous montre que, même si à cette époque Abhayâkaragupta était un grand érudit, son cœur était toujours insatisfait car il n'avait pas reçu les enseignements intimes de la réalisation. Abhayâkaragupta décida de partir et, parcourant le pays en tous sens, rendit visite à différents maîtres pour recueillir des instructions orales sur la méditation. Il finit par arriver à l'université monastique de Nâlandâ, où il acquit de remarquables connaissances sur la littérature monastique des principales écoles bouddhistes, les écrits savants et les textes tantriques. Il étudia également à fond les six domaines de la connaissance, dont les mathématiques, la métaphysique et la logique. Il se rendit enfin chez un professeur tantrique et reçut tous les enseignements du Vajrayâna. Choisissant ce professeur comme premier guru, il bénéficia de ses instructions sur la méditation.

Abhayâkaragupta entra alors dans le monastère de son maître, où il médita conformément aux instructions reçues. Une nuit du huitième jour du mois de sa méditation apparut dans sa cellule de méditation une jeune fille qui ressemblait exactement à la servante qui versait l'eau à son professeur. D'un petit panier, elle sortit un grand nombre d'objets destinés à la liturgie d'une fête tantrique. Elle dit :

« Je suis envoyée par ton professeur. Je vais pratiquer un ganachakra avec toi. »

Il répondit :

« Je n'ai encore jamais pratiqué cela.

— Pas de problème, dit-elle. Nous allons le faire tout de suite. »

Mais, à cause de ses idées préconçues et de ses scrupules, l'érudit refusa de participer à la fête tantrique.

La jeune fille dit :

« Tu connais trois cents Tantra et tu as reçu la meilleure instruction orale possible à leur sujet. Comment peux-tu avoir des doutes sur la vraie pratique ? »

Disant cela, elle rassembla les objets de la fête et partit. L'obscurité s'accentua brusquement. Abhayâkaragupta inspecta les portes de sa cellule de méditation, qu'il avait lui-même fermées de l'intérieur. Elles étaient toujours bouclées.

Le lendemain matin, il interrogea son guru :

« As-tu envoyé ta servante auprès de moi, hier soir, pour mener une liturgie de fête ? »

Son professeur répondit :

« Tu as trop de doutes et de concepts. Je n'aurais jamais fait une chose pareille. Qu'est-ce que tu as vu ? »

Abhayâkaragupta lui raconta ce qui s'était passé. Le guru lui dit :

« Vajrayoginî t'a proposé d'atteindre la réalisation, mais tu n'as pas voulu. »

Abhayâkaragupta était désespéré et, refusant toute nourriture pendant sept jours, adressa des suppliques à Vajrayoginî. La septième nuit, il vit une vieille femme en rêve. Sachant que c'était Vajrayoginî, il se confessa et la supplia. Devenant Vajrayoginî dans la réalité, elle lui dit :

« Au cours de nombreuses vies, tu as récité mon mantra et m'as fait des offrandes. Je t'ai offert le Siddhi à trois reprises, mais tu n'as pas voulu l'accepter. Pour cette raison tu n'atteindras pas la réalisation suprême au cours de cette vie. »

Vajrayoginî envoya Abhayâkaragupta composer des textes et enseigner d'autres hommes, et prédit qu'il atteindrait la réalisation après la mort. Adoptant alors le mode de vie d'un yogi, Abhayâkaragupta alla méditer sur différentes aires de crémation. Puis il médita dans un ermitage que lui avait donné la femme d'un roi Pâla. Selon Taranatha, l'une de ses périodes de Samâdhi dura six mois. Son accomplissement dans la méditation lui fit acquérir de nombreux pouvoirs surnaturels lui permettant d'aider des gens, dont la faculté de ressusciter les morts, de prévenir des catastrophes naturelles et de protéger des individus contre le malheur. Tout cela conformément aux enseignements des Tantra. On considère que, lorsqu'il composait des textes, ce n'était plus sa volonté qui agissait, mais qu'il était habité par la présence de Vajrayoginî qui enseignait à travers lui. Son enseignement était si miraculeux que, lorsqu'il parlait, il arrivait que des fleurs se mettent à tomber du ciel.

Cette histoire montre clairement le caractère non conventionnel et lié au yoga du Bouddhisme du Vajrayâna. Abhayâkaragupta arrive à la compréhension que le Vajrayâna n'est pas une question de comportement superficiel ni d'accumulation de connaissances. Sa principale valeur est au contraire l'expérience personnelle et directe de la réalisation. C'est, de plus, une remise en cause crue et rude des aspirations à un statut social ou du conformisme envers les conventions. C'est implacable : tout en n'étant pas bouddhiste, Abhayâkaragupta est, pour ainsi dire, recherché et atteint par Vajrayoginî. Dans sa fierté, sa prétention et son ignorance, il veut étudier en se tenant à une distance prudente, mais la tradition agit quand même sur lui. Il se trouve finalement face à la tragédie de son ego : pour sauvegarder ses statuts de caste et de moine et pour préserver l'image qu'il se fait de lui-même, il a repoussé les aspirations de son cœur. La vérité filtre enfin à travers ses défenses et, une fois qu'il accepte la terrible vérité, il parvient à s'ouvrir et à devenir le véhicule de la véritable sagesse, de la compassion et du pouvoir.

Tout cela illustre la croyance générale au Tibet selon laquelle le bouddhisme du Vajrayâna est particulièrement efficace pour les hommes fortement marqués par les souillures de l'ignorance et de l'amour-propre. Les plus grands Siddhas, les saints, sont souvent ceux qui débutent avec les plus grandes souillures.

27.

L'UNION DE LA JOIE ET DU BONHEUR

par Tilopa

Tilopa (989-1069) est un des plus fameux quatre-vingt-quatre Mâhasiddhas indiens. Enfant, il fut vacher. Plus tard, avec l'aide d'un maître spirituel qui l'avait pris sous son aile, il réalisa un miracle qui permit de vaincre une armée ennemie et devint roi du petit royaume dans lequel il vivait.

Au bout d'un certain temps, dégoûte de la vie terrestre, il laissa le trône à son fils et décida de devenir moine. Un jour qu'il étudiait les enseignements de la Prajnâpâramitâ, il eut une vision au cours de laquelle une femme moustachue lui apparut et lui dit qu'il devait abandonner l'état de moine et chercher la vérité au-delà de l'objet de ses études. Il suivit les initiations et instructions qu'elle lui avait fournies et, se mettant au service de divers gurus pendant plusieurs années, accomplit de grands progrès spirituels. Il atteignit enfin la réalisation complète après douze années au cours desquelles il gagna sa vie le jour en écrasant des graines de sésame pour en extraire l'huile et, la nuit, en étant proxénète.

Son comportement après son Éveil parut étrange et antisocial. Il accomplit un nombre incalculable de miracles. A l'aide de procédés inexplicables et parfois choquants, il amena par la ruse des individus rétifs à prendre conscience de la folie et de la nocivité de leurs comportements et à adopter une saine approche de la vie. Il lui arriva même de les guérir de leur aveuglement spirituel et de les amener à l'Éveil. On raconte qu'il apporta l'illumination spirituelle aux habitants d'une région entière en leur chantant des chants de clairvoyance en état de lévitation.

Tilopa est le premier être humain de la tradition du Mahâmudrâ qu'il reçut, dit-on, de Vajrayoginî, une déesse toujours irritée dont il avait forcé l'entrée du château céleste.

Les strophes suivantes sont les instructions orales sur le Mahâmudrâ que Tilopa donna à son disciple Naropa (1016-1100) sur les rives du Gange. Tilopa se fixa pendant des années sur les bords du fleuve, où il vécut des entrailles des poissons vidés par les pêcheurs. Son iconographie le montre assis en position de méditation, tenant un poisson et vêtu seulement d'un pagne.

Le Mahâmudrâ (« grand sceau ») est l'une des plus hautes doctrines de méditation du Vajrayâna. Il a été préservé dans les écoles tibétaines du Vajrayâna, notamment le Kagyüpa dont Tilopa est considéré comme le fondateur. Ce texte montre clairement la continuité entre le Mahâmudrâ et le Mahâyâna. Une partie de ce qui est dit ici a pu être énoncé par Huineng (voir chapitre 18). Mais il y a plus. Tilopa parle de la vacuité, mais, quand il touche l'essence de la question, il parle de la nature lumineuse de l'esprit. Il s'agit d'une sorte de qualité positive de la vacuité. Au lieu d'insister sur la méditation, Tilopa parle de non-méditation, parce que l'unité du vide et de la clarté, qui est la nature de l'esprit, est spontanément présente dans toutes les expériences et n'a pas besoin d'être recherchée. C'est le « grand sceau » porté par tous les phénomènes.

*

HOMMAGE À LA SAGESSE CO-ÉMERGENTE[1]

Extrait de *Le mythe de la liberté et la voie de la médiation,*
Chögyam Trungpa,
coll. « Points Sagesses », Seuil, 1979.

Le mahâmudrâ ne peut être montré ;
mais toi qui es dévoué au guru,
qui maîtrises les pratiques ascétiques,
et sais endurer la souffrance, intelligent Naropa,
inscris ceci dans ton cœur, fortuné disciple.

Key-ho.

Regarde la nature du monde,
impermanent comme un mirage ou un rêve ;
même le mirage ou le rêve n'existent pas.
Aussi, développe la renonciation et abandonne les activités mondaines.

Renonce aux serviteurs et aux proches, cause de passion et d'agression.
Médite seul dans les forêts, les retraites, les lieux solitaires.
Demeure dans l'état de non-méditation.

Si tu réalises la non-réalisation, alors tu as réalisé le mahâmudrâ.

Le dharma du samsâra est mesquin, il suscite passion et agression.

Les phénomènes que nous avons créés sont insubstantiels ; recherche donc la substance de l'ultime.
Le dharma de l'esprit ne peut percevoir le sens de la conscience transcendante.

Le dharma de l'action ne peut découvrir le sens de la non-action.

Si tu désires atteindre la conscience transcendante et la non-action,
coupe alors la racine de la conscience et conserve à ton esprit sa nudité.
Laisse se décanter les eaux polluées de l'activité mentale.
Ne cherche pas à arrêter les projections, mais laisse-les parvenir d'elles-mêmes au repos.
S'il n'y a plus ni rejet ni acceptation, tu es libéré dans le mahâmudrâ.

Lorsque les arbres développent feuilles et branches,
il suffit de couper les racines pour abattre l'ensemble.
De même, si tu coupes la racine de l'esprit,
les diverses activités mentales s'évanouiront.

Les ténèbres qui se sont amassées durant des milliers de kalpas,
une seule torche les dispersera.
De la même façon, une expérience instantanée de la conscience lumineuse
dissoudra le voile des impuretés karmiques.

Hommes et femmes de moindre intelligence qui ne pouvez saisir ceci,
concentrez votre conscience et prêtez attention à la respiration.
Par le moyen de différents regards et de diverses techniques de concentration,
disciplinez votre esprit jusqu'à ce qu'il se repose naturellement.

Si tu perçois l'espace,
les notions figées de centre et de limite disparaissent.
De même, si l'esprit perçoit l'esprit,

toutes activités mentales cessantes, tu demeureras dans un état de non-pensée,
et tu réaliseras la suprême *bodhichitta*.

Les vapeurs s'élevant de la terre se transforment en nuages
puis elles s'évanouissent dans le ciel ;
personne ne sait où vont les nuages une fois dissous.
De la même façon, les vagues de pensées produites par l'esprit
se dissolvent lorsque l'esprit perçoit l'esprit.

L'espace est dépourvu de couleur et de forme ;
inchangeant, il n'est ni obscur ni clair.
De même, l'esprit lumineux n'a ni couleur ni forme ;
il n'est ni obscur ni clair, ni mauvais ni bon.

L'essence pure et brillante du soleil
n'est pas affectée par les ténèbres qui règnent durant des milliers de kalpas.
De la même façon, l'essence lumineuse de l'esprit
n'est pas obscurcie par les longs kalpas du samsâra.

Bien que l'on puisse le dire vide,
l'espace est indescriptible.
De même, bien qu'on puisse le qualifier de lumineux,
lui donner un nom ne prouve pas que l'esprit existe.
L'espace n'est pas localisable.
De même, l'esprit du mahâmudrâ est dépourvu de demeure.

Sans changement, repose sans attache dans l'état primordial ;
sans doute tes liens vont se dénouer.
L'essence de l'esprit est comme l'espace,
aussi n'y a-t-il rien qu'il n'embrasse.

Laisse les mouvements de ton corps couler authentiquement,

cesse ton bavardage oiseux, que ta parole devienne un écho ;
sans esprit, vois le dharma du saut.

Le corps, comme un bambou creux, est dépourvu de substance.
L'esprit est comme l'essence de l'espace, sans place pour les pensées.
Repose sans attache dans ton esprit tranquille, sans le brider ni le laisser vagabonder.
Lorsque l'esprit est sans but, cela est mahâmudrâ.
Un tel accomplissement réalise la suprême illumination.

La nature de l'esprit est lumineuse, sans objet de perception.
Tu découvriras le sentier du Bouddha lorsque la voie de la méditation n'est plus.
En méditant sur la non-méditation, tu réaliseras la suprême bodhi.

Telle est la suprême vision — elle transcende fixation et saisie[2].

Telle est la suprême méditation — sans vagabondage de l'esprit.
Telle est la suprême action — sans effort.
Lorsqu'il n'y a plus ni espoir ni peur, le but est atteint.

L'*alaya* non née est dépourvue de vêtements et de voiles.
Laisse ton esprit reposer dans l'essence non née ; ne distingue pas l'après-méditation de la méditation.
Lorsque les projections ont épuisé le dharma de l'esprit,
l'on atteint la suprême vision, libre de toutes limitations.

Profonde et sans limites est la méditation suprême.
Existant d'elle-même, sans effort, est l'action suprême.
Existant de lui-même, sans espoir, est le fruit suprême.

Au commencement l'esprit est semblable à un torrent turbulent.
Au milieu il est semblable au Gange, coulant doucement.
A la fin il est semblable à la confluence de toutes les rivières,
à la rencontre du fils et de la mère.

Les adeptes du tantra, de la prajnâpâramitâ,
du vinaya, des sûtras et des autres religions,
ne verront pas le mahâmudrâ lumineux
au moyen de leurs textes et de leurs dogmes philosophiques.

Sans esprit, sans désir,
existant par soi-même, apaisé de soi-même,
cela est comme une vague.
La luminosité n'est voilée que par le surgissement du désir.

Le véritable vœu de samaya est rompu lorsqu'on pense en termes de préceptes.
Si tu ne t'attardes sur l'ultime, si tu ne le perçois ni ne t'en écartes,
ta pratique est sainte, tu es une torche illuminant les ténèbres.

Dépourvu de désir, ne demeurant pas aux extrêmes,
tu verras les dharmas de tous les enseignements.

Si tu persévères dans une telle attitude, tu te libéreras de la prison samsârique.
Si tu médites de cette façon, tu consumeras le voile des impuretés karmiques.
On te considérera dès lors comme le « Flambeau de la Doctrine ».

Même les ignorants qui ne portent aucune dévotion à cet enseignement

pourront être sauvés par toi de leur incessante noyade
dans le fleuve du samsâra.

Il est dommage que les êtres endurent de telles souffrances dans les mondes inférieurs.
Celui qui veut se libérer de la souffrance doit trouver un guru avisé.
Imprégné par l'*adhisthana*[3], son esprit sera libéré.

Si tu trouves un *karma mudrâ*[4], alors s'élèvera la sagesse réalisant l'union de la joie et du vide.
L'union des moyens subtils et de la connaissance suscite des bénédictions.

Réalise cela et donne naissance au mandala.
Répands-le en tous lieux et distribue-le dans tout ton corps.

S'il n'y a pas de désir, viendra l'union de la joie et du vide.
Vis longtemps, sans cheveux blancs, et tu croîtras comme la lune.
Deviens radieux, et ta force sera parfaite.
Après avoir rapidement réalisé les siddhis relatifs,
il convient de chercher les siddhis absolus.
Que cet enseignement exact du mahâmudrâ demeure dans le cœur des êtres fortunés.

*

NOTES

1. Sagesse co-émergente : la sagesse primordiale, née simultanément avec l'ignorance, de même que nirvâna et samsâra viennent simultanément à l'existence

2. Saisie : croyance en l'existence d'un sujet qui projette, et attachement aux projections.

3. *Adhisthana* : bénédiction, l'atmosphère créée par le guru.

4. *Karma mudrâ* : partenaire dans la pratique de la troisième initiation ou troisième *abhisheka*.

28.
LES CHANTS DE MILARÉPA

*Milarépa (1052-1135) est peut-être le grand méditant tibétain le plus connu. Une jeunesse marquée par les épreuves et les catastrophes fut suivie par des rigueurs et des douleurs encore pires infligées pendant sa formation par son guru Marpa (1012-1097). Il médita ensuite pendant des années dans la solitude de grottes de montagnes enneigées. Son endurance et sa maîtrise par le yoga de sa chaleur interne (*chandali *en sanskrit,* tumo *en tibétain) lui permirent, malgré le froid intense, de ne porter qu'une simple robe de coton blanc. D'où son nom de Milarépa, « celui qui porte une robe de coton ». A mesure qu'il approchait de sa réalisation, de nombreux disciples vinrent à lui, même dans son repaire de lointaine montagne. Il exprima son Éveil dans de nombreux chants spontanés, dont on dit qu'ils s'élevèrent à cent mille.*

*

LE CHANT DES HÉMIONES

Extrait des *Cent Mille Chants de Milarépa*,
Librairie Arthème Fayard.
Tome I, 1986, tome II, 1989,
tome III, 1993.

La vue est absolue sagesse du vide, ouvert.
La méditation est claire lumière, sans rien à saisir.
Le comportement est absence continue d'attachement.
Le Fruit est nu, immaculé.

Cette sagesse du vide, dans la vue,
Risque de se perdre en de bonnes paroles.
Tant que ne paraît pas la compréhension décisive du but,
On n'échappe pas au soi avec des mots.
Aussi tendez à une violente certitude.

La méditation, lumière libre de toute saisie,
Risque de s'échapper dans l'immobilité passive.
Tant que ne monte pas la sagesse, de l'intérieur,
On ne se libère pas en de fermes séjours.
Aussi chérissez une conscience attentive.

Ce continuel détachement dans le comportement
Risque de glisser en des propos futiles.
Tant que vue et méditation ne deviennent pas amies,
L'ascétisme s'entoure de considérations mondaines.
Aussi préférez le renoncement sans ombres.

Cette nudité immaculée du Fruit
Risque de se vêtir d'une définition.
Tant que, de l'intérieur, les illusions ne sont détruites,
Aspirer à méditer donne peu de résultat.
Aussi attachez-vous à ruiner les illusions confuses.

LE DÉPART DE RETCHUNG POUR LE Ù

O Retchungpa, mon fils, écoute bien !
Je suis ton vieux père Milarépa,
Il m'arrive de dormir, mais en dormant je médite.
Quand je médite tout en dormant,
Je possède des instructions qui rendent l'ignorance lumineuse.
Je suis seul à les posséder,
Je me réjouirais si tout le monde en profitait.

Moi, ton vieux père Milarépa,
Il m'arrive de manger, mais en mangeant je médite.
Quand je médite tout en mangeant,
Je possède des instructions qui sacralisent les victuailles.
Je suis seul à les posséder,
Je me réjouirais si tout le monde en profitait.

Moi, ton vieux père Milarépa,
Il m'arrive de marcher, mais en marchant je médite.
Quand je médite tout en marchant,
Je possède des instructions qui changent le parcours en pèlerinage.
Je suis seul à les posséder,
Je me réjouirais si tout le monde en profitait.

Retchung, mon fils, pratique de cette façon.
Et toi, Megom, lève-toi et fais chauffer la soupe !

LA CERTITUDE DU MOINE LOTEUN

[...] Restez détendu, comme un jeune enfant,
Apaisé comme l'océan sans vagues,
Radieux comme la lumière d'une lampe.
Restez tel un cadavre à jamais privé de fierté,
Pareil à la montagne toujours immobile. [...]

L'OGRESSE DU ROC LINGBA

[...] Recherchez à dessein une vue transcendant l'intellect.
Fixez-vous dans une méditation attentive.
Gardez un comportement libre, spontané, puissant. [...]
Renoncez aux métaphores, aux espoirs et aux craintes
pour l'accomplissement !

LE CHANT DES HUIT JOIES ÉTONNANTES

O seigneur ! Incarnation qui exaucez nos souhaits,
Très précieux empereur universel,
Lumière qui dissipez les ténèbres de l'ignorance,
O Traducteur Marpa, je me prosterne à vos pieds !

La forteresse du ciel sur les Hauteurs du Roc Rouge
Réunit toutes les messagères.
En ce lieu qui dispense la joie, Moi le vieil homme,
Je chante inspiré par le ravissement.
Je vous prie d'écouter, disciples rassemblés,
Vous qui êtes patients, judicieux dans la méditation.

L'ermitage d'où le sectarisme est absent,
Voici le guide qui protège la profonde concentration.
Quelqu'un ici le connaît-il ?
Quelle joie pour celui qui vit son corps comme un temple !
L'azur de l'esprit originel, quelle merveille !

Le roc d'une immuable confiance,
Voici le guide pour quitter la ronde de l'existence.
Quelqu'un ici le connaît-il ?
Quelle joie pour qui se libère dans le samsâra et le nirvâna !

Achever en l'esprit les quatre corps d'un bouddha, quelle merveille !

Le contact avec les projections des six sens,
Voici le guide qui excite les mauvaises réactions.
Quelqu'un ici le connaît-il ?
Quelle joie pour qui pousse les désirs vers leur naturel épuisement !
Rompre la corde qui lie à la dualité, quelle merveille !

Le noble Lama détenteur d'une tradition,
Voici le guide qui disperse les ombres de l'ignorance,
Quelqu'un ici le connaît-il ?
Quelle joie pour qui se repose sur un maître éveillé !
Reconnaître la nature de son propre esprit, quelle merveille !

L'habit de coton, ni trop chaud ni trop froid,
Voici le guide des errances dans les déserts de neige.
Quelqu'un ici le connaît-il ?
Quelle joie pour qui se soustrait à la peur du froid et du chaud !
Dormir nu dans les montagnes enneigées, quelle merveille !

L'instruction pour appliquer le mélange et le transfert,
Voici le guide pour dominer les terreurs du bardo.
Quelqu'un ici le connaît-il ?
Quelle joie pour qui ne distingue plus vie présente et future !
Être dans l'espace de l'absolue réalité, quelle merveille !

La voie et les moyens profonds de la transmission orale,
Voici le guide qui rend à l'esprit son éclat.
Quelqu'un ici le connaît-il ?
Quelle joie pour qui développe la félicité mentale et physique !
L'entrée de la force vitale dans le canal médian, quelle merveille !

Le yogi pénétré par la compassion et le vide radieux,
Voici le guide qui supprime tout jargon usuel.
Quelqu'un ici le connaît-il ?
Quelle joie pour qui s'entoure de sages !
Le rassemblement d'êtres d'élection, quelle merveille !

Le vieil homme a suscité joyeuse ardeur
Afin de revivifier la pratique spirituelle
De ceux qui se sont ici rassemblés.
Inspiré, le yogi a chanté
Ces huit petites mélodies de la joie.
Ne les oubliez pas, gardez-les en votre cœur.

LA VISITE A DAMPA SANGYE

Les messagères facilement s'assemblent dans les solitudes.
Solitaire, partout heureux, j'ai réfléchi au dharma.
Je le salue, le brave qui tranche l'ego !

Immortel, l'esprit parcourt un monde où rien ne se crée.
Les signes de mort et de naissance d'eux-mêmes se libèrent.
Quelle félicité, cette assurance de la vue !
Que Dampa lui aussi cultive ce bonheur.

Ma pensée flotte sans se distraire
En un monde où rien n'est à méditer.
Les signes de la profonde concentration d'eux-mêmes se libèrent.
Quelle félicité, cette assurance de la méditation !
Que Dampa lui aussi cultive ce bonheur.

Je flâne sans trouver de barrières
En un monde de spontanéité.

Les signes de la préméditation d'eux-mêmes se libèrent.
Quelle félicité, cette assurance du comportement !
Que Dampa lui aussi cultive ce bonheur.

Sans chercher le gain, je parcours
Un monde où l'initiation n'existe pas.
Les signes du corps de bouddha d'eux-mêmes se libèrent.
Quelle félicité, cette assurance de la transmission de pouvoir !
Que Dampa lui aussi cultive ce bonheur.

J'erre sans risque dans un monde
Où rien n'est à protéger.
Les signes de la discipline obligée d'eux-mêmes se libèrent.
Quelle félicité, cette assurance de l'engagement !
Que Dampa lui aussi cultive ce bonheur.

Sans effroi je marche
En un monde dont je n'attends rien.
Les signes du doute et de l'espoir d'eux-mêmes se libèrent.
Quelle félicité, cette assurance de l'accomplissement !
Que Dampa lui aussi cultive ce bonheur.

LE CHANT DU BONHEUR D'UN YOGI

En connaissant son propre visage,
Le yogi qui tend à l'indicible vérité
Reste toujours heureux.
En poursuivant les empreintes de l'illusion,
Le pratiquant qui laisse la douleur résonner
Toujours reste misérable.

Posé dans la sphère de l'originel,
Le yogi purifié en sa place inaltérable
Reste toujours heureux.

En suivant à la trace ses sensations,
Le pratiquant qui accumule à plaisir les désirs passionnés
Toujours reste misérable.

Réalisant ses visions comme le corps de vérité,
Le yogi qui tranche les doutes, les espoirs, les craintes,
Reste toujours heureux.
En pérorant sans motif,
Le pratiquant soumis aux considérations mondaines
Toujours reste misérable.

Sachant le tout en l'esprit,
Le yogi qui prend les apparences comme amies
Reste toujours heureux.
Employant sa vie à la distraction,
Le pratiquant qui à la mort éprouve du regret
Toujours reste misérable.

En pénétrant la pleine réalisation,
Le yogi qui maîtrise les choses en leur état naturel
Reste toujours heureux.
Placé au cœur de la tentation,
Le pratiquant qui se perd en intentions
Toujours reste misérable.

En se libérant sur place des symboles,
Le yogi qui ne cesse jamais ses expériences
Reste toujours heureux.
Amassant les souffrances sur sa tête,
Le pratiquant qui soigne femme ou parents
Toujours reste misérable.

En renversant le désir depuis l'intérieur,
Le yogi qui réalise que tout est mirage
Reste toujours heureux.
Entrant sur le chemin de l'agitation,
Le pratiquant esclave de son corps, de sa parole,
Toujours reste misérable.

En montant le cheval de la persévérance,
Le yogi qui parcourt la voie de la liberté
Reste toujours heureux.
Attaché à la pierre de l'indolence,
Le pratiquant entraîné au fond des transmigrations
Toujours reste misérable.

Délivré des incertitudes par la réflexion,
Le yogi qui regarde son esprit tel un spectacle
Reste toujours heureux.
Ayant pris l'engagement de la doctrine,
Le pratiquant qui fait de ses vices un mode de vie
Toujours reste misérable.

Loin des doutes, de l'espérance et des craintes,
Le yogi qui n'interrompt pas le flot de l'originel
Reste toujours heureux.
En se laissant mener par le bout du nez,
Le pratiquant qui cherche l'éloge des courtisans
Toujours reste misérable.

Ayant tout rejeté derrière lui,
Le yogi qui pratique sans cesse la noble doctrine
Reste toujours heureux.

LES MIRACLES DE JETSÜN

Je me prosterne aux pieds du Traducteur Marpa.
Comme j'ai réalisé le vain écho que renvoie la célébrité,
Sans cesser de me comporter en ascète,
J'ai rejeté l'hypocrisie de la séduction.
Quelle que soit ma réputation, j'en suis content.

Comme je suis convaincu du mirage des richesses,
J'ai dispersé celles que j'ai obtenues.
Je ne soupire pas après celles que je ne possède point.
Quel que soit mon mérite, j'en suis satisfait.

L'entourage, les serviteurs, je les sais fantomatiques.
Les sages érudits qui viennent de partout,
Le contrôle de soi, la renommée ne me concernent pas.
Quel que soit le nombre des moines, je m'en réjouis.

Dans la nature de la parfaite égalité d'humeur,
J'ai réalisé désir et colère comme base de la douleur.
J'ai rompu la corde de l'affliction.
Quel que soit mon entourage, je m'en satisfais.

La réalité ultime est éloignée de l'élaboration,
Et la création volontaire entraîne la misère.
J'ai dénoué les entraves de la dualité.
Quels que soient mes attachements, j'en suis content.

Dans la nature propre à l'esprit, dans la luminosité,
Je ne perçois pas le trouble de l'imagination.
J'ai cessé de fabriquer des raisonnements.
Quel que soit le discours, je m'en réjouis.

LA CONTROVERSE DES JALOUX

Quand je médite la suprême attitude,
Je reste sans effort au faîte de la vraie nature des choses.
Détendu, je m'établis dans une sphère sans agitation,
Dans la clarté de l'ouverture d'être,

Dans la connaissance de l'état de félicité,
Dans la splendeur éclatante de la non-délibération,
Dans la sérénité face aux multiples manifestations.

Ainsi établi en la nature de l'esprit,
Sans trouver d'obstacles, la compréhension décisive paraît.
Sans effort, la clairvoyance accomplit toutes tâches.

Quel bonheur que ce Fruit qui n'est pas resté simple souhait !
Quel plaisir que d'avoir abandonné les espoirs et les craintes !
Les illusions devenues sagesse ultime, quelle joie !

*

29.

L'ESSENCE LA PLUS INTIME

par Jigme Lingpa

Comme le Mahâmudrâ, Ati *est considéré par les bouddhistes tibétains comme un des enseignements suprêmes, l'achèvement de la voie spirituelle. Ce « yâna impérial » appelé au Tibet Dzogchen, « le grand Aboutissement », y fut introduit au* VIIIe *siècle par deux grands maîtres indiens, le Siddha Padmasambhava et le Pandit Vimalamitra. Au* XIVe *siècle, Longchen Rabjam, dont on dit qu'il avait atteint un degré de réalisation comparable à celui du Bouddha, reformula les aspects divers et les degrés de la doctrine Ati. Le grand* vidyâdhara *(détenteur de la connaissance) Jigme Lingpa (1730-1798) fut le maître le plus éminent de cette tradition au cours des derniers siècles. Il eut trois visions pendant lesquelles Longchen Rabjam lui transmit directement l'Ati. Après quoi, il écrivit de nombreux commentaires sur les écrits principaux de Longchen Rabjam. Il y condensa et y remit en ordre à nouveau la tradition de l'Ati, lui donnant la forme que nous lui connaissons aujourd'hui.*

Du point de vue de l'Ati, tout est complet et parfait tel que cela est. Tout événement est le produit de l'esprit primordial, plein de sagesse ; rien n'est étranger à cette nature. Cette conscience primordiale est le substrat d'où naissent l'illusion comme l'Éveil et qui les perpétue. La nature de ce substrat est un vide absolu, profond et brillant, et il est plus fondamental encore que la bodhéité, dans la mesure où il est indifférent même à l'Éveil. Ati est appelé le véhicule sans effort ; en effet, on considère que demeurer en sa profonde vision, vision qui n'est pas différente de l'Éveil lui-même, est ce que ferait naturellement l'esprit s'il n'était pas égaré. Cela n'implique pas que le sentier spirituel ni toutes ses disciplines soient superflus, ni qu'il suffise de s'en débarrasser pour parvenir à l'Éveil. L'absence d'effort d'Ati est une discipline achevée faite de simplicité et d'attention constante, par-delà les méandres de l'esprit, à l'essence brillante et illimitée de la conscience elle-même. Dans cette brève introduction, Jigme Lingpa nous fait sentir l'essence même d'Ati qu'il appelle lui-même la « grande Ati », le grand aboutissement. Par ailleurs il nous met en garde contre certains pièges.

Ceci est le Rugissement du Lion qui dompte les confusions et incompréhensions rampantes des méditants qui ont abandonné les attachements matériels pour méditer sur l'essence la plus intime.

Le Mahâ Ati, qui est au-delà des conceptions et transcende à la fois l'idée de saisir et de lâcher, est l'essence de la pénétration transcendantale. C'est l'état constant de non-méditation dans lequel il y a la conscience mais non l'attachement. Comprenant cela, je rends en grande simplicité un hommage éternel au Mahâ Ati.

Ici est l'essence du Tantra Mahâ Ati,
Le cœur le plus intime des enseignements de Padmakara,
La force de vie des Dâkinîs.
Ceci est l'Enseignement Ultime des Neuf Véhicules[1].
Seul un Guru de la Lignée de la Pensée peut le transmettre

Et pas seulement par les mots.
J'ai cependant écrit ceci
Pour le Bien des grands méditants
Qui se consacrent à l'Enseignement le plus Haut.
Cet enseignement vient du trésor du Dharmadhâtu
Et n'est pas créé par attachement
Aux théories et abstractions philosophiques.

L'élève doit d'abord trouver un guru accompli avec lequel il noue un bon lien karmique. Le maître doit détenir la Transmission de la Lignée de la Pensée. Pour permettre la transmission des connaissances du professeur, l'élève doit avoir une dévotion et une foi fermes.

Le Mahâ Ati est de la plus grande simplicité. C'est ce qui *est*. On ne peut le montrer par analogie. Rien ne peut l'entraver. Il est sans limites et transcende tous les extrêmes. C'est le « maintenant » bien défini, dont la forme et la couleur ne changent jamais. Quand vous devenez un avec cet état, le désir de méditer lui-même se dissout. Vous êtes libérés de toutes les chaînes de la méditation et de la philosophie, et la conviction naît en vous. Le penseur a déserté. Il n'y a plus aucun bénéfice à obtenir grâce à de « bonnes » pensées ni aucun mal à souffrir à cause de « mauvaises » pensées. Les pensées neutres ne peuvent plus tromper. Vous devenez un avec la pénétration transcendantale et l'espace infini. Puis vous discernez des signes de progrès sur la Voie. Il n'existe plus confusion ni incompréhension rampantes.

Même si cet enseignement est le Roi des Yânas, les méditants sont divisés entre ceux qui lui sont hautement réceptifs, ceux qui sont moins réceptifs et ceux qui ne sont quasiment pas réceptifs. Les élèves les plus réceptifs sont difficiles à trouver et il arrive parfois que le Maître et l'élève ne parviennent pas à trouver de vrai point de rencontre. Dans ce cas, rien n'est obtenu et des erreurs peuvent surgir sur la nature du Mahâ Ati.

Ceux qui sont les moins réceptifs commencent par étudier la théorie et acquièrent progressivement un sentiment de véritable compréhension. De nos jours, beaucoup de gens considèrent la théorie comme étant la méditation. Leur méditation est peut-être claire, dépourvue de pensées, décontractante et plaisante, mais ce n'est qu'une expérience temporaire de béatitude. Ils croient que c'est de la méditation et qu'ils en savent plus que quiconque. Ils pensent : « J'ai atteint ce degré de compréhension », et sont fiers d'eux-mêmes. S'il n'y a pas, alors, de maître compétent, leur expérience est seulement théorique. Comme le disent les écritures du Mahâ Ati : « La théorie est comme une pièce sur un manteau — un jour elle tombera. » On tente souvent d'établir une distinction entre « bonnes » et « mauvaises » pensées, comme on sépare le lait et l'eau. Il est relativement facile d'accepter les expériences négatives de la vie, mais beaucoup plus difficile de regarder les expériences positives comme faisant partie de la Voie. Même ceux qui affirment avoir atteint le plus haut niveau de la Réalisation sont totalement passionnés par des préoccupations matérialistes et la renommée. Ils sont attirés par Devaputra[2]. Cela signifie qu'ils n'ont pas réalisé l'autolibération des six sens. Ces personnes considèrent la renommée comme extraordinaire et miraculeuse. C'est comme proclamer qu'un corbeau est blanc. Mais ceux qui sont totalement dévoués à la pratique du Dharma sans être concernés par la renommée et la gloire de ce monde ne doivent pas trop se féliciter de leurs progrès élevés dans la méditation. Ils doivent pratiquer le yoga du guru tout au long des quatre périodes de la journée afin de recevoir les bénédictions du guru, de fusionner leur esprit et le sien et d'ouvrir l'œil de la pénétration. Une fois atteinte, cette expérience ne doit pas être sous-estimée. Le yogi doit, dès lors, se consacrer à cette pratique avec une persévérance sans relâche. Son expérience de la Vacuité sera ensuite plus pacifique, ou il fera l'expérience d'une clarté et d'une pénétration plus grandes. Ou, à nouveau, il peut commencer à reconnaître les défauts des pensées discursives et, par là, développer une sagesse discriminatoire. Certaines personnes seront capables d'utiliser pour la méditation à la fois les pensées et l'absence de pensées, mais il faut garder à l'esprit que c'est l'emprise étroite de l'ego qui prend note de ce qui se produit.

Prenez garde à l'obstacle subtil d'essayer d'analyser les expériences. C'est un grand danger. Il est trop tôt pour appeler toutes les pensées Dharmakâyas. Le remède est la sagesse du « maintenant », de l'immuable et de l'infaillible. Une fois libéré des liens de la spéculation philosophique, le méditant développe dans sa pratique une conscience pénétrante. S'il analyse sa méditation et ses expériences d'après la méditation, il s'égarera et commettra de nombreuses erreurs. S'il ne parvient pas à comprendre ses défauts, il n'obtiendra jamais la libre pénétration du « maintenant », au-delà de tous les concepts. Il n'aura qu'une vision conceptuelle et nihiliste de la Vacuité, caractéristique des Yânas inférieurs.

C'est également une erreur de considérer la Vacuité comme un mirage, comme si ce n'était qu'une combinaison de perceptions frappantes et de néant. C'est l'expérience des Tantra inférieurs, qui peut être engendrée par la pratique du Mantra du Svabhâva. C'est également une erreur, quand les pensées discursives sont domptées, de négliger la clarté et de voir l'esprit comme simplement vierge. L'expérience de la vraie pénétration est la conscience simultanée du calme et des pensées actives. Selon l'enseignement du Mahâ Ati, la méditation consiste à contempler ce qui apparaît à l'esprit et simplement demeurer dans l'état du « maintenant ». Poursuivre dans cet état après la méditation est appelé « l'expérience de la post-méditation »

C'est une erreur d'essayer de *se concentrer* sur le vide et, après la méditation, de regarder intellectuellement toute chose comme un mirage. La pénétration primordiale est l'état qui n'est pas influencé par des broussailles de pensées. C'est une erreur de se méfier de l'esprit errant ou d'essayer d'emprisonner l'esprit dans la pratique ascétique de la suppression des pensées.

Certains pourraient mal interpréter l'expression le « maintenant » et l'utiliser pour désigner toute pensée qui apparaît dans leur esprit sur le moment. Le « maintenant » doit être compris comme étant la pénétration primitive déjà décrite.

L'état de non-méditation naît dans le cœur quand on cesse de faire une distinction entre méditation et non-méditation et qu'on n'est plus tenté de changer ou prolonger l'état de méditation. On connaît une joie envahissante, libre de tout doute. C'est différent des plaisirs sensuels ou du simple bonheur.

Quand nous parlons de « clarté », nous désignons cet état libre de toute indolence et ennui. Cette clarté, inséparable de l'énergie pure, brille désormais sans obstacle. C'est une erreur de confondre la clarté avec la conscience des pensées, les couleurs et les formes des phénomènes externes.

Quand les pensées sont absentes, le méditant est totalement immergé dans l'espace de la non-pensée. L'« absence de pensées » ne signifie pas l'inconscience, le sommeil ou la rétractation des sens, mais simplement le fait de ne pas être remué par des conflits. Les trois signes de la méditation — clarté, joie et absence de pensées — peuvent apparaître naturellement pendant qu'une personne médite. Mais s'il fait un effort pour les créer, le méditant demeure dans le cycle du Samsâra.

Il y a quatre conceptions fausses de la Vacuité. C'est une erreur d'imaginer que la Vacuité est seulement vide sans voir le vaste espace du « maintenant ». C'est une erreur de chercher la nature du Bouddha (Dharmakâya) dans des sources externes sans réaliser que le « maintenant » ne connaît ni voie ni but. C'est une erreur d'essayer d'introduire un remède contre les pensées sans réaliser que les pensées sont vides par nature et qu'on peut se libérer comme un serpent qui se déroule. C'est aussi une erreur d'avoir une conception nihiliste selon laquelle il n'y aurait rien d'autre que la Vacuité, pas de cause ni d'effet du karma, pas de méditant ni de méditation, en étant incapable de faire l'expérience de la Vacuité qui est au-delà des conceptions. Ceux qui ont eu des aperçus de la réalisation connaissent ces dangers et les étudient profondément. Il est facile de théoriser et de parler avec éloquence de la Vacuité, mais le méditant est peut-être toujours incapable de faire face à certaines situations. Un texte du Mahâ Ati dit : « La réalisation temporaire est comme un brouillard qui ne manquera pas de s'évanouir. » Les méditants qui n'ont pas étudié ces dangers ne retireront jamais aucun bénéfice d'un séjour dans une retraite absolue, des contraintes imposées sur leur esprit, de la récitation des mantras ou de la pratique du Hatha-Yoga. Comme le dit le Phagpa-Düdpa-Sûtra :

Un bodhisattva qui ne connaît pas la vraie signification de la solitude,
Même s'il médite pendant nombre d'années dans une vallée retirée peuplée de serpents vénéneux
A mille kilomètres de l'habitation la plus proche,
Acquerra un orgueil démesuré.

Si le méditant est capable d'utiliser comme la Voie ce qui se produit dans sa vie, son corps devient un abri de retraite. Il n'a pas besoin d'additionner le nombre de ses années de méditation et n'est pas effrayé quand des pensées « choquantes » apparaissent. Sa conscience demeure solide, comme celle d'un vieil homme qui regarde jouer un enfant. Comme le dit un texte du Mahâ Ati : « La réalisation complète est comme l'espace immuable. »

Le yogi du Mahâ Ati peut ressembler à une personne ordinaire, mais sa conscience est totalement absorbée dans le « maintenant ». Il n'a besoin d'aucun livre parce qu'il voit les phénomènes apparents et toute l'existence comme le mandala du guru. Il ne fait aucune spéculation sur les étapes de la Voie. Ses actions sont spontanées et, par conséquent, bénéficient à tous les êtres animés. Quand il quitte le corps physique, sa conscience devient une avec le Dharmakâya, comme l'air d'un vase se mélange avec l'espace environnant si le vase est brisé.

NOTES

1. Les Neuf Véhicules sont Shrâvakayâna, Pratyekaboud-dhayâna, Mahâyâna, Kriyâyâna, Upâyâna, Yogayâna, Mahâyo-gayâna, Anuyâna et Atlyâna.

2. Devaputra personnifie la force du mal qui provoque l'attraction vers des objets des sens.

30.
CHASSEZ-LES
par Patrul Rimpoche

Patrul Rimpoche, l'un des maîtres les plus vénérés du bouddhisme tibétain, fut un grand exemple du style des maîtres Ati. Il aimait parler de lui comme un « vieil homme en guenilles » ou un « vieux chien ». Dans ce poème, apparemment écrit quand il était réellement âgé, il se penche sur sa vie et son développement spirituel et « les raconte tels qu'ils sont ». Il ne fait aucun doute que pour un esprit comme celui de Patrul un grand humour et un prosaïsme achevé sont totalement inséparables.

Quand ce vieux chien vivait solitaire
Après avoir entendu les mots du fidèle Protecteur du Monde,
Il eut envie de parler comme lui.

Quand pour la première fois je rencontrai mon maître suprême,
J'eus le sentiment de trouver ce que je cherchais
Comme un marchand qui atteint l'île d'or :
C'est ce que veut dire s'engager soi-même dans les nombreux sujets et leur analyse.
Quand plus tard je rencontrai mon maître suprême,
J'eus le sentiment qu'un danger me guettait

Comme un criminel qui fait face à son juge :
C'est ce que veut dire recevoir une sévère réprimande.
Si je rencontre aujourd'hui mon maître suprême,
J'ai le sentiment de rencontrer un égal
Comme des pigeons qui dorment dans un temple :
C'est ce que veut dire garder ses distances.

Quand pour la première fois j'entendis les instructions,
J'eus le sentiment de vouloir tout de suite les mettre en application
Comme une personne affamée se précipite sur la nourriture :
C'est ce que veut dire en vivre l'expérience.
Quand plus tard j'entendis les instructions,
J'eus le sentiment d'une grande incertitude
Comme des mots entendus de très loin :
C'est ce que veut dire ne pas s'être débarrassé des idées.
Quand aujourd'hui j'entends des instructions,
J'ai un sentiment de dégoût
Comme quelqu'un qu'on obligerait à manger son vomi :
C'est ce que veut dire n'avoir aucun désir de poser des questions.

Quand pour la première fois je me retirai dans la solitude,
J'eus le sentiment que mon esprit était tranquille
Comme un voyageur qui retourne chez lui :
C'est ce que veut dire aimer son séjour.
Quand plus tard je me retirai dans la solitude,
J'eus le sentiment de ne pas parvenir à rester
Comme une fille magnifique vivant seule :
C'est ce que veut dire aller et venir souvent.
Quand aujourd'hui je me retire dans la solitude,
J'ai le sentiment que c'est un agréable lieu de séjour
Comme un vieux chien sur le point de mourir sous un abri :

C'est ce que veut dire attacher un corps pour s'en débarrasser.

Quand pour la première fois je pensai à la vision,
J'eus le sentiment d'être submergé par la joie à mesure qu'elle s'élevait
Comme un oiseau sauvage à la recherche de son nid :
C'est ce que veut dire donner un bon conseil.
Quand plus tard je pensai à la vision,
J'eus le sentiment d'être perdu
Comme quelqu'un qui atteint un carrefour :
C'est ce que veut dire demeurer silencieux.
Quand aujourd'hui je pense à la vision,
J'ai le sentiment que la tête me tourne
Comme un vieil homme qui raconte des histoires aux enfants :
C'est ce que veut dire ne pas y croire.

Quand pour la première fois je pensai à la méditation,
J'eus le sentiment de jouir de la joie et du bonheur qu'elle procure
Comme la rencontre d'un homme et d'une femme de même tempérament :
C'est ce que veut dire goûter l'essence vraie de la méditation.
Quand plus tard je pensai à la méditation,
J'eus le sentiment d'être fatigué et épuisé
Comme une personne faible écrasée par un lourd fardeau :
C'est ce que veut dire une méditation éphémère.
Quand aujourd'hui je pense à la méditation,
J'ai le sentiment qu'elle ne dure pas un instant
Comme une aiguille en équilibre sur une pierre :
C'est ce que veut dire n'avoir aucun désir pour la méditation.

Quand pour la première fois je pensai au comportement,
J'eus le sentiment d'être dominé par des contraintes
Comme un cheval sauvage placé sous un harnais :
C'est ce que veut dire faire l'intéressant.
Quand plus tard je pensai au comportement,
J'eus le sentiment d'être libre de faire ce que j'aimais
Comme un vieux chien qui s'est enfui du piquet auquel il était attaché :
C'est ce que veut dire que des contraintes ont sauté.
Quand aujourd'hui je pense au comportement,
J'ai le sentiment que ce n'est pas important
Comme une courtisane dénuée de honte :
C'est ce que veut dire qu'il n'y a ni joie ni misère.

Quand pour la première fois je pensai au but,
J'eus le sentiment que sa conquête était une richesse
Comme un tricheur vantant sa marchandise :
C'est ce que signifie avoir de grandes attentes et envies.
Quand plus tard je pensai au but,
J'eus le sentiment qu'il était très loin
Comme l'océan qui s'étend d'ici à là-bas :
C'est ce que signifie être peu dévoué.
Quand aujourd'hui je pense au but,
J'ai le sentiment d'être dénué de moyens
Comme un voleur quand la nuit s'achève :
C'est ce que signifie avoir renoncé à toutes les attentes.

Quand pour la première fois je fis un discours,
J'eus le sentiment d'être important et intelligent
Comme des jolies filles qui paradent sur la place du marché :
C'est ce que signifie l'envie de faire des discours.
Quand plus tard je fis un discours,
J'eus le sentiment de maîtriser n'importe quel sujet
Comme un vieil homme qui rabâche les mêmes histoires connues :

C'est ce que signifie être bavard.
Quand aujourd'hui je fais un discours,
J'ai le sentiment de dépasser mes limites
Comme un mauvais esprit tourmenté par des sorts :
C'est ce que signifie être embarrassé.

Quand pour la première fois je participai à des débats,
J'eus le sentiment d'acquérir une réputation personnelle
Comme quelqu'un qui poursuit en justice un adversaire odieux :
C'est ce que signifie laisser libre cours à une indignation justifiée.
Quand plus tard je participai à des débats,
J'eus le sentiment de chercher la vraie signification
Comme un juge équitable cherche un témoin honnête :
C'est ce que signifie la concentration de ses capacités.
Quand aujourd'hui je participe à des débats,
J'ai le sentiment que tout ce qui est dit conviendra
Comme un menteur qui vagabonde à travers le pays :
C'est ce que signifie tout va parfaitement bien.

Quand pour la première fois j'écrivis un traité,
J'eus le sentiment que les mots venaient sur-le-champ
Comme le Siddha composant les Dohâs :
C'est ce que signifie le naturel.
Quand plus tard j'écrivis des traités,
J'eus le sentiment de forcer les mots ensemble
Comme une personne douée qui polit ses poèmes :
C'est ce que signifie exprimer les choses magnifiquement.
Quand aujourd'hui j'écris des traités,
J'ai un sentiment de futilité
Comme une personne inexpérimentée traçant une carte routière :
C'est ce que signifie ne pas gaspiller l'encre et le papier.

Quand pour la première fois je me réunis avec des amis proches,
J'eus le sentiment d'une compétition
Comme des jeunes hommes qui se retrouvent pour un concours d'archers :
C'est ce que signifie aimer et haïr.
Quand plus tard je me réunis avec des amis proches,
J'eus le sentiment d'être en accord avec tous
Comme des prostituées qui arrivent à une foire :
C'est ce que signifie s'être fait beaucoup d'amis.
Quand aujourd'hui je me réunis avec des amis proches,
J'ai le sentiment de ne pas trouver place dans le troupeau humain
Comme un lépreux qui s'aventure au milieu de la foule :
C'est ce que signifie demeurer seul.

Quand pour la première fois je vis la richesse,
J'eus le sentiment d'une joie momentanée
Comme un enfant qui cueille des fleurs :
C'est ce que signifie ne pas entasser biens et richesses.
Quand plus tard je vis la richesse,
J'eus le sentiment qu'il n'y en aurait jamais assez
Comme de l'eau versée dans un pot dont le fond est cassé :
C'est ce que signifie faire quelques efforts pour gagner quelque chose.
Quand aujourd'hui je vois la richesse,
J'ai le sentiment que c'est un lourd fardeau
Comme un vieux mendiant avec trop d'enfants :
C'est ce que signifie se réjouir de ne rien avoir.

Quand pour la première fois j'engageai des domestiques et serviteurs,
J'eus le sentiment d'avoir à leur donner beaucoup de travail
Comme à des ouvriers alignés sur un rang ·

C'est ce que signifie avoir de bonnes intentions.
Quand plus tard j'engageai des domestiques et serviteurs,
J'eus le sentiment de perdre mon indépendance
Comme des enfants moines qui servent leurs supérieurs :
C'est ce que signifie couper tous les liens.
Quand aujourd'hui j'engage des domestiques et serviteurs,
J'ai le sentiment que tout ce que j'ai est perdu
Comme un chien voleur qu'on a laissé entrer dans une maison :
C'est ce que signifie faire les choses seul par soi-même.

Quand pour la première fois vinrent des disciples,
J'eus un sentiment de suffisance
Comme un serviteur qui occupe le siège du maître :
C'est ce que signifie un travail bien fait.
Quand plus tard vinrent des disciples,
J'eus le sentiment que mon esprit et mes pensées avaient un but
Comme un invité auquel on propose le fauteuil d'honneur :
C'est ce que signifie faire ce qui est avantageux.
Quand aujourd'hui viennent des disciples,
J'ai le sentiment de devoir leur jeter un regard mauvais
Comme des démons sortant de la jungle :
C'est ce que signifie les chasser avec des pierres.

31.

L'ESSENCE SUBTILE DES INSTRUCTIONS ORALES

par Padmasambhava

Padmasambhava (VIIIe siècle) est considéré par les Tibétains comme un deuxième bouddha. On voyait en lui l'incarnation simultanée du Bouddha Shâkyamuni et du Bouddha transcendantal, Amitâbha. Il est vénéré par les bouddhistes tibétains sous le nom de Guru Rimpoche (« Précieux Maître »). Il fut le principal artisan de la première extension du Dharma du Bouddha au Tibet. Le roi tibétain Trisong Detsen (755-797) avait invité un érudit indien, Shântirakshita, au Tibet pour enseigner le Dharma du Bouddha, mais Shântirakshita rencontra sur place une telle résistance, dont celle des dieux et démons des lacs et montagnes du Tibet, qu'il eut besoin d'aide. Padmasambhava fut appelé pour étouffer la résistance. Il convertit tous les dieux et démons en protecteurs du Dharma du Bouddha, puis rassembla de nombreux disciples, notamment vingt-cinq grands disciples. Le chef des vingt-cinq grands disciples fut la princesse de Kharchen, Yeshe Tsogyel (757-817). Comme le texte suivant le raconte, dès l'âge de huit ans Yeshe Tsogyel suivit comme son ombre le grand maître, appelé dans ce pays par un autre de ses nombreux noms, Orgyen Padmakara.

Ces instructions de Padmasambhava à Yeshe Tsogyel supposent une connaissance préliminaire de ce qui arrive au moment de la mort, connaissance familière aux bouddhistes tibétains. Selon le récit, les cinq éléments — terre, eau, feu, air et espace — qui constituent toutes choses, et par conséquent tout être vivant, se dissolvent les uns dans les autres. Après divers autres processus, la conscience subtile de l'individu quitte son corps et entre dans un état intermédiaire appelé Bardo, dans un corps subtil appelé corps du Bardo. Ce corps du Bardo possède des propriétés telles que de traverser des obstacles solides et de voler en n'importe quel lieu à la vitesse de la pensée. Dans le Bardo, la conscience subtile traverse toutes sortes d'expériences impressionnantes, à la fois violemment horribles et extrêmement pacifiques. Puis, après une période traditionnellement considérée comme étant de quarante-neuf jours, une renaissance se produit. Le Bardo entre la mort et la naissance est considéré comme crucial car, selon la maîtrise de soi et la perspicacité de la conscience subtile au cours de ces expériences intenses (qui sont, à leur tour, en partie liées à la force et à la nature du karma précédent), résulteront l'Éveil ou la folie (ou tout état intermédiaire) et une renaissance correspondant à un large éventail de possibilités — depuis des très chanceuses jusqu'à des très malchanceuses.

*

HOMMAGE AU MAÎTRE

La princesse Tsogyel de Kharchen servit le Nirmânakâya Orgyen Padmakara depuis l'âge de huit ans et l'accompagna comme l'ombre suit le corps.

Quand le maître s'apprêta à quitter le Tibet pour la terre des Rakshas, moi, princesse de Kharchen, ayant offert un mandala d'or et de turquoise et ayant remis des présents[1], j'ai imploré : « Ho, Grand Maître ! Tu pars pour soumettre les Rakshas. Je suis abandonnée ici, au Tibet. Bien que je t'aie servi pendant longtemps, Maître, cette vieille femme que je suis n'a aucune confiance pour l'heure de la mort. Aussi, je te supplie de bien vouloir me donner une instruction qui résume tous les enseignements en un, qui soit concise et facile à pratiquer. »

Le grand maître répondit :

« Femme fervente à l'esprit fidèle et vertueux, écoute-moi.

Même s'il y a de nombreux points essentiels dans le corps, reste libre et détendue de façon à être confortable. Tout se trouve en cela.

Même s'il y a de nombreux points essentiels dans la parole tels que le contrôle de la respiration et la récitation des mantras, arrête de parler et repose-toi comme une muette. Tout se trouve en cela.

Même s'il y a de nombreux points essentiels dans l'esprit tels que la concentration, la relaxation, la projection, la dissolution et la contemplation interne, tout se trouve dans le fait de le laisser reposer dans son état naturel, libre et simple, sans fabrication.

L'esprit ne demeure pas tranquillement dans cet état. Si on se demande : “ Ne serait-ce rien ? ”, comme la vapeur dans la chaleur du soleil, il chatoie et étincelle toujours. Mais si on se demande : “ Est-ce quelque chose ? ”, il n'a ni couleur ni forme qui permette de l'identifier mais il est totalement vide et complètement éveillé — c'est la nature de notre esprit.

Le reconnaître comme tel, en être certain, c'est la vision. Demeurer sans distraction dans l'état de tranquillité, sans fabrication ou fixation, c'est la méditation. Dans cet état, être libre de tout lien ou attachement, acceptation ou réjection, espoir ou crainte, être ouvert à toutes les expériences des six sens, c'est l'action.

En cas de doute ou d'hésitation, implore ton maître.

Ne reste pas dans les lieux des gens ordinaires. Pratique dans la solitude. Abandonne tes liens avec ce à quoi tu es le plus attachée ainsi qu'avec les personnes auxquelles tu tiens le plus dans cette vie, et pratique. De cette façon, même si ton corps conserve forme humaine, ton esprit est égal à celui des bouddhas.

Au moment de la mort, tu dois pratiquer comme suit.

Par la terre se dissolvant dans l'eau, le corps devient lourd et ne peut plus se porter. Par l'eau se dissolvant dans le feu, la bouche et le nez se dessèchent. Par le feu se dissolvant dans le vent, la chaleur du corps disparaît. Par le vent se dissolvant dans la conscience, on souffle dans un râle et on inspire dans un halètement.

A ce moment on ressent l'impression d'être écrasé par une énorme montagne, d'être prisonnier des ténèbres, ou de tomber dans l'immensité de l'espace. Toutes ces expériences s'accompagnent de bruits de tonnerre et de cloches. Le ciel entier brille aux éclats comme un brocart déroulé.

En plus, les formes naturelles de ton esprit, les divinités paisibles, furieuses et semi-furieuses, et celles avec différentes têtes remplissent le ciel en un dôme d'arcs-en-ciel lumineux. Brandissant des armes, elles crient : “ Frappe ! Frappe ! ”, “ Tue ! Tue ! ”, “ Hung ! Hung ! ”, “ Phat ! Phat ! ” et d'autres sons féroces. Il y a autant de lumière que si une centaine de soleils brillaient en même temps.

A ce moment, ta divinité personnelle te rappellera à la conscience en disant : “ Ne te laisse pas distraire ! Ne te laisse pas distraire ! ” Ton démon personnel perturbera toutes tes expériences, les fera s'effondrer et criera des sons aigus et féroces pour t'égarer.

A ce moment, sache ceci : l'impression d'être écrasé n'est pas celle de l'écrasement par une montagne. Ce sont tes propres éléments qui se dissolvent. Que cela ne te fasse pas peur ! L'impression d'être prisonnier des ténèbres n'est pas due aux ténèbres. Ce sont les facultés de tes cinq sens qui se dissolvent. L'impression de tomber dans l'immensité de l'espace ne vient pas d'une chute. C'est ton esprit qui est sans support parce que ton corps et ton esprit se sont séparés et que ta respiration s'est arrêtée.

Toutes les expériences d'arcs-en-ciel lumineux sont les manifestations naturelles de ton esprit. Toutes les formes paisibles et furieuses sont les formes naturelles de ton esprit. Tous les sons sont tes propres sons. Toutes les lumières sont tes propres lumières. Ne doute pas. Si tu ressens des doutes, tu sera soumis au Samsâra. Si tu reconnais que tout ceci est une projection de toi-même, si tu demeures parfaitement consciente dans une vacuité lumineuse, simplement en faisant cela tu atteindras les trois kayas et l'Illumination. Même si tu es précipitée dans le Samsâra, tu ne tomberas pas dedans.

La divinité personnelle est ta prise de possession de ton esprit avec une résolution sans distraction. A partir de ce moment, il est extrêmement important d'être sans espoir ni peur, lien ni attachement, envers les objets des facultés des six sens autant qu'envers la fascination, la joie et la tristesse. A partir de maintenant, si tu atteins la stabilité, tu seras capable d'assumer ton état naturel dans le Bardo et devenir éveillée. Par conséquent, le point le plus vital est de maintenir ta pratique sans distraction depuis ce moment précis.

Le démon personnel est ta tendance actuelle à l'ignorance, tes doutes et hésitations. A ce moment, quels que soient les phénomènes effrayants qui se manifestent, tels que des sons, des couleurs et des lumières, ne sois pas fascinée, n'aie pas de doute, n'aie pas peur. Si tu doutes ne serait-ce qu'un instant, tu erreras dans le Samsâra. Aussi, maîtrise une stabilité complète.

A ce moment, les entrées du corps féminin apparaissent comme des endroits célestes. Ne sois pas attirée par elles. Fais attention ! Sois libre d'espoir et de peur ! Je jure qu'il ne fait aucun doute que tu deviendras alors éveillée, sans connaître de nouvelle renaissance.

A ce moment, ce n'est pas qu'on soit aidé par un bouddha. Sa propre conscience est éveillée. Ce n'est pas qu'on soit blessé par les enfers. La fixation étant naturellement purifiée, la crainte du Samsâra et l'espoir du Nirvâna sont coupés à la racine.

Obtenir l'éveil peut être comparé à de l'eau qu'on nettoie de tout sédiment, à de l'or débarrassé de ses impuretés, ou au soleil nettoyé des nuages.

Ayant atteint pour ton propre bien le Dharmakâya semblable à l'univers, tu accompliras le bien des êtres animés aussi loin que l'univers s'étend. Ayant atteint le Sambhogakâya et le Nirmânakâya pour le bien-être des autres, tu feras le bien des êtres animés aussi loin que ton esprit s'étend dans les phénomènes.

Si cette instruction est donnée trois fois, même à un pécheur aussi grand que quelqu'un qui aurait tué son père et sa mère, il ne tombera pas dans le Samsâra, même si on l'y précipite. L'obtention de l'éveil ne fait aucun doute.

Même si tu as reçu nombre d'autres enseignements profonds, sans une instruction comme celle-ci, tu resteras très éloignée. Puisque tu ne sais pas où tu pourrais errer ensuite, pratique cela avec persévérance.

Tu dois donner cette instruction orale aux disciples qui ont une grande foi et un zèle sans faille, sont intelligents, se souviennent toujours de leur professeur, ont confiance dans les instructions orales, s'exercent dans la pratique, ont un esprit stable et sont capables d'abandonner toute préoccupation pour ce monde. Donne-leur ceci avec le sceau du maître pour l'octroi, le sceau du Yidam pour le secret et le sceau de la Dâkinî pour l'octroi.

Bien que moi, Padmakara, j'aie suivi de nombreux

maîtres pendant trois mille six cents ans, j'ai sollicité des instructions, j'ai reçu des enseignements, j'ai étudié et enseigné, médité et pratiqué, je n'ai trouvé aucun enseignement plus profond que celui-ci.

Je vais soumettre les Rakshas. Tu dois pratiquer ainsi. Mère, tu obtiendras l'éveil dans le royaume céleste Persévère dans cette instruction. »

Ayant parlé, le Guru Rimpoche enfourcha les rayons du soleil et partit pour la terre des Rakshas. A la suite de cela, la princesse Tsogyel atteignit la libération. Elle consacra son enseignement à l'écriture et le cacha aussi profondément qu'un trésor. Elle fit ce vœu : dans le futur, que cela soit donné au Guru Dorje Lingpa. Qu'il profite alors à de nombreux êtres.

Cela complète l'Instruction Sacrée de l'Essence Subtile, la réponse aux questions sur la libération de soi au moment de la mort et dans le Bardo.

SAMAYA, SCEAU, SCEAU, SCEAU.

NOTE

1. Une offrande de fête (ganachakra) qui a la valeur de certaines mesures d'or.

32.
LA RENAISSANCE DANS LA TRADITION BOUDDHISTE
par Reginald Ray

Reginald Ray est un spécialiste, entre autres domaines, de la doctrine bouddhiste de la réincarnation. Il est non seulement un érudit mais un adepte expérimenté du bouddhisme tibétain. Il nous explique ici, en termes clairs, la conception bouddhiste de la mort et de la renaissance, et notamment le phénomène du Tulku, ou « lama réincarné », qui effectue un voyage conscient dans le processus de mort et de renaissance, afin de renaître pour le bien des autres hommes.

De toutes les religions du monde, le bouddhisme est sans doute la seule à accorder autant d'attention à la compréhension de la naissance, de la mort et de la question de l'existence ultérieure ou réincarnation (Punarbhava), selon le nom collectif attribué à ces phénomènes par la tradition. Les Occidentaux considèrent généralement la réincarnation comme une croyance asiatique populaire selon laquelle les gens naissent et renaissent constamment, conformément à la loi du karma. Cette conception est dans l'ensemble exacte, mais elle néglige deux autres dimensions fondamentales de la doctrine : d'abord le fait que la réincarnation ne se manifeste pas seulement entre les vies mais également constamment dans la vie quotidienne, ensuite le fait que la réincarnation est différente pour les gens ordinaires et pour les saints. La doctrine bouddhiste de la réincarnation est ici abordée sous ces aspects essentiels : le transfert d'une vie à une autre parmi les gens ordinaires, dans le contexte de la vie ordinaire, puis la façon dont il intervient chez les saints.

Il est bien connu qu'une des caractéristiques du bouddhisme est d'aborder les questions religieuses par une approche pratique. C'est également vrai pour la réincarnation. Non seulement le bouddhisme formule des théories sur ces phénomènes, mais encore il les explore par l'expérience, grâce à une variété de techniques de méditation qui rendent l'esprit de plus en plus sensible et étendent ses perceptions au-delà des limites de la conscience d'une personne normale. Cela permet aux méditants bouddhistes d'apprendre et de déduire de nombreuses choses sur la mort et la renaissance, des choses inaccessibles à la mesure scientifique et à ses méthodes de vérification collectives et standardisées. Dans les pages suivantes, la dimension expérimentale de la réincarnation est examinée à travers les coutumes qui entourent les saints bouddhistes d'aujourd'hui et d'hier.

Comme les autres religions, ce n'est pas seulement pour les mourants et les morts que le bouddhisme s'intéresse à la mort et à la renaissance, mais aussi pour aider les vivants. Les enseignements bouddhistes sur la mort et la renaissance sont traditionnellement utilisés pour conseiller les mourants, assister les familles en deuil, et même aider les défunts à poursuivre leur voyage. Ces enseignements comportent également des exercices de méditation qu'on peut pratiquer non seulement pour se préparer à sa propre mort, mais également pour explorer l'esprit lui-même. Au Tibet, par exemple, l'un des exercices de méditation les plus avancés reproduit l'expérience de dissolution psychique qui survient au moment de la mort. Accomplissant une traversée consciente de ce territoire inconnu et effrayant, le méditant parvient à dépasser la conscience conditionnée pour faire l'expérience de la nature non conditionnée, radieuse et libre de l'esprit lui-même.

Réincarnation ordinaire : mort et renaissance dans des vies successives

Pour le bouddhisme, l'esprit d'un individu — en réalité la conscience sous une forme subtile — se sépare de son corps physique au moment de la mort de ce dernier. Dans la vie, la conscience est modelée et conditionnée par les tendances karmiques pendant d'innombrables vies. A la mort, la conscience subtile transporte avec elle ces tendances karmiques dans son voyage vers la renaissance. Au cours de la mort, après une diminution progressive des sens, la conscience se retire dans son lieu de repos, au cœur. Chez une personne ordinaire la conscience décline graduellement et, au moment de la mort, il se produit un obscurcissement total identique à l'endormissement. Après un certain temps, on s'éveille sans d'abord réaliser que la mort est survenue. Mais, disent les textes, certaines expériences révèlent ce qui est arrivé. La personne tente de parler à sa famille ou à ses amis, mais ils n'ont aucune conscience de sa présence ou de ses mots. Quand elle se tient au soleil, elle ne projette aucune ombre. Quand elle marche dans le sable, elle ne laisse pas d'empreintes. La personne réalise finalement qu'elle s'est séparée de la vie, qu'elle est morte.

Il s'ensuit alors un état d'après la mort qui peut être momentané ou durable. Selon la tradition tibétaine, la mort ouvre une période généralement considérée comme étant de quarante-neuf jours, pendant laquelle la personne subsiste dans le Bardo, état intermédiaire entre la mort et la renaissance. C'est une expérience purement mentale. La conscience ne dispose que d'un corps très subtil, dépourvu de substance. Dans cet état, on continue à éprouver des expériences qui, parce qu'elles n'ont pas leur origine dans l'existence physique, peuvent être extrêmement frappantes, étranges et effrayantes. Pendant cette phase, la conscience ordinaire cherche désespérément à s'associer de nouveau à une incarnation physique, à réaffirmer son existence. Au cours de ce processus, elle cherche ce qui lui est familier — en d'autres termes, elle cherche le type de situation qu'elle occupait au moment de la mort. En termes bouddhistes, elle cherche à se rattacher à une situation qui reflète son propre état karmique au moment de la mort.

Dans sa quête d'un corps et d'un environnement familiers, la conscience est attirée vers un homme et une femme dont l'union peut engendrer un embryon capable d'assurer la continuité karmique que recherche cette conscience. Selon le bouddhisme, une grossesse commence au moment où une femme peut tomber enceinte et où, de surcroît, une conscience est à la recherche de la situation karmique suscitée par la grossesse. Quand ces conditions sont remplies, la « fertilisation » se produit, la femme tombe enceinte et la conscience trouve une nouvelle demeure.

Tout le monde ne renaît pas dans un corps humain. Le karma accumulé de certaines consciences les entraîne vers d'autres conditions de renaissance. Pour le bouddhisme il existe six conditions, toutes déterminées par le karma et toutes samsâriques, mais différentes les unes des autres par leurs quantités relatives de souffrance et de joie. Il s'agit de trois conditions inférieures (habitants des Enfers, esprits affamés et animaux) et de trois conditions supérieures (hommes, demi-dieux et dieux).

La plus basse des trois conditions inférieures est celle

des Enfers brûlants et glacés (Naraka) caractérisés par d'effroyables tourments et souffrances. Des consciences conditionnées par un karma issu de colères incontrôlées, d'agressivité et de mal fait à d'autres êtres dans des vies antérieures sont destinées à la condition de l'enfer. Au-dessus se trouve la condition des esprits affamés (Preta), où règnent un sentiment de grande pauvreté physique et psychologique, une faim permanente et l'envie. Renaît ici le karma provenant de vies dominées par la convoitise, l'avarice et une cupidité qui ne fait considérer les autres hommes que sous un angle intéressé. Renaissent également en ce lieu les consciences des gens dont les vies ont été prématurément écourtées et qui n'ont pu supprimer leur attachement à leur existence. Ces esprits errent parmi les hommes pendant des années ou même des siècles, fréquentant les endroits qu'ils connaissent, essayant d'entrer en contact avec les vivants, cherchant à satisfaire leur état inaccompli.

La plus élevée des trois conditions inférieures est la condition animale, caractérisée par l'ignorance et un comportement déterminé. Naissent ici les consciences qui ont vécu dans l'étroitesse et la stupidité, en rejetant volontairement tout ce qui s'écartait de leurs habitudes, et qui ont ainsi causé des torts aux autres hommes ou n'ont pas cherché à satisfaire leurs besoins.

Dans les trois conditions inférieures, la souffrance prédomine. Dans les trois conditions supérieures, il y a moins de souffrance et davantage de joie. Immédiatement au-dessus de la condition animale se trouve celle des humains (Manusya), caractérisée par un équilibre relatif entre souffrance et joie. La condition humaine est la plus propice à l'Éveil. Ici seulement on peut devenir bouddha. L'avantage de la condition humaine par rapport aux conditions supérieures est que dans ces dernières on éprouve tant de joie que cela n'encourage pas à changer de condition. L'avantage par rapport aux conditions inférieures est que, dans celles-ci, il y a tant de souffrance que les êtres sont incapables de s'en détacher suffisamment pour apprendre et changer. Dans la condition humaine seule, on éprouve assez de souffrance pour que cela donne une raison de développement spirituel, mais pas assez pour écraser complètement les individus.

Au-dessus de la condition humaine, celles des dieux (Deva) et des demi-dieux (Asura), caractérisées par une grande joie et une très longue vie. La renaissance dans ces deux conditions supérieures est la conséquence positive de la bonté et de la générosité manifestées dans des vies antérieures. Mais, malgré leur état d'existence enviable, les êtres qui sont dans une de ces deux conditions sont toujours sous l'emprise du Samsâra : leur attachement à leur état produit les graines karmiques de leur chute finale.

La réincarnation ordinaire à chaque instant au cours d'une vie

A la doctrine de la réincarnation d'une vie à l'autre s'ajoute la notion plus subtile selon laquelle la réincarnation gouverne le fonctionnement de l'esprit lui-même. Le bouddhisme enseigne que la notion d'un Moi solide et continu n'est pas un reflet de la réalité, mais est au contraire une idée que nous surimposons à notre expérience qui est par nature éphémère et discontinue. Mais nous sommes profondément attachés à l'idée d'un Moi existant parce que nous avons soif d'être, d'exister, de nous perpétuer, d'exister de plus en plus, d'acquérir du pouvoir et de l'autorité, de ne pas disparaître, de ne pas mourir. Il y a un décalage entre nos tentatives pour donner consistance à un Moi solide et le fait qu'un tel Moi n'existe pas réellement; c'est ce décalage qui engendre la souffrance qui se perpétue tout au long de l'existence humaine. Nous souffrons quand la réalité n'est pas ce que nous voudrions ni ce que nous tentons d'en faire. Plus nous nions la nature de notre expérience, plus nous souffrons, plus nous luttons et plus nous devenons égocentriques, névrosés, intéressés et méchants.

L'expérience du caractère éphémère et de la discontinuité, que tout le monde éprouve, même si c'est en dessous du seuil de la conscience, reflète la perception d'une intelligence exceptionnellement claire. C'est l'intelligence, inhérente à tout être, qui perçoit les choses telles qu'elles sont (Yathâbhûtam). Cette perception ou intelligence est plus fondamentale que le Moi. C'est ce que nous appelons la « nature de bouddha » (Bouddha-gotra). La nature de bouddha est fondamentale chez les êtres humains. La croyance dans le Moi est, au contraire, fortuite, accidentelle et relativement superficielle. La croyance en un Moi continu peut plus ou moins obscurcir la nature de bouddha, mais elle ne peut jamais la détruire, la corrompre ou même l'entacher. Mais, quels que soient les efforts que nous tentions pour nier ce qui est vrai (qu'il n'existe pas de Moi) et pour donner consistance à ce qui n'est pas vrai (que le Moi existe), nous ne pouvons jamais entièrement réussir. Plus nous nous acharnons dans cette direction, plus nous devons lutter pour maintenir notre illusion et plus nous faisons de mal à nos semblables.

La notion conventionnelle de la mort est, selon le bouddhisme, inséparablement liée à l'idée d'un « je » ou un Moi, car elle présuppose l'idée d'un Moi qui existerait réellement et qui, à un certain point, cesserait d'exister. Pour nous, la mort signifie la fin de ce Moi que nous croyons être. Mais cet arrêt du Moi se produit constamment, à chaque moment de l'existence. L'idée d'un Moi (et le « je » n'est rien d'autre qu'une idée), comme tout autre de nos concepts, surgit, s'installe momentanément et disparaît. En d'autres termes, cette mort du Moi que nous craignons tant est une composante de notre expérience de chaque instant. Mais nous ne le reconnaissons pas, par peur de la non-existence, par ignorance délibérée, et à cause du mouvement d'inertie de nos comportements de fuite de cette réalité, c'est-à-dire le karma que nous avons développé au cours d'innombrables vies. Mais, comme nous l'avons vu, chacun de nous connaît, plus ou moins consciemment, cette mort constante du Moi à chaque instant et c'est pourquoi nous avons si peur de la mort physique.

Chaque moment de la vie contient la mort de notre Moi chéri. Cette mort est suivie par une renaissance, basée sur l'ignorance et les tendances karmiques, d'une autre incarnation, en quelque sorte, de cette idée du Moi. Selon le bouddhisme, ce processus de mort et de réincarnation à chaque instant n'est pas fondamentalement différent du processus qui se produit lorsque nous mourons physiquement et sommes réincarnés. Il est exactement le même, à cette différence près que, pour la mort et la renaissance d'instant en instant, nous utilisons le même organisme physique, notre corps physique dans cette vie, comme support de notre concept du Moi. Quand nous mourons physiquement, nous devons chercher un autre support physique, un autre corps.

Une question importante demeure sans réponse. S'il n'y a pas de Moi continu, qu'est-ce qui assure alors la continuité d'un instant à l'instant suivant et d'une vie à l'autre ? Il y a visiblement une forme quelconque de continuité — aucun de nous ne devient une personne totalement différente à chaque instant et le bouddhisme insiste sur la continuité karmique de vie en vie. Exprimé simplement, ce n'est rien de plus qu'une idée — une idée du Moi — qui renaît encore et à nouveau. C'est la croyance fermement ancrée en chaque individu et selon laquelle il existe comme entité solide et continue. Cette croyance est entretenue par l'ignorance de la situation réelle, ignorance elle-même encouragée par des comportements particuliers de fuite qui se répètent d'instant en instant et de vie en vie. C'est la perpétuation d'une illusion, pas d'une réalité substantielle. Chaque instant d'illusion conditionne et suscite un nouvel instant d'illusion reproduisant la même structure. Mais il existe toujours un intervalle dans lequel on peut faire chuter l'idée illusoire du Moi. Cette succession d'idées du Moi discontinues mais karmiquement liées est appelée un courant de vie (skrt. : *samtana,* tibét. : *rgyud*). Ce courant de vie contient toutes les conséquences des actions antérieures, conséquences qui, à cause de l'ignorance, ont leur traduction dans une série de renaissances. Chaque élévation de la conscience est conditionnée par les élévations précédentes et, à son tour, détermine les conditions d'une élévation ultérieure.

Cependant, une fois l'ignorance détruite par l'expérience de l'Éveil, le courant de la vie est interrompu. Il est incontestable que les personnes éveillées vivent un certain temps avant que ne s'épuise la causalité karmique de leur existence corporelle. Mais, quand elles meurent, elles ne renaissent pas. L'idée d'un Moi, confortée par l'ignorance, s'est dissipée avec l'Éveil. Sans l'idée d'un Moi, il n'y a pas de renaissance. Il est intéressant de remarquer que même la « réincarnation » d'instant en instant de ces personnes, qui dure jusqu'à la mort physique de leur corps actuel, ne se produit pas comme chez les personnes ordinaires. Cela est illustré par les biographies des maîtres illuminés, qui les décrivent typiquement comme imprédictibles et dépourvus de la continuité normale de la personnalité que tout le monde associe avec l'individualité.

La réincarnation extraordinaire : Tulkus, ou lamas réincarnés

La renaissance dans les six conditions de vie est en général le résultat de la force aveugle du Karma, une pulsion incontrôlable qui pousse à rejoindre le territoire du Moi. Mais certaines personnes renaissent dans les six conditions pour d'autres raisons. Ce sont des individus qui, grâce à des pratiques spirituelles, ont atteint une réalisation avancée. Ils ont perdu tout ou la majorité de la causalité karmique qui provoque une renaissance dans le Samsâra et, si aucun autre facteur n'intervient, ils cesseront de renaître.

Le bouddhisme enseigne que la compréhension de la réalité s'accompagne automatiquement de compassion. Chaque rayon de sagesse qui s'élargit progressivement induit un sens profond de bienveillance et de pitié envers les autres êtres. Cette compassion conduit naturellement à une aspiration à aider les êtres vivants toujours prisonniers du cycle des naissances et des morts. Les disciples du bouddhisme de Mahâyâna satisfont cette aspiration en faisant le vœu de bodhisattva selon lequel ils continueront à renaître dans le Samsâra jusqu'à l'éveil de tous les hommes. Parmi les bodhisattvas les plus réalisés, ce vœu conduit à poursuivre la renaissance dans les six conditions, longtemps après la disparition de la compulsion égoïste pour la renaissance. Puisque l'attachement à l'idée du Moi ne fournit plus le « ciment » qui assemble le « courant de vie » du bodhisattva, une autre force doit assumer cette fonction. Désormais l'aspiration et le vœu du bodhisattva maintiennent la force de vie rassemblée en une continuité et permettent au bodhisattva de continuer à renaître.

Avant son Éveil le Bouddha Shâkyamuni était un bodhisattva d'un tel niveau. Depuis le Bouddha, d'innombrables personnes réalisées ont, de la même façon, choisi la renaissance par compassion. Certaines étaient bouddhistes, d'autres non. Dans le bouddhisme, ces bodhisattvas renés ont souvent été identifiés et même parfois formellement reconnus. En Inde, par exemple, les grands saints tantriques (Siddhas) furent fréquemment considérés comme des incarnations (Nirmânakâyas) de ce type. Dans ce pays s'est développée la notion d'une lignée parfaitement connue d'incarnations successives du même saint. En d'autres termes, un saint meurt, renaît et est reconnu comme réincarnation du maître décédé. Tucci mentionne par exemple le cas du grand Siddha Nâgârjuna. La notion de lignée reconnue d'incarnations successives d'un saint particulier fut étendue au Tibet, dans la tradition des Tulkus ou lamas incarnés. Il est utile d'examiner en détail la tradition des Tulkus, comme exemple parfait de la notion bouddhiste de réincarnation parmi les saints.

Dans la tradition du Mahâyâna du Tibet, on croit que, quand une personne sainte décède, conformément à son vœu de bodhisattva elle renaîtra quelque part dans le pays ou à proximité et continuera à œuvrer pour le bien des êtres vivants. Un certain temps après sa mort, on organise une recherche de la réincarnation. Une fois trouvé, l'enfant, qui n'a parfois pas plus de dix-huit mois, est officiellement reconnu. Si, comme c'est fréquemment le cas, son prédécesseur était le supérieur d'un monastère, on le réinstalle dans son ancienne fonction et on lui dispense une éducation qui lui permettra à sa majorité d'assumer pleinement les responsabilités de son incarnation précédente.

Le mot tibétain Tulku (*Sprul-sku,* en sanskrit *Nirmânakâya*) est composé de deux parties, « ku » (*sku,* en sanskrit *kâya*) et « tul » (*sprul,* en sanskrit *nirmâna*). En tibétain, « ku » est un terme honorifique qui désigne le corps et se réfère à un corps qui n'est pas ordinaire mais est pur, sans ignorance et sans névrose. « Tul » s'applique à quelque chose qui est créé ou façonné. Le terme Tulku désigne littéralement un être physique totalement réalisé. Au sens strict, le nom désigne en fait l'incarnation humaine d'un bouddha totalement éveillé. Appliqué aux maîtres tibétains, le terme Tulku ne doit pas être pris littéralement. D'une part, tous les Tulkus sont considérés comme des bodhisattvas qui, quelle que soit leur réalisation, sont toujours sur le chemin qui mène à l'Éveil entier et complet d'un bouddha. Par ailleurs, la tradition tibétaine reconnaît différents niveaux de Tulku. Uniquement ceux qui appartiennent à la catégorie la plus haute sont considérés comme éveillés, même s'ils n'ont pas encore atteint l'illumination cosmique d'un bouddha.

Le premier chapitre de la vie hautement réalisée d'un Tulku s'ouvre avec la mort et l'existence qui suit la mort de son incarnation précédente. Contrairement à ce qui se passe avec une personne ordinaire, quand un bodhisattva de haut niveau meurt, il ne perd pas toute sa conscience et connaît un état de lucidité et de paix. Reposant dans cet état, il ne voit pas les expériences du Bardo comme des menaces mais comme des manifestations de l'énergie de l'être. N'étant pas contraint à renaître par la peur ou le désir, mais amené à le faire par compassion pour les êtres animés, le bodhisattva de haut niveau « choisit » une situation dans laquelle il sera en mesure de continuer son œuvre au service des autres hommes.

Les Tulkus jouant dans le bouddhisme tibétain un rôle central dans l'organisation et la vie spirituelle des communautés monacales et dans leurs relations avec les laïcs, le processus de localisation d'une incarnation est considéré comme de la plus haute importance. L'identification des Tulkus est l'aboutissement d'un processus aux multiples facettes. Le plus important est l'intuition d'un grand guru, un maître dont la perception est libre de toute entrave, qui a bien connu l'incarnation précédente et peut dire, simplement en regardant un jeune enfant, s'il est la réincarnation authentique. L'intuition peut également se manifester sous forme de vision ou de rêve.

Ceux à qui est confiée la charge de la reconnaissance cherchent parfois à susciter les visions en se rendant en des lieux sacrés. L'un de ceux-ci est le lac Lamoi Lhato, près de Lhassa, célèbre pour les différentes sortes de visions et les conseils spirituels qu'il procure. Par exemple, pour reconnaître Sa Sainteté le quatorzième Dalaï-Lama, le régent se rendit près du lac pour méditer et une vision extrêmement claire lui permit de trouver le nouveau Dalaï-Lama.

Si l'intuition, les rêves et les visions de gurus dotés de dons spéciaux sont au cœur du processus de reconnaissance des réincarnations, d'autres facteurs fournissent des indications et des confirmations capitales. Des phénomènes qui ont entouré la mort de la précédente incarnation peuvent donner les premières indications sur le lieu où chercher la nouvelle incarnation. Un maître a parfois laissé avant sa mort des renseignements qui aident à identifier les Tulkus. Parmi les chefs d'un des principaux ordres des incarnations karmapas, par exemple, il est traditionnel que le maître qui s'en va laisse une lettre portant des indications précises sur l'identité de sa prochaine incarnation et la façon de la trouver.

Des informations importantes sont également fournies par les parents d'une incarnation. L'entrée de la conscience du Tulku dans le sein de sa future mère est marquée par des phénomènes inhabituels. On demande à la mère d'un enfant dont on pense qu'il s'agit d'un Tulku si elle a vécu quelque chose d'étrange au moment de la conception. Une pauvre bergère de l'est du Tibet raconta, par exemple, que la conception s'était accompagnée d'un rêve au cours duquel elle avait vu un être pénétrer dans son corps au milieu d'une gerbe de lumière.

La naissance d'un Tulku étant censée s'accompagner de phénomènes étranges, on relève tout ce que les parents, leur famille et les villageois ont pu remarquer au moment de l'accouchement. On constate par exemple des phénomènes tels que l'éclosion des fleurs hors saison, l'apparition d'arcs-en-ciel, la transformation d'eau en lait, ou des rêves inhabituels vécus par les parents.

Dans les toutes premières années de sa vie, le jeune Tulku manifeste souvent des comportements insolites, comme le fait de reconnaître des amis proches et des disciples de ses incarnations précédentes et de leur témoigner de l'affection, de savoir pratiquer des actes coutumiers et rituels sans les avoir appris, ou encore de rester assis en silence pendant de longues périodes. On examine de près des phénomènes de ce genre pour déterminer l'authenticité d'un Tulku.

Quand on pense avoir trouvé une incarnation, on soumet la personne à des tests pour voir si elle identifie correctement des objets ayant appartenu à son incarnation précédente. Le Rimpoche Chogyam Trungpa raconte comment il a été lui-même soumis à l'épreuve à l'âge de dix-huit mois : « On plaça devant moi des paires d'objets différents. Je choisis chaque fois celui qui avait appartenu au dixième Tulku Trungpa. Parmi ces objets se trouvaient deux cannes de marche et deux rosaires. On avait également écrit des noms sur des petits morceaux de papier et, quand on me demanda quel morceau portait son nom, je désignai le bon. »

D'une façon identique, on montra à l'hypothétique quatorzième Dalaï-Lama deux rosaires noirs, deux rosaires jaunes, deux tambours rituels et deux cannes de marche. De chacun de ces objets, l'un avait appartenu au Dalaï-Lama précédent. Le jeune enfant choisit chaque fois l'objet correct.

Une fois reconnu, le nouveau Tulku est généralement emmené au monastère, en compagnie de sa mère s'il est très jeune, et on lui fait suivre diverses formations. On rapporte que pour les Tulkus particulièrement élevés, l'éducation semble davantage consister en la remémoration de choses déjà connues que dans l'enseignement de nouveautés. Le Dalaï-Lama raconte que, lorsqu'il prit le rosaire et le tambour rituel de son incarnation précédente, il plaça le rosaire autour de son cou et se mit à battre le tambour, le tout en se conformant à la façon prescrite. Il remarque également que les jeunes Tulkus sont parfois capables de chanter des textes qu'ils n'ont pas appris, en tout cas pas au cours de cette vie. Le Rimpoche Trungpa raconte que, quand le moment fut venu pour lui d'apprendre l'alphabet tibétain, il y parvint en une seule leçon.

Dans le contexte bouddhiste, de tels phénomènes sont considérés comme des manifestations naturelles de la clarté et de la conscience maintenues par les Tulkus à travers les expériences de la mort, de l'état intermédiaire et de la renaissance. Les gens ordinaires pourraient avoir des souvenirs similaires de leurs vies antérieures, mais la mort et les suites qui conduisent à la renaissance sont des expériences terrifiantes et traumatisantes qui effacent toute mémoire de la vie précédente.

Glossaire

Abhidharma (skrt., pali : Abhidhamma)

« Doctrine particulière », troisième partie du canon bouddhiste (*cf.* Tripitaka). L'Abhidharma représente la plus ancienne compilation de philosophie et de psychologie bouddhistes. Il présente dans un ordre systématique les enseignements et analyses de phénomènes psychiques et spirituels contenus dans les sermons du Bouddha et de ses principaux disciples. Il constitue la base dogmatique de l'Hînayâna et du Mahâyâna.

Abhisheka (skrt.)

« Onction, consécration ». Processus, central dans les méthodes du Vajrayâna, au cours duquel un disciple reçoit du maître le pouvoir de pratiquer des exercices de méditation particuliers. L'Abhisheka s'accompagne généralement de la lecture du Sâdhana correspondant, ce qui autorise l'élève à lire et à appliquer ce texte, ainsi que d'un commentaire oral du maître qui explique la façon correcte de pratiquer.

Alaya-Vijnâna (skrt.)

« Conscience héréditaire ». Concept central de l'école Yogâchâra du Mahâyâna qui y voit la conscience fondamentale de toute existence, l'essence du monde de laquelle provient tout ce qui est. Il contient les expériences des vies individuelles et les graines de tous les phénomènes psychiques.

Anâtman (skrt., pali : Anatta)

Non-soi, impersonnalité. Une des trois caractéristiques de toute existence. La doctrine de l'Anâtman est l'une des principales théories du bouddhisme. Elle nie l'existence d'un soi dans le sens d'une substance impérissable, immortelle, unique et indépendante. Dans le bouddhisme, le Moi n'est qu'une personnalité empirique, composée des cinq agrégats (Skandha), éphémère, changeante et donc destinée à souffrir.

Anitya (skrt., pali : Anicca)
« Impermanence ». L'instabilité ou impermanence est l'une des trois caractéristiques de l'existence. L'impermanence est la propriété fondamentale de tout ce qui est conditionné, qui croît, s'installe et meurt. D'elle découlent les deux autres caractéristiques de l'existence, la souffrance et l'impersonnalité (Duhkha, Anâtman).

Arhat (skrt., pali : Arahat, chin. : Lo-han, jap. : Rakan)
« Celui qui est digne », qui a atteint le plus haut niveau du sentier surnaturel de l'Hînayâna, le niveau où « l'on n'apprend plus rien », et qui a acquis la certitude que toutes les souillures et passions ont été définitivement abolies. Le fruit de l'état d'Arhat est le Nirvâna, accompagné d'un reste de conditionnements. L'Arhat atteint l'extinction complète aussitôt après cette vie.

Asura (skrt.)
Démon, mauvais esprit, « titan ». Une des six conditions de renaissance, tantôt située parmi les conditions élevées, tantôt parmi les inférieures. Considérée comme une condition élevée, Asura désigne les dieux inférieurs qui vivent sur les pentes ou au sommet du mont Sumeru, pivot du monde, ou dans des palais célestes. Lorsqu'il s'agit d'une condition inférieure, les Asuras sont les ennemis des dieux et font partie du domaine du désir sensuel.

Ati (skrt., tibét. : Dzogchen)
« Grand aboutissement ». Doctrine principale de l'école du bouddhisme tibétain. Cette théorie est considérée par ses adeptes comme l'enseignement définitif et le plus secret du Bouddha Shâkyamuni. On la qualifie de « grand » parce qu'il n'existe rien de plus sublime et d'« aboutissement » puisque aucune aide supplémentaire n'est nécessaire. Selon l'expérience de pratiquants du Ati, à condition d'être reconnue la pureté de l'esprit est à jamais garantie. La tradition du Ati fut introduite au Tibet au VIIIe siècle par Padmasambhava et Vimalamitra. Au XIVe siècle, Longchenpa la synthétisa en un système unifié. Le résumé de ce système par Jigme Lingpa (1730-1798) continue à faire autorité de nos jours.

Atman (skrt.)

Soi véritable et immortel de l'homme, selon la conception hindouiste. Le bouddhisme nie l'existence d'un Atman : ni à l'intérieur ni à l'extérieur des phénomènes physiques ou mentaux, il n'existe quoi que ce soit qu'on puisse désigner comme une essence indépendante et impérissable (voir également Anâtman, Skandha).

Avadhûti (skrt.)

Le principal chemin de l'énergie dans le corps illusoire (subtil). On atteint la résolution de la dualité quand la force de vie empreinte ce chemin.

Avidyâ (skrt. pali : Avijjâ)

Ignorance ou illusion. Avidyâ est le premier stade de la production conditionnée (Pratîtya-Samutpâda) qui enchaîne l'individu au monde du Samsâra ainsi qu'aux trois poisons (passion, agression et ignorance).

Avidyâ est considéré comme la racine de tout ce qui est malsain dans le monde et défini comme l'ignorance du caractère douloureux de l'existence. En désaccord avec la réalité, cet état d'esprit confond réalité et phénomènes illusoires. Il est source de souffrances. L'ignorance entraîne l'envie (Trishnâ) et est le principal facteur qui enchaîne les êtres au cycle des renaissances. Selon la conception mahâyâniste de la vacuité (Shûnyatâ) des phénomènes, Avidyâ est responsable de ce que les non-croyants considèrent le monde sensible comme la seule réalité et méconnaissent l'essentiel.

Bardo (tibét.)

« État intermédiaire ». L'état intermédiaire entre la mort et la renaissance suivante.

Bhâvanâ (skrt., pali)

Méditation, épanouissement spirituel, ensemble d'exercices habituellement considérés comme de la méditation.

Bhikshu (skrt., pali : Bhikkhu)

Mendiant, moine, membre masculin de la Samgha bouddhique qui a abandonné sa maison et reçu l'ordination complète. Les Bhikshus constituaient le noyau de la communauté bouddhique dans l'Antiquité puisque, selon la conception des premiers temps du bouddhisme, seul un homme ayant renoncé au monde pouvait atteindre le but suprême, le Nirvâna. L'activité principale du Bhikshu est la méditation et l'enseignement de la doctrine. Il n'a pas le droit de travailler. Les moines bouddhistes renoncent aux agréments du monde et mènent une vie errante. Les principes fondamentaux de la vie monacale sont la pauvreté, la chasteté et l'esprit pacifique. Les règles régissant ce mode d'existence sont énoncées dans le Vinaya.

Bhikshunî (skrt., pali : Bhikkunî)
Nonne, membre féminin de la Samgha bouddhique ayant reçu l'ordination complète. La vie des nonnes est similaire à celle des moines, mais plus strictement réglementée. Le nombre des nonnes est extrêmement faible comparé à celui des moines.

Bhûmi (skrt.)
« Terre ». L'une des dix étapes que doit parcourir le bodhisattva pour atteindre la bouddhéité : terre joyeuse, terre immaculée, terre splendide, terre rayonnante, terre inaccessible, terre en vue de la sagesse, terre qui va loin, terre immuable, terre des pensées pieuses et terre du Nuage de la Loi.

Bodhi (skrt., pali)
« Éveillé ». L'Hînayâna assimile Bodhi à la compréhension parfaite et à la réalisation des Quatre Nobles Vérités, ce qui signifie la cessation de la souffrance. Pour le Mahâyâna, en revanche, Bodhi correspond essentiellement à la sagesse, fondée sur la prise de conscience de l'unité du Nirvâna et du Samsâra, ainsi que du sujet et de l'objet. Il consiste dans la réalisation de Prajnâ, la prise de conscience de sa propre nature de bouddha, la compréhension de la Vacuité essentielle (Shûnyatâ) de l'univers, l'omniscience et la connaissance de l'« ainsité » (Tathatâ).

Bodhichitta (skrt.)
« Esprit d'Éveil ». Le Bodhichitta relatif est l'aspiration, nourrie d'une infinie compassion, à parvenir à l'Éveil pour pouvoir aider les autres êtres vivants. Le Bodhichitta absolu est la perception directe de la vraie nature des phénomènes, qui est la Vacuité (Shûnyatâ).

Bodhisattva (skrt.)
« Être éveillé ». Dans le bouddhisme Mahâyâna, le bodhisattva est un être qui aspire à acquérir l'état de bouddha par l'exercice systématique des vertus parfaites (Pâramitâ), mais qui renonce à jouir du Nirvâna parfait tant que tous les êtres ne sont pas sauvés. La vertu qui détermine toute son action est la compassion, soutenue par une connaissance et une sagesse élevées (Prajnâ). Un bodhisattva apporte une aide efficace. Il est prêt à assumer la souffrance de tous les êtres et à transmettre à

d'autres ses propres mérites karmiques. La voie du bodhisattva commence par la recherche de l'esprit d'Éveil et la prononciation des vœux de bodhisattva. La carrière du bodhisattva se devise en dix étapes (Bhûmi). L'idéal du bodhisattva du Mahâyâna a remplacé celui de l'Arhat de l'Hînayâna, dont l'aspiration, qui consistait à obtenir son propre salut, fut jugée trop étroite et trop égoïste.

Bouddha (skrt., pali)
« L'Éveillé ».

1. Homme ayant reçu l'Illumination qui permet d'échapper au cycle des renaissances (Samsâra), et ayant atteint la délivrance totale (Nirvâna). Le contenu de sa doctrine basée sur l'expérience de l'Illumination se résume aux Quatre Nobles Vérités. Le bouddha transcende tous ses désirs (Trishnâ). Bien qu'il reste sensible à l'agréable et au désagréable, il n'est plus esclave de sensations qui, fondamentalement, ne le touchent pas. Il n'est plus soumis à l'obligation de renaître après la mort de son corps physique. Le bouddha de notre ère, Shâkyamuni, n'est ni le premier ni le seul bouddha. On connaît six bouddhas qui l'ont précédé et quatorze doivent lui succéder.

2. Le Bouddha historique. Né en 563 avant notre ère, il était le fils d'un prince de la lignée des Shâkya, dont le petit royaume s'étendait sur les contreforts de l'Himâlaya, dans le Népal actuel. Son prénom était Siddhârtha et son nom de famille Gautama, d'où le nom de Bouddha Gautama. Durant sa vie d'ascète errant il reçut le surnom de Shâkyamuni, « le sage silencieux de la race des Shâkya ». Pour distinguer le Bouddha historique des bouddhas transcendantaux (voir Bouddha, 3), on le désigne généralement sous le nom de Bouddha Shâkyamuni.

3. Le « principe de bouddha » qui se manifeste sous les formes les plus diverses. Alors que l'Hînayâna n'admet l'existence que d'un seul et unique bouddha par ère, le Mahâyâna reconnaît l'existence d'innombrables bouddhas transcendantaux. D'après la conception mahâyâniste de la Trikâya, le principe de bouddha se manifeste sous trois formes principales, qu'on appelle les Trois Corps (voir Trikâya). Les bouddhas transcendantaux sont autant d'incarnations d'aspects variés de ce principe.

Chakra (skrt.)
« Roue, cercle ». Un des centres d'énergie subtile du corps illusoire. Ces centres recueillent, transforment et distribuent l'énergie qui les traverse. Bien que les chakras correspondent parfois à des organes corporels (par exemple la tête, la gorge, le

cœur et le nombril), ils ne leur sont pas identiques car ils appartiennent à un autre niveau de la réalité phénoménale.

Ch'an (chin.), voir Zen.

Dâkinî (skrt.)
Divinité furieuse ou semi-furieuse (Yidam), qui représente la compassion, le vide et la connaissance.

Deva (skrt., pali)
« Le Rayonnant ». Être céleste ou dieu. Un des habitants de l'une des bonnes conditions de renaissance. Ils vivent dans les mondes heureux des cieux mais, comme les autres êtres, sont soumis au cycle des renaissances. Les dieux ont droit à une vie longue et heureuse en récompense de leurs bonnes actions passées. Ce bonheur constitue toutefois le principal obstacle à leur progression vers le salut, car il les empêche de découvrir la vérité de la souffrance (voir Quatre Nobles Vérités).

Dharma (skrt., pali : Dhamma)
Concept central du bouddhisme, utilisé dans des acceptions diverses.
1. La Loi cosmique, le « Grand Ordre » auquel notre monde est soumis. Avant tout, la loi de la renaissance déterminée par le karma.
2. La doctrine du Bouddha qui prit conscience de cette loi et la formula. Cette doctrine exprime donc la vérité universelle. Pris dans ce sens, le Dharma existait déjà avant la naissance du Bouddha historique qui n'en était lui-même qu'une manifestation. C'est dans le dharma qu'un bouddhiste cherche refuge.
3. Ensemble de règles comportementales et éthiques (voir Shîla, Vinaya).
4. Manifestations de la réalité, de l'état général des affaires. Chose, phénomène.
5. Contenu mental, objet de pensée, idée. Reflet des phénomènes dans l'esprit humain.
6. Terme désignant les facteurs de l'existence qui, pour l'Hînayâna, sont les pierres angulaires de la personnalité empirique et de son univers.

Dharmakâya (skrt.), voir Trikâya.

Dharmatâ (skrt.)
Nature des Dharmas. Essence fondamentale de toute chose. Concept philosophique du Mahâyâna. Synonyme de Tathatâ, nature de bouddha.

Dhyâna (skrt., pali : Jhâna, chin. : Ch'anna ou Ch'an, jap. : Zenna ou Zen)

Méditation, recueillement. D'une manière générale, état de recueillement mental résultant d'une concentration (Samâdhi). Cet état peut être atteint en maintenant son attention constamment concentrée sur un sujet de méditation physique ou psychique et en faisant progresser l'esprit de degré en degré afin de tarir progressivement le flux des passions.

Doha (skrt.)

Genre de poème ou chant composé spontanément par les pratiquants du Vajrayâna pour exprimer leur réalisation.

Duhkha (skrt., pali : dukkha)

Souffrance. Concept central du bouddhisme et fondement des Quatre Nobles Vérités. Le terme de Duhkha ne désigne pas seulement la souffrance dans le sens de sensation désagréable, mais tout ce qui est « conditionné », c'est-à-dire tout élément, matériel ou spirituel, composé des cinq Skandhas, soumis à la loi de la naissance et de la mort et se trouvant en état de non-délivrance. Ainsi, toute chose momentanément agréable est une souffrance, puisqu'elle est destinée à se terminer. Le Duhkha est provoqué par le désir et la convoitise, et peut être supprimé par l'élimination du désir. Les moyens de parvenir à l'apaisement de la souffrance sont révélés par le Noble Sentier Octuple.

Ganachakra (skrt.)

Une offrande de fête. Une pratique au cours de laquelle le désir et les perceptions sensuelles sont utilisés pour progresser sur la voie de la libération. En célébrant le monde des phénomènes, les pratiquants développent leur compréhension de ce qui est sacré et abandonnent une partie de leur Moi.

Guru (skrt.)

Maître, particulièrement dans le domaine spirituel.

Hînayâna (skrt.)

« Petit Véhicule ». Les adeptes de l'Hînayâna se consacrent aux exercices élémentaires de méditation et à la doctrine fondamentale du bouddhisme, notamment les Quatre Nobles Vérités (voir également Theravâda).

Jetsun (tibét.)

Terme tibétain honorifique désignant un maître vénéré.

Kannon (jap., également épelé Kanzeon ou Kwannon, skrt. : Avalokiteshvara)

Un des principaux bodhisattvas du Mahâyâna, le bodhisattva de la compassion.

Karma (skrt., pali : Kamma)

« Mort ». Selon la loi de causalité, notre expérience actuelle est le produit de nos actes et intentions passés, et les conditions futures dépendent de ce que nous faisons aujourd'hui. Les actes se répartissent en trois catégories : 1) sains, tendant vers une condition de renaissance plus élevée du Samsâra ou, dans le cas d'une attitude éveillée, vers la libération ; 2) malsains, tendant à perpétuer la confusion et la douleur ; 3) neutres.

Le Karma découle de la croyance fausse dans le Moi, croyance qui provoque une réaction en chaîne au cours de laquelle on cherche à protéger son territoire et à assurer sa sécurité. Des actes vertueux peuvent conduire à de meilleurs états, mais le processus de la réaction en chaîne ne peut être brisé et transcendé que par la compréhension et la moralité. Le Karma s'applique avec précision jusqu'aux moindres détails du corps, de l'esprit et de l'environnement. Au-delà du Karma individuel existe un « Karma de groupe » des familles et des pays.

Kâya (skrt.), voir Trikâya.

Klesha (skrt., pali : Kilesa)

« Fléau, impureté, passion ». Terme désignant toutes les souillures qui troublent l'esprit, sont la base de nos actions malsaines et enchaînent l'homme au cycle des renaissances (Samsâra). L'accession à l'état d'Arhat (voir ce mot) signifie l'extinction de tous les Kleshas.

Lama (tibét.)

« Personne n'est au-dessus ». Dans le bouddhisme tibétain, maître jouissant de la vénération de ses disciples parce qu'il représente une incarnation pure de la doctrine bouddhique. Le terme « lama » est employé dans le sens traditionnel indien du mot sanskrit « guru », mais possède également d'autres significations. Le Vajrayâna attache une importance particulière au lama, capable non seulement d'enseigner mais aussi de diriger les rites.

Autorité spirituelle, il peut diriger un ou plusieurs monastères et exerce une influence politique. Le titre honorifique de Rimpoche (« joyaux précieux »), attribué à certains maîtres particulièrement qualifiés, souligne leur exceptionnelle « valeur » spirituelle. Aujourd'hui, le terme « lama » est cependant couramment utilisé comme formule de politesse pour s'adresser à un moine tibétain, quel que soit son niveau d'évolution spirituelle.

Lo-jong (tibét.)
« Entraînement de l'esprit ». Exercices destinés à obtenir le Bodhichitta et dont la pratique est formulée dans les vers du Kadampa, introduit au Tibet par le grand maître bouddhiste indien Atîsha Dipamkara Shrîjûâna (982-1054).

Loka (skrt.)
« Monde ». Terme utilisé en référence à la division de l'univers hindou en différents mondes, en général trois (ciel, terre et enfer), eux-mêmes partagés en six conditions de renaissance. Le ciel contient la condition des dieux et celle des dieux jaloux (Asura) ; la terre possède les conditions humaine et animale ; en enfer on trouve la condition des esprits affamés et celle des habitants des Enfers. Les six conditions correspondent, respectivement, à six états psychiques : félicité, jalousie et aspiration aux plaisirs, passion et désir, ignorance, pauvreté et possessivité, enfin agression et haine.

Mâdhyamaka (skrt.)
École du Mahâyâna fondée par le maître indien Nâgârjuna et dont la doctrine est centrée sur le Shûnyatâ.

Mâhasiddha (skrt.)
Approx. « Grand détenteur de facultés parfaites ». Dans le Vajrayâna, un ascète qui maîtrise parfaitement la doctrine des Tantra. Il se distingue par certaines facultés magiques (Siddhis), signes évidents de son Illumination. On connaît surtout le groupe de quatre-vingt-quatre Mâhasiddhas, hommes et femmes de toutes les origines sociales. Leur manière hautement individuelle de mettre en œuvre les leçons du Vajrayâna influença fortement le bouddhisme tibétain.

Mahâyâna (skrt.)
« Grand Véhicule ». Une des deux grandes branches du bouddhisme, l'autre étant l'Hînayâna, « Petit Véhicule ». Le Mahâyâna met l'accent sur la Vacuité (Shûnyatâ) de tous les phénomènes, la compassion et la reconnaissance de la nature universelle de bouddha. La figure idéale du Mahâyâna est le bodhisattva, d'où l'expression « voie du bodhisattva » par laquelle on le désigne souvent.

Mandala (skrt.)
« Cercle, arc, segment ». Représentation symbolique des

forces cosmiques, en deux ou trois dimensions. Ces représentations jouent un rôle important dans le bouddhisme tantrique du Tibet.

Mañjushrî (skrt., jap. : Monju)
« Celui qui est noble et doux ». Bodhisattva de la Sagesse, une des principales figures du panthéon bouddhique.

Mantra (skrt.)
Syllabe ou suite de syllabes (parfois simple nom de bouddha) chargée d'énergie. Les mantras sont l'expression de certains aspects des bouddhas ou de certaines forces cosmiques. Dans de nombreuses écoles bouddhiques, on pratique la répétition des mantras comme forme de méditation. Dans le Vajrayâna ils jouent un rôle particulier de protecteurs de l'esprit. Dans la technique de transformation du « Corps, Parole, Esprit » par la pratique méditative, le mantra est associé au discours. La récitation du mantra s'accompagne toujours de visualisations détaillées et d'attitudes corporelles précises.

Mudrâ (skrt.)
« Sceau, signe ». Position du corps ou geste symbolique de la main. Dans l'iconographie bouddhique, chaque personnage de bouddha est caractérisé par une position de mains particulière qui correspond soit à un geste naturel (enseignement, protection, etc.), soit à un aspect précis de la doctrine bouddhique ou du bouddha concerné. Dans le Vajrayâna, les mudrâs accompagnent le déroulement du culte et la récitation des mantras. Ils aident en outre à réaliser certains états intérieurs en anticipant sur leur manifestation physique et contribuent à établir une relation entre l'homme et le bouddha visualisé dans chaque exercice (Sâdhana).

Nâga (skrt.)
« Serpent ». Le « dragon », demi-dieu bienveillant qui monte au ciel au printemps et passe l'hiver dans les profondeurs de la terre. « Nâga » et « Mahânâga » (« grand dragon ») sont souvent utilisés comme synonymes de bouddha ou de sage libéré de la réincarnation. Les Nâgarâjas (« roi » ou « reine des dragons ») sont des divinités aquatiques qui règnent sur les sources, les rivières, les lacs et les mers. Dans de nombreuses traditions bouddhiques, les Nâgas sont des dieux des eaux qui, dans leurs palais aquatiques, veillent sur les Écritures bouddhiques qui leur ont été confiées parce que l'humanité n'est pas encore assez mûre pour les recevoir.

Nidâna (skrt.), voir Pratîtya-Samutpâda.

Nirmânakâya (skrt.), voir Trikâya.

Nirvâna (skrt., pali : Nibbâna, jap. : Nehan)
« Extinction ». But de la pratique spirituelle dans toutes les branches du bouddhisme. Dans le bouddhisme primitif, on entend par Nirvâna la délivrance du cycle des renaissances (Samsâra) et le passage à une condition d'existence complètement différente. Cet état exige une victoire totale sur les Trois Racines du Malsain — désir, haine et erreur — et l'apaisement de toutes les velléités d'action. Il signifie la libération du déterminisme lié au Karma. Le Nirvâna est considéré comme non conditionné et se caractérise par l'absence de naissance, de devenir, de changement et de disparition. Il est également décrit comme l'expérience durable de l'Absolu, la félicité découlant de la prise de conscience de sa propre identité avec l'Absolu et la délivrance de tout attachement aux illusions, aux affects et aux désirs.

Le terme Nirvâna n'évoque pas une idée d'anéantissement, mais de passage à une autre condition d'existence.

Noble Sentier Octuple (skrt. : Ashtangika-Mârga, pali : Atthangika-Magga)
Sentier qui mène à la cessation de la douleur. Les huit divisions du Sentier sont : 1) compréhension parfaite fondée sur la connaissance des Quatre Nobles Vérités et l'impersonnalité de l'existence (Anâtman) ; 2) pensée parfaite en faveur du renoncement, de la tolérance et de la bienveillance envers tous les êtres vivants ; 3) parole parfaite ou volonté d'éviter le mensonge, la médisance et le bavardage ; 4) action parfaite ou volonté d'éviter les actions portant atteinte aux bonnes mœurs ; 5) moyens d'existence parfaits, ou volonté d'éviter toute profession pouvant nuire à d'autres êtres vivants, comme boucher, chasseur, marchant d'armes ou de drogues ; 6) effort parfait ou volonté de développer ce qui est sain et d'éviter ce qui est malsain du point de vue karmique ; 7) attention parfaite ou attention vigilante portée à son corps, aux sensations, aux pensées et aux objets des pensées ; 8) concentration parfaite qui trouve son achèvement dans le recueillement méditatif.

Non-soi, voir Anâtman.

Pâramitâ (skrt.)
« Ce qui a atteint l'autre rive ». Le Transcendantal. Généralement traduit par « perfections », le terme « Pâramitâ » désigne

les vertus que réalise le bodhisattva au cours de son évolution. On en compte six : 1) Dâna-Pâramitâ (la charité), 2) Shîla-Pâramitâ (la moralité), 3) Kshânti-Pâramitâ (la patience), 4) Vîrya-Pâramitâ (l'énergie), 5) Dhyâna-Pâramitâ (la méditation), 6) Prajñâ-Pâramitâ (la sagesse).

Parinirvâna (skrt., pali : Parinibbâna)
« Extinction totale ». Synonyme de Nirvâna. Le Parinirvâna est souvent assimilé au Nirvâna après la mort, mais peut également désigner le Nirvâna avant la mort. Ce terme est parfois simplement utilisé pour la mort d'un moine ou d'une nonne.

Pitaka (skrt.), voir Tripitaka.

Powa (tibét.)
Expulsion de la conscience au moment de la mort.

Prajnâ (skrt., pali : Pañña, jap. : Hannya)
« Conscience » ou « sagesse ». Concept central du Mahâyäna désignant une sagesse intuitive et immédiate, et non une sagesse abstraite et soumise à l'intellect. L'instant décisif est celui de la compréhension et de la prise de conscience de la vacuité (Shûnyatâ) qui est la Vraie Nature du monde. La réalisation de Prajnâ est fréquemment assimilée à l'obtention de l'Illumination et constitue l'une des caractéristiques essentielles de la bouddhéité. Prajnâ est l'une des « perfections » (Pâramitâs) réalisées par les bodhisattvas au cours de leur cheminement.

Pratîtya-Samutpâda (skrt., pali : Patichcha-samuppâda)
« Production conditionnée » ou « production dans la dépendance ». La doctrine de la production conditionnée considère que tous les phénomènes physiques et psychiques qui constituent la vie individuelle entretiennent entre eux certaines relations d'interdépendance et de conditionnement mutuel. Cette expression désigne donc ce qui enchaîne les êtres vivants au Samsâra.

La chaîne de la production conditionnée constitue avec la doctrine de l'Anâtman le cœur de la doctrine de toutes les écoles bouddhistes. L'obtention de l'Illumination, la réalisation de la bouddhéité sont dépendantes de la compréhension de ce principe.

Pratîtya-Samutpâda se compose de douze anneaux (Nidâna) : 1) l'ignorance, qui conditionne 2) les idées et les intentions d'actions. Ces intentions peuvent être bonnes, mauvaises ou neutres et se rapporter aussi bien au corps, à l'esprit ou au langage. Elles déterminent à leur tour 3) la conscience de l'individu dans son existence suivante. Après la mort d'un être non sauvé, cette conscience se réincarne dans un sein maternel et déclenche la naissance d'un 4) « nom-forme », un corps et un psychisme, c'est-à-dire un nouvel être empirique constitué des cinq Skandhas. Le choix du sein maternel par la conscience dépend de la qualité de cette conscience, laquelle dépend à son tour de ses actes intentionnels passés. Du « nom-forme », dépendent ensuite 5) les Six Bases, les six objets de perception sensorielle qui s'offrent à la créature après sa naissance et conditionnent 6) son contact avec le monde extérieur. Ce contact provoque 7) une sensation de laquelle jaillit chez une personne non avertie, au sens bouddhique du terme, 8) le désir. Ignorance et désir conduisent après la mort de l'individu à 9) faire de nouveau appel à un sein maternel, ce qui entraîne 10) un nouveau devenir, suivi 11) d'une naissance dans une nouvelle existence qui, à son tour, s'achève par 12) la vieillesse et la mort. La chaîne complète de conditions couvre ainsi trois existences : 1 et 2 se rapportent à l'existence passée, 3 à 7 aux conditionnements de l'existence présente, 8 à 10 aux fruits de l'existence présente, et 11 et 12 à l'existence future.

Pratyeka-Buddha (skrt., pali : Pachcheka-Buddha)
« Illuminé solitaire ». Terme désignant un Illuminé (bouddha) qui a obtenu l'Illumination par lui-même et pour lui-même. On ne lui reconnaît pas les mêmes qualités, par exemple omniscience ou les Dix Forces, qu'à un Illuminé parfait. Dans la hiérarchie de la sainteté, le Pratyeka-Buddha se situe entre l'Arhat et le Bouddha ayant réalisé l'Illumination complète.

Preta (skrt., pali : Peta)
« Décédé ». Les esprits affamés constituent l'une des trois conditions d'existence négatives. Les Pretas sont des êtres dont le Karma est trop bon pour une renaissance en enfer, mais trop mauvais pour une renaissance comme Asura. La convoitise, l'envie et la jalousie peuvent, d'après la conception traditionnelle, entraîner une renaissance dans la condition de Preta. Ces malheureux sont tourmentés par la faim, car ils ont un ventre immense et une bouche pas plus grande qu'un chas d'aiguille. Ils souffrent encore de multiples autres tortures.

Quatre Nobles Vérités (skrt. : Ârya-Satya, pali : Ariya-Satta)
Bases de la doctrine bouddhique. Ce sont : 1) la vérité de la douleur ; 2) la vérité de l'apparition de la douleur ; 3) la vérité

de la cessation de la douleur ; 4) la vérité de la voie qui mène à la cessation de la douleur.

La première vérité énonce que toute existence est douloureuse (Duhkha) et insatisfaisante. Tout est souffrance : la naissance, la maladie, la mort, l'union avec ce que l'on n'aime pas, la séparation de ce que l'on aime, la privation de ce que l'on désire et les cinq groupes d'attachement (Skandha) qui constituent la personnalité.

La deuxième vérité indique que la cause de cette souffrance est le désir, la soif (Trishnâ) de jouissance sensuelle, de choses qui naissent et disparaissent. Ce désir enchaîne les êtres au cycle des renaissances (Samsâra).

La troisième vérité dit que l'abolition totale de tout désir peut mettre fin à la souffrance.

La quatrième vérité désigne le Noble Sentier Octuple comme moyen de mettre fin à cette souffrance.

Râkshasa (skrt.)

Esprits plus ou moins maléfiques. On distingue trois catégories de Râkshasas : êtres inoffensifs, titans ou ennemis des dieux, enfin démons et diables qui habitent les cimetières et tourmentent les humains.

Rimpoche (tibét.), voir Lama.

Rinzai (jap., chin. : Lin-chi)

Nom de l'une des plus importantes écoles du Ch'an (Zen), une des deux seules qui soient encore vivantes au Japon. L'école Rinzai met l'accent sur le Kanna-Zen (« Zen de la contemplation des mots ») et la pratique du Kôan pour parvenir rapidement à la réalisation de l'Illumination.

Rôshi (jap.)

« Ancien maître [vénéré] ». Titre attribué à un maître du Zen. La formation traditionnelle du Zen s'effectue sous la direction d'un Rôshi, qui peut être un laïc, homme ou femme, et pas nécessairement un moine. Le rôle du Rôshi consiste à guider ses élèves sur la voie de l'Illumination, la condition étant, bien sûr, qu'il ait lui-même fait l'expérience de l'Illumination profonde.

Sâdhana

Dérivé de *sâdh,* « parvenir au but », ce terme signifie approximativement « moyen de perfectionnement ». Dans le bouddhisme Vajrayâna, désigne une catégorie particulière de textes rituels comportant des exercices de méditation. Ces textes décrivent en détail les divinités présentées comme réalité spirituelle et retracent tout le processus psychique allant de la visualisation concrète à l'extinction totale de la pensée dans la méditation. L'exécution de cette pratique religieuse essentielle du bouddhisme tibétain nécessite une initiation par le maître. A chaque exercice est liée une divinité particulière. L'initiation s'accompagne de la transmission du Mantra propre à cette divinité.

Samâdhi (skrt., jap. : Sanmai ou Zanmai)
« Fixer, attacher ». Concentration de l'esprit sur un objet unique grâce à une diminution progressive de l'activité mentale. Samâdhi et un état de conscience non dualiste, caractérisé par l'union entre le « sujet » et l'« objet » de l'expérience. Cet état de conscience est souvent qualifié de « focalisation unique de l'esprit », expression qui peut induire en erreur car elle laisse supposer que la concentration serait volontairement orientée vers un point précis. Or Samâdhi n'est pas concentration sur un point, et l'esprit n'est pas orienté d'un ici (sujet) vers un là-bas (objet), comme dans un schéma dualiste.

Samaya (skrt.)
« Se rassembler ». Principe d'engagement du Vajrayâna selon lequel l'ensemble de l'expérience d'un élève dépend de la Voie.

Samgha (skrt.)
« Foule, groupe ». La communauté bouddhique. Au sens restreint, Samgha ne désigne que les moines et les nonnes, novices compris. Pris dans une acception plus large, le terme englobe aussi les adeptes laïcs.

Samsâra (skrt.)
« Migration ». « Cycle des existences », succession de renaissances au sein des différentes conditions d'existence, auxquelles un individu ne peut se dérober tant qu'il n'a pas obtenu la libération. L'enchaînement au Samsâra est la conséquence des trois Racines du Malsain : haine, désir et ignorance. La condition de renaissance est déterminée par le Karma de chacun. Dans le Mahâyâna, le terme de Samsâra désigne le monde des phénomènes et est considéré comme identique de nature avec le Nirvâna.

Samskâra (skrt., pali : Sankhara)
« Impression, répercussion ». Généralement traduit par « conception », « créativité psychique », « intention », Samskâra

est le quatrième Skandha et le deuxième anneau de la chaîne de production conditionnée (Pratîtya-Samutpâda). L'idée de « conception » recouvre toutes les impulsions de la volonté qui précèdent l'action. Ces actions pouvant être de nature corporelle, orale ou intellectuelle, on distingue des intentions corporelles, orales et intellectuelles. La présence de ces intentions conditionne la nouvelle incarnation. En l'absence d'intention, aucun Karma n'est produit et aucune renaissance n'est nécessaire. Les intentions déterminent également la nature de la renaissance, selon qu'elles sont bonnes, mauvaises ou neutres. Elles impriment leur marque à la conscience qui se développe à partir d'elles, conformément à la loi de la production conditionnée, cherche un sein maternel où renaître après la mort de l'individu et conditionne le devenir d'une nouvelle personne empirique.

Shâkyamuni (skrt.)
« Sage de la lignée des Shâkya ». Surnom de Siddhârtha Gautama, fondateur du bouddhisme, le Bouddha historique, issu de la tribu des Shâkya. Siddhârtha reçut ce surnom après s'être séparé de ses maîtres et avoir décidé de trouver seul la Voie du salut.

Shamatha (skrt.)
« Quiétude durable de l'esprit ». Un exercice fondamental de méditation pratiqué par la plupart des écoles du bouddhisme. Le but est de calmer et d'affermir l'esprit en revenant continuellement à la discipline de la méditation. Le Shamatha est un tremplin pour la compréhension (Vipashyanâ), en contemplant la transparence des expériences plutôt qu'en les solidifiant.

Shâstra (skrt.)
« Enseignement, manuel ». Catégorie de texte bouddhique, en général un commentaire ou un traité philosophique.

Shikantaza (jap.)
« Être assis (*za*) sans rien (*shikan*) rencontrer (*ta*) ». Forme de Zazen qui consiste à se passer de tout support extérieur à la méditation, à la différence des débutants qui peuvent s'aider en comptant leurs inspirations.

Shîla (skrt., pali : Sîla)
« Obligations, commandements ». L'une des règles éthiques qui régissent la vie des moines, des nonnes et des laïcs bouddhistes. C'est une condition de tout progrès sur la Voie de l'Éveil (Bodhi). Les dix Shîlas des moines, des nonnes et des novices sont : 1) le respect de la vie ; 2) le respect de la propriété ; 3) le

refus de toute activité sexuelle illicite ; 4) le respect de la vérité ; 5) le refus de toute boisson enivrante ; 6) le refus de toute nourriture solide après le déjeuner de midi ; 7) le refus de la musique, de la danse, des spectacles et de tout autre divertissement ; 8) le refus des parfums et des bijoux ; 9) le refus des hauts lits moelleux ; 10) le refus de toucher à l'argent ou à tout autre objet de valeur. Les cinq premiers Shîlas s'appliquent aux laïcs bouddhistes qui, certains jours, doivent également observer l'ensemble des huit premiers.

Shrâvaka (skrt.)
« Auditeur ». Terme désignant les disciples personnels du bouddha, puis par extension tous les disciples en général. Dans le Mahâyâna, Shrâvaka désigne les élèves qui, à la différence des Pratyeka-Buddhas ou des bodhisattvas, aspirent à l'Illumination personnelle par l'audition de la Doctrine, la compréhension des Quatre Nobles Vérités et la prise de conscience de la non-réalité du monde phénoménal.

Shûnyatâ (skrt., pali : Sunnatâ, jap. : Kû)
« Vide, vacuité ». Concept central du bouddhisme. Le bouddhisme antique enseignait que toutes les choses composées sont vides, impermanentes, impersonnelles et pénibles. Dans l'Hînayâna, l'idée de vacuité s'appliquait uniquement à la « personne ». Le Mahâyâna l'étendit à toutes les choses, considérées comme dépourvues de nature du soi. Le Shûnyatâ ne signifie pas que les choses n'existent pas, mais seulement qu'elles ne sont rien d'autre que des apparences. Dans le Vajrayâna, il est équivalant au principe féminin — non né, éternel, comme l'espace.

Siddha (skrt.)
« Parfait, achevé ». Maître illuminé de la tradition tantrique. En plus d'avoir atteint le but suprême de l'aspiration spirituelle, le Siddha est doté de pouvoirs magiques sur le monde des phénomènes.

Siddhi (skrt.)
« Pouvoir parfait ». Dans le contexte du yoga bouddhiste, en usage notamment dans le Vajrayâna, désigne la maîtrise parfaite des forces du corps et de la nature. Le Vajrayâna reconnaît huit Siddhis « ordinaires » : 1) l'épée qui rend invincible ; 2) l'élixir visuel qui permet de voir les dieux ; 3) la rapidité à la course ; 4) le pouvoir de se rendre invisible ; 5) l'élixir de jeunesse ; 6) le pouvoir de voler ; 7) la fabrication de certaines pilules ; 8) le pouvoir sur le monde des esprits et des démons. L'Illumination

est un Siddhi « extraordinaire », le Siddhi suprême, qui s'ajoute aux huit autres. Les biographies des quatre-vingt-quatre Mahâsiddhas fournissent des descriptions détaillées de la manière d'entrer en possession de ces pouvoirs.

Six conditions de renaissance, voir Loka.

Skandha (skrt., pali : Khanda)
« Groupe, agrégat ». Agrégats qui composent l'intégralité de ce qui est généralement appelé « personnalité ». Ce sont : 1) la corporéité ; 2) la perception ; 3) la conscience ; 4) le concept ou l'action ; 5) la connaissance. Ces groupes sont souvent connus sous le nom de « groupes d'attachement » car, en dehors du cas des Arhats ou des bouddhas, le désir qui leur est inhérent en fait des objets d'attachement et donc des sources de souffrance.

Sôtô (jap., chin. : Ts'ao-tung)
Principale école du Zen avec l'école Rinzai. Elle privilégie le Mokushô-Zen (« Zen de l'éveil en silence ») et la pratique de la méditation assise (voir Shikantaza).

Sûtra (skrt., pali : Sutta, jap. : Kyô)
« Fil conducteur ». Sermon du Bouddha. Les sûtras sont résumés dans la deuxième partie du canon bouddhique (voir Tripitaka), le Sûtra-Pitaka, ou « Corbeille des Sermons ». Ils nous sont parvenus dans leurs versions palie et sanskrite, ainsi que dans leurs traductions tibétaine et chinoise.

Tantra (skrt.)
« Tissu, relation ». Concept général désignant l'activité fondamentale du Vajrayâna et ses systèmes de méditation. Également employé pour différentes sortes de textes (Tantra médicaux, Tantra astrologiques, etc.).

Tathâgata (skrt., pali)
« Celui qui vint ». Terme désignant un être parvenu à l'Illumination suprême sur la Voie de la Vérité. Un des Dix Titres du Bouddha dont il se servait en parlant de lui-même ou des autres bouddhas.

Tathatâ (skrt)
Littéralement « ainsité », néologisme par lequel on tente de traduire un mot qui devient *Soheit* en allemand et *suchness* en Anglais. Ce concept central du Mahâyâna désigne l'Absolu, la Vraie Nature de toutes choses. En général on interprète

Tathatâ dans le sens d'immuable, permanent, situé au-delà de tout concept et de toute discrimination.

Theravâda (pali)
« Doctrine des anciens ». École hinayaniste (ou palie) fondée et introduite à Ceylan en 250 avant J.-C. Le Theravâda est aujourd'hui largement répandu dans l'Asie du Sud-Est et se considère comme la forme la plus originelle du bouddhisme. Il met l'accent sur la libération individuelle, qui ne peut être obtenue que par ses propres efforts dans la méditation, en observant les règles de moralité et en menant une vie monacale.

Trikâya (skrt.)
« Trois corps ». Terme désignant les trois corps détenus par un bouddha, selon la conception mahâyâniste. A la base de ce dogme, on trouve l'idée que le bouddha fait un avec l'Absolu. S'il se manifeste dans le monde du relatif, c'est uniquement dans le but d'intervenir pour le salut de tous les êtres. Les trois corps sont : 1) Dharmakâya (« corps du grand ordre »), c'est-à-dire la Vraie Nature de bouddha, identique à la Réalité transcendante, à l'essence de l'univers. Le Dharmakâya exprime l'unité du bouddha avec toutes les formes d'existence. En même temps, il représente le Dharma, la doctrine prêchée par le Bouddha ; 2) Sambhogakâya (« corps de la jouissance »), c'est-à-dire le corps des bouddhas qui jouissent dans les « paradis de bouddha » de la Vérité qu'ils incarnent ; 3) Nirmânakâya (« corps de la transformation »), c'est-à-dire le corps physique dans lequel les bouddhas apparaissent aux hommes afin d'accomplir leur volonté de mener tous les êtres à la rédemption.

Tripitaka (skrt., pali : Tipitaka)
« Trois corbeilles ». Canon des Écritures bouddhiques, composé de trois parties : Vinaya-Pitaka, Sûtra-Pitaka, Abhidharma-Pitaka. La première « corbeille » comporte des textes relatifs à la naissance de la Samgha bouddhique et aux règles de discipline qui régissent la vie des moines et des nonnes en communauté. La deuxième est un ensemble de sermons attribués au Bouddha ou à ses disciples les plus proches. La troisième est un condensé de la philosophie et de la psychologie bouddhiques.

Trishnâ (skrt., pali : Tanha)
« Soif, désir, aspiration ». Un concept central du bouddhisme Trishnâ est le désir qui naît du contact de l'organe sensoriel avec un objet sensible correspondant. C'est la cause de l'attachement

au monde et de la souffrance (Duhkha). Il enchaîne les êtres au cycle des renaissances (Samsâra).

Tulku (tibét.)
« Corps de transformation ». Dans le bouddhisme tibétain, ce terme désigne une personne que différents tests permettent de reconnaître comme la réincarnation d'une personne décédée.

Upâsaka (skrt., pali)
« Celui qui assiste ». Disciple laïc bouddhiste qui trouve refuge dans le Bouddha, le Dharma et la Samgha, et fait vœu de respecter les cinq Shîlas.

Upâya (skrt.)
Habileté dans les moyens ou la méthode. 1) Faculté que possède un Bodhisattva de guider d'autres êtres à la délivrance par l'habileté de ses méthodes, c'est-à-dire en mettant en œuvre tous les moyens et tous les stratagèmes possibles, du simple sermon aux miracles les plus remarquables. 2) Habileté dans la manière d'exposer la doctrine.

Vajra (skrt., tibét. : Dorje)
« Inflexibilité, diamant ». Le terme Vajra se réfère à quelque chose qui, n'apparaissant ni ne disparaissant, est indestructible. Un Vajra est également un sceptre rituel utilisé dans la pratique du Vajrayâna.

Vajrayâna (skrt.)
« Véhicule de diamant ». Branche du bouddhisme qui se manifesta vers le milieu du premier millénaire, principalement dans le nord-est et le nord-ouest de l'Inde. Cette école se développa à partir de la doctrine Mahâyâna. De l'Inde et de l'Asie centrale, elle gagna progressivement le Tibet, la Chine et le Japon. Né du besoin d'étendre la pensée bouddhique à d'anciennes pratiques « magiques », ce courant se caractérise par l'importance accordée à l'exécution des rites, considérée comme une sorte de méthode psychologique.

Vidyâ (skrt.)
« Savoir, connaissance ». On distingue deux types de Vidyâ : 1) connaissance inférieure, ou savoir acquis intellectuellement ; 2) connaissance supérieure, ou expérience intuitive et spirituelle qui permet d'accéder à l'Illumination, la délivrance et la compréhension de l'Ultime Réalité.

Vinaya (skrt., pali)
« Discipline ». Troisième partie du Tripitaka, consacrée aux règles de vie des moines et des nonnes au sein de leurs communautés.

Vipashyanâ (skrt., pali : Vipassanâ)
« Intelligence, clairvoyance ». Connaissance intuitive des Trois Signes distinctifs de l'existence, à savoir le caractère éphémère, douloureux et impersonnel de tout phénomène physique ou psychique. Pour le bouddhisme Mahâyâna, Vipashyanâ consiste dans l'examen analytique de la nature des choses, clé de la compréhension de la Vraie Nature du monde, c'est-à-dire de la Vacuité (Shûnyatâ). Cette compréhension empêche l'apparition de nouvelles passions. Vipashyanâ est l'un des deux facteurs essentiels pour accéder à l'Illumination, l'autre étant Shamatha (apaisement de l'esprit).

Vîrya (skrt., pali : Viriya)
« Énergie, force de volonté ». Détermination qui sous-tend l'inépuisable effort de lutte contre le malsain, pour faire triompher le sain et transformer l'impur en pur.

Yidam (tibét.)
« Esprit ferme ». Terme du bouddhisme Vajrayâna désignant une divinité personnelle dont le caractère correspond au tempérament psychologique individuel d'un adepte. Les Yidams sont des manifestations du Sambhogakâya (voir Trikâya) que l'on peut visualiser au cours des exercices de méditation. Ils peuvent adopter une apparence paisible ou furieuse.

Yoga (skrt.)
« Joug ». Intégration de la doctrine dans l'expérience personnelle. Dans le bouddhisme Vajrayâna, référence générale aux exercices de méditation.

Yogâchâra (skrt.)
« Exercice du yoga ». École du bouddhisme Mahâyâna fondée par Maitreyanâtha, Asanga et Vasubandhu.

Yogi (skrt.)
Pratiquant du tantrisme. Un homme est appelé yogi, un femme yogini.

Zazen (jap., chin. : Tso-ch'an)
De *za,* « être assis », et *zen,* « méditation ». Pratique méditative enseignée par le Zen comme la voie la plus directe pour parvenir à l'Illumination.

Zen (jap., chin. : Ch'an)

École du bouddhisme Mahâyâna qui se développa en Chine au VIe et VIIe siècle. Plus que toute autre école, le Zen donne la priorité à l'expérience de l'Illumination et insiste sur l'inutilité des rites religieux et de la confrontation intellectuelle avec la Doctrine pour parvenir à l'Illumination. Le chemin le plus court, mais aussi le plus dur, pour parvenir à l'éveil est la pratique du Zazen, ou « recueillement assis ».

(Les définitions de ce glossaire sont extraites pour une large part du Dictionnaire de la sagesse orientale, *Paris, Robert Laffont, « Bouquins », 1989.)*

Bibliographie

Les Cent Mille Chants, de Milarépa, 3 volumes, Fayard, « L'Espace intérieur », 1986, traduction française de Marie-José Lamotte.

Dictionnaire de la sagesse orientale, bouddhisme-hindouisme-taoïsme-zen, traduction de Monique Thiollet, Robert Laffont, coll. « Bouquins », 1989.

Discours et sermons de *Houeï-neng, sixième patriarche zen,* traduction et introduction de Lucien Houlné, Albin Michel, coll. « Spiritualités vivantes », 1984.

Les Empires du mirage, de François-Bernard et Édith Huyghe, Robert Laffont, 1993.

L'Enseignement du Bouddha d'après les textes les plus anciens, de Walpola Rahula, Le Seuil, coll. « Points Sagesses », 1978.

Esprit zen, esprit neuf, de Shunryu Suzuki, Le Seuil, coll. « Points Sagesses », 1977.

Essai sur le bouddhisme zen, de D. Suzuki, Albin Michel, 1972.

Les Fleurs de Bouddha : anthologie du bouddhisme, de Pierre Crépon, Albin Michel, coll. « Spiritualités vivantes », 1991.

Hsin hsin Ming, de Seng Ts'an. Texte original traduit en trois langues, traduction française de R. Filliou, Éditions Lebeer Hossmann, Bruxelles-Hambourg, 1984.

Mystères de la sagesse immobile, du Maître Takuan, présenté et traduit par Maryse et Masumi Shibata, Albin Michel, coll. « Spiritualités vivantes », 1987.

Le Mythe de la liberté et la voie de la méditation, de C. Trungpa, Le Seuil, coll. « Points Sagesses », 1979.

Pratique de la voie tibétaine au-delà du matérialisme spirituel, de Chögyam Trungpa, Le Seuil, coll. « Points Sagesses », 1976.

REMERCIEMENTS

Les éditeurs voudraient ici remercier tous ceux qui leur ont permis de réaliser cet ouvrage : Rudy Wurlitser, scénariste, pour leur avoir fait rencontrer Jeremy Thomas, producteur, et Bernardo Bertolucci, metteur en scène du film *Le Petit Bouddha ;* Laura Kauffman, pour ses recherches artistiques et les textes des légendes ; Debra Kelvin, pour la question des droits des œuvres et des textes ; Anne-Marie MacQuarrie, pour avoir joué les Candide en relisant les différents chapitres. Larry Mermelstein et Peter Turner des éditions Shambhala, pour leurs suggestions et leurs contacts, et Emily Hilburn Selle des mêmes éditions Shambhala.

POCKET - 12, avenue d'Italie - 75627 PARIS CEDEX 13
Tél. : 01- 44-16-05-00

Imprimé en France par la
Société Nouvelle Firmin-Didot en février 1999
Dépôt légal : septembre 1995
N° d'impression : 45578